Männlichkeit der Menschheit

Alfred Korzybski

Writat

Diese Ausgabe erschien im Jahr 2023

ISBN: 9789359258485

Herausgegeben von
Writat
E-Mail: info@writat.com

Inhalt

Vorwort

Dieses Buch ist in erster Linie eine Studie über den Menschen und umfasst letztendlich alle großartigen Eigenschaften und Probleme des Menschen. Als Studium des Menschen berücksichtigt es *alle* Eigenschaften, die den Menschen zu dem machen, was er ist. Wenn einigen Lesern das Fehlen bestimmter, ihnen vertrauter Ausdrücke auffällt, bedeutet das nicht, dass der Autor nicht wie viele andere Menschen fühlt oder denkt – das tut er – und das sogar ganz besonders; In diesem Buch wurde jedoch versucht, das Problem des Menschen von einem wissenschaftlich-mathematischen Standpunkt aus anzugehen, und daher wurde große Sorgfalt darauf verwendet, *keine* unzureichend definierten Wörter oder Wörter mit vielen Bedeutungen zu verwenden. Der Autor hat sein Möglichstes getan, um solche Wörter zu verwenden, die nur die beabsichtigte Bedeutung vermitteln, und im Fall einiger Wörter, wie zum Beispiel „spirituell", wurde das Wort „sogenannter" hinzugefügt, nicht weil der Autor irgendeinen Glauben daran hat oder Unglaube an solche Phänomene; Es besteht kein Bedarf an *Überzeugungen* , weil es einige solcher Phänomene gibt, ganz gleich, was wir von ihnen halten oder welchen Namen wir ihnen geben; sondern weil das Wort „spirituell" nicht wissenschaftlich definiert ist und jeder Einzelne dieses Wort auf *persönliche* und private Weise versteht und verwendet. Um unpersönlich zu sein, *musste* der Autor dieses Element durch den Zusatz „ sogenannter " angeben. Ich wiederhole noch einmal, dass dieses Buch kein „materialistisches" oder „spiritualistisches" Buch ist – es ist eine Studie über den „Menschen" und umfasst daher sowohl materialistische als auch spirituelle Phänomene und *sollte dies auch tun, da nur der Komplex dieser Phänomene den Komplex ausmacht* des Menschen.

Das Problem wurde nicht aus der Sicht einer Privatlehre oder eines Glaubensbekenntnisses angegangen, sondern aus einer mathematischen, technischen Sicht, die unpersönlich und leidenschaftslos ist. Es ist offensichtlich, dass, um über die großen Angelegenheiten des Menschen, seinen spirituellen, moralischen, physischen, wirtschaftlichen, sozialen oder politischen Status sprechen zu können, zunächst festgestellt werden muss, was der Mensch ist – was seine wahre Natur ist und was die Grundgesetze sind seiner Natur. Wenn es uns gelingt, die Gesetze der menschlichen Natur zu finden, wird der Rest eine vergleichsweise einfache Aufgabe sein – der ethische, soziale, wirtschaftliche und politische Status des Menschen sollte im Einklang mit den Gesetzen seiner Natur stehen; dann wird die Zivilisation eine menschliche Zivilisation sein – eine dauerhafte und friedliche – nicht vorher.

Es ist sinnlos, darüber zu streiten, ob Elektrizität „natürlichen" oder „ übernatürlichen ", „materiellen" oder „ spirituellen" Ursprungs ist. Tatsächlich stellen wir diese Fragen nicht, wenn wir Elektrizität studieren; Wir bemühen uns, die Naturgesetze herauszufinden, die es regeln, und beim Umgang mit stromführenden Leitungen streiten oder spekulieren wir nicht darüber – wir verwenden Gummihandschuhe usw. Das Gleiche gilt für den Menschen und die großen Angelegenheiten des Menschen – das haben wir erstens getan alles, um zu wissen, was der Mensch ist.

Obwohl dieses Buch mit größter Sorgfalt geschrieben wurde, um Wörter oder Begriffe mit vager Bedeutung zu vermeiden – und obwohl es oft kühl kritisch gegenüber metaphysischen Dingen wirken mag –, wurde es nicht mit Gleichgültigkeit gegenüber diesem großen, vielleicht größten Drang des menschlichen Herzens geschrieben – das Verlangen nach spiritueller Wahrheit – unser Verlangen nach den höheren Möglichkeiten dessen, was wir „Geist" nennen. „Seele" und „Geist" – aber es wurde mit dem tiefen Wunsch geschrieben, die Quelle dieser Eigenschaften, ihre wissenschaftliche Bedeutung und einen wissenschaftlichen Beweis dafür zu finden, damit sie von den besten Köpfen der Welt angegangen und studiert werden können ohne die Abschweifungen und Fehlinterpretationen, die durch die Färbung und Verwirrung persönlicher Gefühle verursacht werden; und wenn man das Buch mit Sorgfalt liest, wird man sehen, dass, obwohl die klärende Definition der Klassen des Lebens in dem Buch hauptsächlich wegen seiner großen Tragkraft in der praktischen Welt verwendet wurde, seine größte Hilfe letztlich darin bestehen wird, die Lebensweise *zu* leiten Untersuchung, die richtige Wertung und vor allem die Beherrschung und Nutzung der höheren menschlichen Kräfte.

Beim Schreiben dieses Buches habe ich nicht nur neue Ideen und neue Analysemethoden eingeführt, sondern auch eine für mich neue Sprache verwendet. Das Originalmanuskript war in der Form sehr grob und fremdartig, und ich bin verschiedenen Freunden für ihre geduldige Freundlichkeit bei der Korrektur der vielen Fehler meines schlechten Englisch zu großem Dank verpflichtet.

Polakov , Doktor der Ingenieurwissenschaften, zu großem Dank verpflichtet , für seine überaus hilfreichen Vorschläge, die mir nicht nur eine gründliche Kritik aus der Sicht des Ingenieurs gaben, sondern auch seine Energie in die Organisation des ersten „ Zeit- „Binding Club" , wo diese Probleme diskutiert und kritisiert wurden, mit tollen praktischen Ergebnissen.

An alle, die das Manuskript gelesen und kritisiert oder anderweitig geholfen haben – Professoren EH Moore, CJ Keyser, JH Robinson, Burges Johnson, EA Ross, A. Petrunkevitch ; und Ärzte J. Grove-Korski, Charles P. Steinmetz, JP Warbasse ; Robert B. Wolf, Vizepräsident der American

Society of Mechanical Engineers; Champlain L. Riley, Vizepräsident der American Society of Heating and Ventilating Engineers; Miss Josephine Osborn; Ich möchte den Autoren, L. Brandeis, EG Conklin, CJ Keyser, J. Loeb, ES Mead, H. O'Higgins, W. Polakov , JH Robinson, RB Wolf, für die freundliche Erlaubnis, sie zu zitieren, meine Zustimmung aussprechen aufrichtige Wertschätzung.

Ich möchte auch meiner Frau, der ehemaligen Mira Edgerly, meinen tiefsten Dank aussprechen, die in dieser Entdeckung des Naturgesetzes für die menschliche Klasse des Lebens die Lösung ihrer lebenslangen Suche gefunden hat und die aufgrund ihres Interesses an meinem Arbeit, hat mir unvergleichlich inspirierende Hilfe und wertvolle Kritik gegeben. Es ist keine Übertreibung zu behaupten, dass dieses Buch ohne ihre stetige und unermüdliche Arbeit und *ihre Zeit, die mir Zeit gespart hat* , nicht in so vergleichsweise kurzer Zeit hätte entstehen können.

Herr Walter Polakov aus New York City, Industrieberater und Wirtschaftsingenieur in New York City, hat auf meine Bitte hin freundlicherweise zugestimmt, mit meiner Vollmacht als mein Vertreter zu fungieren, an den in meiner Abwesenheit aus Amerika alle weiteren Fragen gerichtet werden sollten.

Allen anderen Freunden, die auf vielfältige Weise persönlich geholfen haben, möchte ich meinen Dank aussprechen, und ich möchte auch John Macrae, Esq., dem Vizepräsidenten von EP Dutton & Co., für seine ungewöhnliche Einstellung zur Veröffentlichung des Buches danken.

AK
17. Januar 1921
New York City.

Kapitel I.
Einführung. Methode und Prozesse der Annäherung an ein neues Lebenskonzept

„Eine Zeit lang trat er ungestraft gegen menschliche und göttliche Gesetze, aber da er von der Illusion besessen war, dass zwei und zwei fünf ergeben, fiel er schließlich den unerbittlichen Regeln der bescheidenen Arithmetik zum Opfer.

„Denke daran, oh Fremder, die Arithmetik ist die erste Wissenschaft und die Mutter der Sicherheit."

BRANDEIS.

Ziel dieses kleinen Buches ist es, den Weg zu einer neuen Wissenschaft und Kunst zu weisen – der Wissenschaft und Kunst der Human Engineering. Mit Human Engineering meine ich die Wissenschaft und Kunst, die Energien und Fähigkeiten des Menschen auf die Förderung des menschlichen Wohlergehens auszurichten. Heutzutage muss nicht argumentiert werden, dass die Etablierung einer solchen Wissenschaft – der Wissenschaft des menschlichen Wohlergehens – ein Unterfangen von unermesslicher Bedeutung ist. Niemand kann übersehen, dass seine Bedeutung von größter Bedeutung ist.

Es ist offensichtlich, dass eine solche Wissenschaft, wenn sie etabliert werden soll, auf gesicherten Tatsachen beruhen muss – sie muss mit dem übereinstimmen, was für den Menschen *charakteristisch ist* – sie muss auf einer gerechten Vorstellung davon basieren, was der Mensch ist – auf einem richtigen Verständnis dessen, was der Mensch ist Platz im Schema der Natur.

Niemandem muss gesagt werden, wie unverzichtbar es ist, wahre Vorstellungen – nur Konzepte – richtige Vorstellungen – von den Dingen zu haben, mit denen wir Menschen zu tun haben; Jeder weiß zum Beispiel, dass die Verwechslung von Körpern mit Flächen oder Linien die Wissenschaft und Kunst der Geometrie ruinieren würde; Jeder weiß, dass die Verwechslung von Brüchen mit ganzen Zahlen die Wissenschaft und Kunst der Arithmetik ruinieren würde. Jeder weiß, dass die Verwechslung von Laster mit Tugend das Fundament der Ethik zerstören würde; Jeder weiß, dass die Verwechslung einer Fata Morgana in der Wüste mit einem Süßwassersee den ohnmächtigen Reisenden nur zu schrecklicher Enttäuschung oder zum Tod führt. Nun ist es völlig klar, dass von allen Dingen, mit denen sich Menschen auseinandersetzen müssen, der Mensch selbst – die Menschheit – Männer, Frauen und Kinder – bei weitem das Wichtigste ist. Daraus folgt, dass für uns Menschen nichts so wichtig sein kann wie ein klares, wahres, gerechtes und wissenschaftliches Menschenbild – ein richtiges Verständnis dessen, was wir als Menschen wirklich sind. Denn es erfordert keine große Weisheit, es bedarf nur ein wenig Nachdenken, um zu erkennen, dass, wenn wir Menschen die Natur des Menschen völlig falsch verstehen – wenn wir den Menschen als etwas betrachten, das er nicht ist, sei es etwas Höheres oder Niedrigeres als der Mensch – Wir begehen damit einen Fehler, der so grundlegend und weitreichend ist, dass er jede Art von Verwirrung und Katastrophe im individuellen Leben, im Gemeinschaftsleben und im Leben der Rasse hervorruft .

Die Frage, die wir uns daher zunächst stellen müssen, lautet im Wesentlichen: Was ist der Mensch? Was ist ein Mann? Was ist ein Mensch? Was ist das definierende oder charakteristische Merkmal der Menschheit? Auf diese Frage gab es im Laufe der Jahrhunderte zwei Antworten, und zwar nur zwei, und beide sind heute aktuell. Eine der Antworten ist biologischer Natur – der Mensch ist ein Tier, eine bestimmte Art von Tier; Die andere Antwort ist eine Mischung teils biologischer und teils mythologischer oder teils biologischer und teils philosophischer Natur – der Mensch ist eine Kombination oder *Vereinigung* von Tier und etwas Übernatürlichem. Ein wichtiger Teil meiner Aufgabe wird es sein, zu zeigen, dass diese beiden Antworten völlig falsch sind und dass sie vor allem für das Düstere im Leben und in der Geschichte der Menschheit verantwortlich sind. Nachdem dies geschehen ist, bleibt die Frage: Was ist der Mensch? Ich hoffe, klar und überzeugend zu zeigen, dass die Antwort in der offensichtlichen Tatsache zu finden ist, dass Menschen in unterschiedlichem Maße über eine bestimmte natürliche Fähigkeit oder Macht oder Fähigkeit verfügen, die ihnen gleichzeitig die ihnen angemessene Würde als Menschen verleiht und sie diskriminiert Diese besondere oder charakteristische menschliche Fähigkeit oder Kraft oder Fähigkeit, die nicht nur aus den Mineralien und Pflanzen, sondern auch aus der Tierwelt stammt, werde ich die *zeitbindende* Fähigkeit oder *zeitbindende* Kraft oder *zeitbindende* Fähigkeit nennen. Was ich unter Zeitbindung verstehe, wird im Verlauf der Diskussion klar und vollständig erklärt, und wenn dies klargestellt ist, wird die Frage „Was ist der Mensch?" mit der Aussage beantwortet, dass der Mensch ein Wesen ist, das von Natur aus mit Zeit ausgestattet ist -Bindungsfähigkeit – dass ein Mensch ein Zeitbinder ist – dass Männer, Frauen und Kinder die zeitbindende Klasse des Lebens bilden.

Es wird dann noch die große Aufgabe bleiben, einige der wichtigen Wege aufzuzeigen und gewissermaßen zu skizzieren, wie die wahre Vorstellung vom Menschen als Mensch unsere Ansichten über die menschliche Gesellschaft und die Welt verändern, unser menschliches Verhalten beeinflussen und uns eine wachsende Zahl von Menschen bescheren wird wissenschaftliche Weisheit über das Wohlergehen der Menschheit einschließlich aller Nachkommen.

Der Zweck dieses einleitenden Kapitels besteht darin, bestimmte allgemeine Fragen vorläufiger Natur zu betrachten – den Geist des Unternehmens zu verdeutlichen – einen kurzen Ansatz und eine kurze Vorbereitung zu bieten – um sozusagen das Deck freizumachen und handlungsbereit zu sein.

Es gibt zwei Möglichkeiten, leicht durchs Leben zu gleiten: Nämlich alles zu glauben oder an allem zu zweifeln; Beide Wege bewahren uns vor dem Nachdenken. Die Mehrheit wählt den Weg des geringsten Widerstands und möchte lieber, dass ihre Gedanken für sie erledigt werden; Sie akzeptieren vorgefertigte individuelle, private Lehren als ihre eigenen und folgen ihnen mehr oder weniger blind. Jede Generation betrachtet ihre eigenen Glaubensbekenntnisse als wahr und dauerhaft und hat ein gemischtes Lächeln aus Mitleid und Verachtung für die Vorurteile der Vergangenheit. Seit zweihundert oder mehr Generationen unserer Geschichte hat sich diese Einstellung mehr als zweihundert Mal wiederholt, und wenn wir nicht sehr vorsichtig sind, werden unsere Kinder die gleiche Einstellung uns gegenüber haben.

Es besteht kein Zweifel daran, dass die Menschheit zu einer Lebensklasse gehört, die ihr Schicksal weitgehend selbst bestimmt, ihre eigenen Erziehungs- und Verhaltensregeln aufstellt und somit jeden Schritt beeinflusst, den wir innerhalb der Struktur unseres sozialen Systems unternehmen können. Aber die Macht des Menschen, sein eigenes Schicksal zu bestimmen, wird durch das Naturgesetz, das Naturgesetz, begrenzt. Es ist der Rat der Weisheit, die Naturgesetze, einschließlich der Gesetze der menschlichen Natur, zu entdecken und dann in Übereinstimmung mit ihnen zu leben. Das Gegenteil ist Torheit.

Ein Bauer muss die Naturgesetze kennen, die seinen Weizen, seinen Mais oder seine Kuh regeln, da er sonst keine zufriedenstellenden Ernten oder die gewünschte Qualität und Fülle an Milch erzielen wird, während die Kenntnis dieser Gesetze es ihm ermöglicht, die günstigste zu produzieren Bedingungen für seine Pflanzen und Tiere zu verbessern und dadurch die gewünschten Ergebnisse zu erzielen.

Die Menschheit muss die Naturgesetze für den Menschen kennen, sonst schafft der Mensch nicht die Bedingungen und Bräuche, die die menschlichen Aktivitäten regeln und die es ihm ermöglichen, die günstigsten Umstände für die vollste menschliche Entwicklung im Leben zu haben; Dies bedeutet die Freisetzung der maximalen natürlich-schöpferischen Energie und des maximalen Ausdrucks in mentalen, moralischen, materiellen und spirituellen und allen anderen großen Bereichen menschlicher Aktivitäten, was zu Glück im Leben und in der Arbeit führt – kollektiv und individuell –

aufgrund der Bedingungen des Verdienens eines Lebensunterhalts beeinflussen und prägen alle unsere mentalen Prozesse und Aktivitäten, die Qualität und die Form menschlicher Beziehungen.

Jede menschliche Errungenschaft, sei es eine wissenschaftliche Entdeckung, ein Bild, eine Statue, ein Tempel, ein Haus oder eine Brücke, muss zuerst im Kopf erdacht – der Plan ausgearbeitet – werden, bevor er in die Realität umgesetzt werden kann, und wenn überhaupt Es soll ein Versuch unternommen werden, an dem beliebig viele Personen beteiligt sind – Methoden der Koordination müssen berücksichtigt werden – die Methoden, die sich für solche Unternehmungen als am besten geeignet erwiesen haben, sind Ingenieursmethoden – das Engineering einer Idee hin zu *einer* vollständigen *Verwirklichung* . Jeder Ingenieur muss die Materialien kennen, mit denen er arbeiten muss, und die Naturgesetze dieser Materialien, wie sie durch Beobachtung und Experiment entdeckt und von Mathematik und Mechanik formuliert wurden; sonst kann er die ihm zur Verfügung stehenden Kräfte nicht berechnen; er kann den Widerstand seiner Materialien nicht berechnen; er kann die Kapazität und den Bedarf seines Kraftwerks nicht ermitteln; Kurz gesagt , er kann seine Ressourcen nicht optimal nutzen. In letzter Zeit manifestierte sich in allen Industriezweigen und insbesondere während des späten Weltkriegs, der selbst ein gigantischer Industrieprozess war, ein weiterer Faktor, der sich als äußerst wichtig erwies: nämlich der menschliche Faktor, der nicht materiell, sondern geistig, moralisch und psychologisch ist . Man hat herausgefunden, dass eine maximale Produktion dann und nur dann erreicht werden kann, wenn die Produktion in Übereinstimmung mit bestimmten psychologischen Gesetzen erfolgt, die grob durch die Analyse der menschlichen Natur bestimmt werden.

Abgesehen von produktiver menschlicher Arbeit ist unser Globus zu klein, um die menschliche Bevölkerung, die sich jetzt auf ihm befindet, zu ernähren. Die Menschheit muss produzieren oder untergehen.

Die Produktion ist im Wesentlichen eine Aufgabe für Ingenieure; es hängt im Wesentlichen von der Entdeckung und Anwendung der Naturgesetze ab, einschließlich der Gesetze der menschlichen Natur. Es handelt sich daher nicht um eine Aufgabe für altmodische philosophische Spekulation oder für unfruchtbares metaphysisches Denken *im Vakuum* ; Es ist eine wissenschaftliche Aufgabe und erfordert die Koordination und Zusammenarbeit aller Wissenschaften. Deshalb handelt es sich um eine Ingenieursaufgabe.

Denn richtig verstanden ist die Technik die koordinierte Gesamtheit des im Laufe der Jahrhunderte gesammelten menschlichen Wissens, mit der Mathematik als wichtigstem Instrument und Leitfaden. Human Engineering wird die Theorie und Praxis – die Wissenschaft und Kunst – aller

Ingenieurzweige verkörpern, die durch ein gemeinsames Ziel vereint sind: das Verständnis und das Wohlergehen der Menschheit.

Hier möchte ich deutlich machen, dass Mathematik nicht das ist, was viele Leute denken; es ist kein System bloßer Formeln und Theoreme; Aber wie Professor Cassius J. Keyser in seinem Buch „ *The Human Worth of Rigorous Thinking*" (Columbia University Press, 1916) wunderbar definiert hat, ist Mathematik die Wissenschaft des „exakten Denkens oder rigorosen Denkens", und eines ihrer charakteristischen Merkmale ist „Präzision" . , Schärfe, Vollständigkeit der Definitionen." Diese Eigenschaft allein reicht aus, um zu erklären, warum Menschen Mathematik im Allgemeinen nicht mögen und warum sogar einige Wissenschaftler sich rundheraus weigern, sich mit Problemen zu befassen, bei denen es um mathematisches Denken geht. Mit bloßen Berechnungen oder mit Zahlen als solchen oder mit Formeln hat die mathematische Philosophie inzwischen kaum noch etwas zu tun; Es ist eine Philosophie, in der präzises, scharfes und rigoroses Denken unerlässlich ist. Wer sich bewusst weigert, in Zusammenhängen, in denen ein solches Denken möglich ist, „rigoros" – also mathematisch – zu denken, begeht die Sünde, das Schlechtere dem Besseren vorzuziehen; Sie verstoßen bewusst gegen das oberste Gesetz der intellektuellen Rechtschaffenheit.

Hier muss ich klarstellen, dass für die Zwecke der Human Engineering zunächst die alten Konzepte von Materie, Raum und Zeit ausreichen; sie genügen in etwa der gleichen Weise , wie sie in der alten Wissenschaft der Mechanik ausreichend waren. Im übertragenen Sinne ist Human Engineering eine höhere Form des Brückenbaus – es zielt darauf ab, eine Lücke im praktischen Leben und im Wissen zu schließen. Die alten Bedeutungen von Materie, Raum und Zeit waren gut genug, um den Einsturz einer Brücke zu verhindern; Dasselbe Verständnis von Raum und Zeit, das in diesem Buch verwendet wird, wird die Gesellschaft und die Menschheit vor periodischen Zusammenbrüchen schützen. Die alte Mechanik führt direkt zu einer solchen Kenntnis der inneren Gesetze, die das Universum regieren, dass sie die neue Mechanik nahelegen. Human Engineering wird ein neues Licht auf viele alte Vorstellungen werfen und das Studium und Verständnis von Materie, Raum und Zeit in ihren relativen Bedeutungen unterstützen und möglicherweise letztendlich zu einem Verständnis ihrer absoluten Bedeutungen führen.

Die Philosophie in ihrer alten Form könnte nur ohne Technik existieren, aber da die Technik existiert und immer aktiver und weitreichender wird, haben die alte verbale Philosophie und Metaphysik ihre Daseinsberechtigung verloren. Sie waren ebenso wenig in der Lage, die „Produktion" des Universums und des Lebens zu verstehen, wie sie jetzt in der Lage sind, „Produktion" als Mittel zu verstehen oder damit umzugehen, um der Menschheit eine glücklichere Existenz zu ermöglichen. Sie scheiterten, weil ihre verehrte Methode der „Spekulation" kann nicht *produzieren* , und an seine

Stelle muss mathematisches Denken treten. Das mathematische Denken verdrängt das metaphysische Denken. Die Technik verdrängt die verbale Philosophie und die Menschheit gewinnt dadurch deutlich. Nur wenige Parasiten und „Spekulanten" werden das Verschwinden ihres alten Begleiters „Spekulation" betrauern. Die Welt der Produzenten – die überwiegende Mehrheit der Menschen – wird eine Philosophie des geordneten Denkens und der geordneten Produktion begrüßen.

Die Wissenschaftler, alle von ihnen, haben zweifellos ihre Pflichten, aber sie nutzen ihre Ausbildung nicht voll aus, wenn sie nicht versuchen, ihr Verantwortungsgefühl gegenüber der gesamten Menschheit zu erweitern, anstatt sich in einer engen Spezialisierung zu verschließen, in der sie ihr Vergnügen finden. Weder Ingenieure noch andere Wissenschaftler haben das Recht, ihren persönlichen Frieden dem Glück der Menschheit vorzuziehen; Ihr Platz und ihre Pflicht liegen in der vordersten Reihe der kämpfenden Menschheit und nicht in den unbeirrten Reihen derer, die sich vom Leben fernhalten. Wenn sie gleichgültig oder entmutigt sind, weil sie das Gefühl haben oder glauben zu wissen, dass die Situation hoffnungslos ist, kann bewiesen werden, dass unangemessener Pessimismus eine ebenso gefährliche „Religion" ist wie jedes andere blinde Glaubensbekenntnis. Tatsächlich gibt es kaum einen Unterschied zwischen dem mittelalterlichen Fanatismus der „heiligen Inquisition" und der modernen Intoleranz gegenüber neuen Ideen. Alle Arten von Intellekt müssen zusammenkommen, denn solange wir davon ausgehen, dass die Situation hoffnungslos ist , wird die Situation tatsächlich hoffnungslos sein. Der Geist des Human Engineering kennt das Wort „hoffnungslos" nicht ; Denn Ingenieure wissen, dass allein falsche Methoden für katastrophale Ergebnisse verantwortlich sind und dass jede Situation mit den richtigen Mitteln erfolgreich gemeistert werden kann. Die Aufgabe der Ingenieurwissenschaften besteht nicht nur darin, zu wissen, sondern auch zu wissen, wie. Die meisten Wissenschaftler und Ingenieure sind sich noch nicht darüber im Klaren, dass ihr gemeinsames Urteilsvermögen unbesiegbar sein würde; Kein System und keine Klasse würde sich darüber hinwegsetzen. Ihr Wissen ist die Kraft, die das Leben der Menschheit zum Pulsieren bringt. Wenn Wissenschaftler und Ingenieure keine gemeinsame Basis hatten, auf der sie sich vereinen konnten, muss eine gemeinsame Basis geschaffen werden. Heutzutage ist der Druck des Lebens so groß, dass wir ohne ihre koordinierende Führung nicht vorankommen können. Aber zuerst muss der Wille zum Handeln da sein. Ein Ziel dieses Buches besteht darin, den erforderlichen Anreiz zu geben, indem es zeigt, dass Human Engineering uns aus dem Gewirr privater Meinungen befreien und uns in die Lage versetzen wird, alle Probleme des Lebens und der menschlichen Gesellschaft auf wissenschaftlicher Grundlage zu bewältigen.

Wenn diejenigen, die wissen, warum und wie, es versäumen zu handeln, werden diejenigen, die es nicht wissen, handeln, und die Welt wird weiterhin ins Wanken geraten. Die gesamte Geschichte der Menschheit und insbesondere die gegenwärtige Notlage der Welt zeigen nur zu traurig, wie gefährlich und teuer es ist, die Welt von Unwissenden regieren zu lassen.

Durch die Zahlung des Preises für diesen Krieg wurde uns bewusst, dass es sich nicht einmal der Privatmann leisten kann , in sein eigenes Leben verwickelt zu bleiben und sich nicht an öffentlichen Angelegenheiten zu beteiligen. Er muss sich angewöhnen, seinen Teil der öffentlichen Verantwortung zu übernehmen. Dies bedeutet, dass sehr viele sehr einfache Arbeiten, die alle in die Richtung einer größeren Arbeit weisen, getan werden müssen, um nicht nur Ingenieure und Wissenschaftler, sondern auch die breite Öffentlichkeit dazu zu erziehen, bei der Etablierung der Praxis des Menschen mitzuarbeiten Ingenieurwesen in allen Belangen der menschlichen Gesellschaft und des Lebens.

Beim Schreiben dieses Buches musste ich mit enormen Schwierigkeiten kämpfen, neue Gedanken auszudrücken und neue Methoden aufzuzeigen. Der Leser, der aufhört, Wörter oder Ausdrücke wegen ihrer mehr oder weniger glücklichen oder unglücklichen Verwendung zu kritisieren, wird den ganzen Sinn des Werkes verfehlen. Die Lektüre sollte im Hinblick darauf erfolgen, herauszufinden, wie viel Neues und Gutes darin zu finden ist, das weiter ausgearbeitet und in eine bessere Form gebracht werden kann. Dieses neue Unternehmen ist zu schwierig und zu groß für die alleinige Arbeit eines einzelnen Mannes – das Leben ist zu kurz.

Die in diesem Buch verwendete Methode zur Analyse von Lebensphänomenen ist im Wesentlichen eine Ingenieursmethode, und da Physik und Mechanik den Mathematikern immer neue Analysefelder eröffnen, ist es nicht unwahrscheinlich, dass Human Engineering den Mathematikern neue und interessante Forschungsfelder eröffnen wird. Die bescheidenste Rolle von Mathematikern in der Humantechnik kann mit der von „Wirtschaftsbuchhaltern" verglichen werden , die *für Ordnung in* den Geschäftsangelegenheiten sorgen.

In Bezug auf die Mathematik hat Bertrand Russell gesagt: „Logik ist die Jugend der Mathematik, Mathematik ist die Männlichkeit der Logik." Dieses brillante *Motiv* des bedeutenden Mathematikphilosophen ist zweifellos gerechtfertigt und von großer Bedeutung; Das Mindeste, was es uns lehren kann, ist, dass es sinnlos ist, eine Trennlinie zwischen Logik und Mathematik zu finden, denn eine solche Trennlinie existiert nicht; nach einem zu suchen dient lediglich dazu, seine Unkenntnis der mathematischen Philosophie zu verraten. An anderer Stelle sagt Herr Russell: „Die Hoffnung auf Befriedigung unserer eher menschlichen Wünsche, die Hoffnung, zu zeigen, dass die Welt dieses oder jenes ethische Merkmal hat, ist, soweit ich sehen kann, nicht etwas, zu dessen Befriedigung die Philosophie irgendetwas tun kann." ." Mit „Philosophie" meint er mathematische Philosophie – eine Philosophie, die streng wissenschaftlich und nicht vage spekulativ ist. Ich kann ihm überhaupt nicht zustimmen, dass eine solche Philosophie keinen Beitrag zur Ethik leisten kann. Im Gegenteil, ich behaupte, und in diesem Buch hoffe ich zu zeigen, dass wir durch mathematische Philosophie, durch konsequent wissenschaftliches Denken, zu der wahren Vorstellung davon gelangen können, was ein Mensch wirklich ist, und zwar indem wir so die charakteristische Natur des Menschen entdecken Wir kommen zum Geheimnis und zur Quelle der Ethik. Ethik als Wissenschaft wird die Wesensnatur des Menschen und die Verpflichtungen, die die Wesensnatur des Menschen den Menschen auferlegt, untersuchen und erklären . Man wird sehen, dass ein gerechtes, ethisches Leben bedeutet, im Einklang mit den Gesetzen der menschlichen Natur zu leben; und wenn deutlich wird, dass der Mensch ein natürliches Wesen ist, im wahrsten Sinne des Wortes ein Teil der Natur, dann wird man erkennen, dass die Gesetze der menschlichen Natur – die einzig möglichen Regeln für ethisches Verhalten – nicht mehr übernatürlich und nicht mehr *vom* Menschen *geschaffen* sind als beispielsweise das Gesetz der Schwerkraft oder jedes andere Naturgesetz.

Es ist kein Grund zur Verwunderung, dass mathematisches Denken zu einem solchen Ergebnis führt; Denn der Mensch ist ein *natürliches* Wesen, der Geist des Menschen ist eine *natürliche Kraft* , und die Ergebnisse strengen Denkens sind keineswegs künstliche Fiktionen, sondern natürliche Tatsachen – natürliche Offenbarungen des Naturgesetzes.

Ich hoffe, dass ich durch wiederholte Anspielungen auf die mathematische Wissenschaft nicht den Eindruck erweckt habe, dass es sich bei diesem Buch in irgendeiner technischen Hinsicht um eine mathematische Abhandlung handeln soll. Ich wollte lediglich darauf hinweisen, dass die Aufgabe im mathematischen Geist konzipiert und durchgeführt wird, der der Leitgeist der menschlichen Ingenieurskunst sein muss; denn keinem Gedanken kann man vertrauen, wenn er nicht mathematisch ist, und obwohl Mathematiker manchmal Fehler machen, ist der Geist der Mathematik immer richtig und immer gesund.

Obwohl ich nicht beabsichtige, den Leser mit irgendwelchen hochtechnischen mathematischen Argumenten zu belästigen, gibt es ein paar einfache mathematische Überlegungen, die jeder mit angemessener Bildung verstehen kann, die für unsere Zwecke von außerordentlich großer Bedeutung sind und zu denen ich daher frage Die beste Aufmerksamkeit des Lesers. Eine der Ideen ist die einer *arithmetischen Folge* ; eine andere ist die einer *geometrischen Progression* . Keines davon beinhaltet etwas Schwierigeres als die gewöhnlichste Arithmetik der weiterführenden Schule oder des

Rechnungshofs, aber man wird sehen, dass sie viele der wichtigsten menschlichen Belange beleuchtet.

Da wir Menschen sind, sind wir alle an dem interessiert, was wir Fortschritt nennen – Fortschritt im Recht, in der Regierung, in der Rechtsprechung, in der Ethik, in der Philosophie, in den Naturwissenschaften, in der Wirtschaft, in den schönen Künsten, in den praktischen Künsten , bei der Produktion und Verteilung von Reichtum, bei allen Angelegenheiten, die das Wohlergehen der Menschheit betreffen. Es ist eine Tatsache, dass all diese großen Angelegenheiten voneinander abhängig und miteinander verknüpft sind; Es ist daher eine Tatsache von größter Bedeutung, dass der Fortschritt in jeder der Kardinalangelegenheiten mit den Fortschritten in den anderen Kardinalangelegenheiten Schritt halten muss, um ein gerechtes Gleichgewicht, ein angemessenes Gleichgewicht zu wahren und so die Integrität und den anhaltenden Wohlstand des Landes aufrechtzuerhalten gesamter komplexer Körper unseres sozialen Lebens; Es ist eine Tatsache, eine Tatsache der Beobachtung, dass der Fortschritt in einigen großen Angelegenheiten nach einem Gesetz und einem Tempo des Fortschritts verläuft, in anderen jedoch nach einem ganz anderen Gesetz und Tempo; Es ist eine Tatsache, eine Tatsache der Beobachtung und der traurigen Erfahrung, eine Tatsache, die durch die gesamte Geschichte bezeugt und durch die Vernunft deutlich gemacht wurde, dass aufgrund der sehr unterschiedlichen Gesetze und Fortschrittsgeschwindigkeiten in den großen wesentlichen Anliegen der Menschheit das Gleichgewicht und das Gleichgewicht zwischen den Ist die Lage in Teilen gestört, nimmt die Belastung allmählich zu, bis es zu einem gewaltsamen Bruch in Form von sozialen Konflikten, Aufständen, Revolutionen und Kriegen kommt; Es ist eine Tatsache, dass die anschließende Neuausrichtung, wie nach einem Erdbeben, tatsächlich eine Art neues Gleichgewicht herstellt, aber es ist ein Gleichgewicht, das aus Gewalt entsteht, und es ist dazu bestimmt, in regelmäßigen Abständen und ohne Ende wieder gestört zu werden, es sei denn, es wird von irgendeiner Wissenschaft und Wissenschaft durchgeführt Die Kunst der menschlichen Ingenieurskunst kann dazu führen, dass Fortschritte in allen großen Angelegenheiten, die für das menschliche Wohlergehen wesentlich sind, in Übereinstimmung mit ein und demselben Gesetz erfolgen, das in der Natur des Menschen seine Gültigkeit hat.

In ihrer Gesamtheit sind die soeben dargelegten Fakten so wichtig, dass sie es verdienen, mit größter Betonung und Klarheit dargelegt zu werden. Zu diesem Zweck bitte ich den Leser, die beiden folgenden Zahlenreihen sehr sorgfältig und nebeneinander zu betrachten. Die erste ist eine einfache geometrische Folge – bezeichnet mit (GP); die zweite ist eine einfache arithmetische Folge – bezeichnet mit (AP):

GP : 2, 4, 8, 16, 32, 64, 128, 256, 512, 1024 usw.;
AP : 2, 4, 6, 8, 10, 12, 14, 16, 18, 20 usw.

Um den Vergleich zu erleichtern, habe ich sie mit derselben Zahl beginnen lassen und der Einfachheit halber 2 für diesen Anfangsterm gewählt; Beachten Sie, dass in (*GP*) jeder Term aus dem vorhergehenden Term durch *Multiplikation* mit 2 erhalten wird und dass in (*AP*) jeder Term aus seinem Vorgänger durch Addition von 2 erhalten wird; in der ersten Reihe wird der Multiplikator 2 als gemeinsames *Verhältnis* bezeichnet und in der zweiten Reihe wird die wiederholt addierte 2 als gemeinsame *Differenz bezeichnet* ; Um den Vergleich zu erleichtern, habe ich für das gemeinsame Verhältnis und die gemeinsame Differenz dieselbe Zahl gewählt und der Einfachheit halber habe ich für diese Zahl die einfache Zahl 2 gewählt. Andere Möglichkeiten wären logischerweise genauso gut.

Warum habe ich diese beiden Serien vorgestellt? Weil sie dazu dienen, zwei sehr unterschiedliche *Gesetze des Fortschritts perfekt zu veranschaulichen* – zwei Gesetze, die sehr unterschiedliche *Wachstums-* , Steigerungs- oder *Fortschrittsraten darstellen* .

Beachten Sie in diesem Zusammenhang unbedingt die beiden folgenden Tatsachen. Eine davon ist, dass die Größe der Terme jeder geometrischen Folge, deren Verhältnis (egal wie klein) 2 oder mehr beträgt, die Größe der entsprechenden Terme jeder arithmetischen Folge überholt und übertrifft, egal wie groß die gemeinsame Differenz der beiden ist Letzteres mag sein. Die andere zu beachtende Tatsache ist, dass je größer das Verhältnis einer geometrischen Folge ist, desto schneller nehmen ihre aufeinanderfolgenden Terme zu; so dass die Terme einer geometrischen Folge tausendmal, millionenfach oder milliardenfach schneller zunehmen können als die entsprechenden Terme einer anderen geometrischen Folge. Da jede geometrische Folge (mit einem Verhältnis von 2 oder mehr), egal wie langsam sie ist, jede arithmetische Folge übertrifft, egal wie schnell, kann eine geometrische Folge viel schneller sein als eine andere desselben Typs .

Für jeden wird es offensichtlich sein, dass sich die beiden Fortschritte im Tempo unterscheiden; und dass der Unterschied zwischen ihren entsprechenden Begriffen immer größer wird, je weiter wir gehen; Beispielsweise beträgt die Summe der ersten sechs Terme der geometrischen Folge 126, während die Summe der ersten sechs Terme der arithmetischen Folge nur 42 beträgt, wobei die Differenz zwischen den beiden Summen 84 beträgt; die Summe von 8 Termen beträgt 510 für (*GP*) und 72 für (*AP*), wobei die Differenz zwischen diesen Summen (von jeweils nur 8 Termen) 438 beträgt, also bereits viel größer als zuvor; Wenn wir nun die Summen der ersten 10 Terme nehmen, sind sie 2046 und 110 mit einer Differenz von 1936; usw. usw.

Betrachten Sie nun zwei beliebige Angelegenheiten, die für das menschliche Wohlergehen von großer Bedeutung sind – zum Beispiel die Rechtswissenschaft und die Naturwissenschaften – oder zwei andere wichtige Anliegen der Menschheit. Es ist so klar wie die Mittagssonne, dass, wenn der Fortschritt in einer der Angelegenheiten nach dem Gesetz einer geometrischen Progression und in der anderen in Übereinstimmung mit einem Gesetz einer arithmetischen Progression voranschreitet, der Fortschritt in der ersteren Angelegenheit sehr schnell und schnell voranschreiten wird Die Fortschritte in letzterem Bereich werden immer schneller vorangetrieben, so dass, wenn die beiden beteiligten Interessen voneinander abhängig sind (was immer der Fall ist), allmählich eine Spannung in den menschlichen Angelegenheiten entsteht und das soziale Gleichgewicht schließlich zerstört wird; Es folgt eine Phase der Neuordnung mittels Gewalt und Zwang. Es darf nicht davon ausgegangen werden, dass es sich bei dem angenommenen Fall lediglich um eine Hypothese handelt. Die gesamte Geschichte der Menschheit und insbesondere der gegenwärtige Zustand der Welt zeigen gemeinsam, dass der angenommene Fall keineswegs nur hypothetisch war, sondern schon immer real war und heute in einem größeren Ausmaß als je zuvor aktuell ist. Ich behaupte, dass der Fortschritt in einigen der großen Angelegenheiten von menschlichem Interesse seit langem im Einklang mit dem Gesetz einer schnell zunehmenden geometrischen Progression verläuft, während der Fortschritt in anderen Angelegenheiten von nicht geringerer Bedeutung nur im Tempo einer arithmetischen Progression voranschreitet oder bestenfalls im Tempo einer geometrischen Progression relativ langsamen Wachstums. Um es zu sehen und zu verstehen, müssen wir den geringen Preis einer kleinen Beobachtung und einer kleinen Meditation zahlen.

Es wird eine technische Erfindung gemacht, zum Beispiel die einer Dampfmaschine oder einer Druckmaschine; oder eine Entdeckung einer wissenschaftlichen Methode, etwa der analytischen Geometrie oder der Infinitesimalrechnung; oder eine Entdeckung des Naturgesetzes, wie die von fallenden Körpern oder das Newtonsche Gravitationsgesetz. Was geschieht? Welche Auswirkungen hat dies auf den Fortschritt von Wissen und Erfindungen? Der Effekt ist Stimulation. Jede Erfindung führt zu neuen Erfindungen und jede Entdeckung zu neuen Entdeckungen; Erfindung bringt Erfindung hervor, Wissenschaft erzeugt Wissenschaft, die Kinder des Wissens bringen ihresgleichen in immer größeren Familien hervor; Der Prozess geht von Jahrzehnt zu Jahrzehnt, von Generation zu Generation weiter, und das Spektakel, das wir sehen, ist das des Fortschritts wissenschaftlicher Erkenntnisse und technologischer Macht gemäß dem

Gesetz und der Geschwindigkeit einer schnell zunehmenden geometrischen Progression oder logarithmischen Funktion.

Und was müssen wir nun über die sogenannten Wissenschaften – die Pseudowissenschaften – Ethik, Rechtswissenschaft, Wirtschaft, Politik und Regierung sagen? Um die Antwort zu finden, müssen wir nur unsere Augen öffnen und die Welt betrachten. Aufgrund des seit langem mit immer beschleunigter logarithmischer Geschwindigkeit voranschreitenden Fortschritts in der Erfindung, in der Mathematik, in der Physik, in der Chemie, in der Biologie, in der Astronomie und in deren Anwendungen sind Zeit, Raum und Materie bereits erobert worden ein Ausmaß, dass unser Globus, der einst so riesig schien, praktisch auf die Dimensionen einer antiken Provinz geschrumpft ist; und vielfältige Völker unterschiedlicher Sprachen, Traditionen, Bräuche und Institutionen sind nun gezwungen, wie in einer einzigen Gemeinschaft zusammenzuleben. Daher ist eine neue ethische Weisheit, eine neue rechtliche Weisheit, eine neue wirtschaftliche Weisheit, eine neue politische Weisheit und eine neue Weisheit in den Regierungsangelegenheiten erforderlich. Unsere gequälten Zeiten schreien laut nach den neuen Visionen, aber die einzigen Antworten sind die widerhallenden Echos des Klageschreis, vermischt mit den plappernden Stimmen aufgeregter Persönlichkeiten des öffentlichen Lebens, die nicht wissen, was sie tun sollen. Warum? Was ist die Erklärung? Die Frage ist doppelt: Warum die Krankheit? Und warum kein Heilmittel zur Hand? Die Antwort ist für beide die gleiche. Und die Antwort ist, dass die sogenannten Wissenschaften der Ethik, der Rechtswissenschaft, der Wirtschaft, der Politik und der Regierung mit den raschen Fortschritten in den anderen großen Angelegenheiten der Menschheit nicht Schritt gehalten haben; sie sind zurückgeblieben; Aufgrund ihres Rückstands ist die Welt in so große Not geraten. Und weil sie zurückgeblieben sind, verfügen sie jetzt nicht über die nötige Weisheit, um eine Heilung herbeizuführen.

Fragen Sie sich, warum die „Sozialwissenschaften" – die sogenannten Ethikwissenschaften usw. – hinterherhinken? Die Antwort ist nicht schwer zu suchen und auch nicht schwer zu verstehen. Sie sind zurückgeblieben, teilweise weil sie durch die Traditionen und Gewohnheiten einer vergangenen Welt behindert wurden – sie haben nach hinten statt nach vorne geschaut; Sie sind zurückgeblieben, teilweise weil sie sich auf die unfruchtbaren Methoden der verbalen Philosophie verlassen haben – sie waren metaphysisch statt wissenschaftlich; Sie sind zurückgeblieben, teilweise weil sie oft von den Begierden gerissener „Politiker" beherrscht wurden, statt sich von der Weisheit aufgeklärter Staatsmänner leiten zu lassen; Sie sind zurückgeblieben, teilweise weil es ihnen vor allem darum ging, „eigene Interessen" zu schützen, auf deren Unterstützung sie größtenteils angewiesen waren; Der *Hauptgrund* für ihr Zurückbleiben liegt jedoch in der erstaunlichen Tatsache, dass sie, obwohl sie von Natur aus am unmittelbarsten *mit* den Angelegenheiten der Menschheit befasst sind, nicht entdeckt haben, was der Mensch wirklich ist, sondern seit jeher fälschlicherweise für einen Menschen gehalten haben Wesen entweder als Tiere oder als Kombinationen von Tieren und etwas Übernatürlichem. Mit diesen beiden monströsen Vorstellungen über die wesentliche Natur des Menschen werde ich mich in einem späteren Abschnitt dieses Schreibens befassen.

Derzeit geht es mir vor allem darum, die Tatsache deutlich zu machen, dass es sich um die große *Diskrepanz* zwischen dem schnellen Fortschritt der Natur- und Technikwissenschaften einerseits und dem langsamen Fortschritt der metaphysischen, sogenannten sozialen „Wissenschaften" andererseits handelt , die früher oder später das Gleichgewicht der menschlichen Angelegenheiten so sehr stört, dass es periodisch zu jenen sozialen Kataklysmen kommt, die wir Aufstände, Revolutionen und Kriege nennen. Der Leser sollte sorgfältig beachten, dass solche katastrophalen Veränderungen – solche „Sprünge", wie wir sie nennen könnten – solche gewaltsamen Neuordnungen in menschlichen Angelegenheiten und menschlichen Beziehungen – in der gesamten Geschichte der Menschheit aufgezeichnet wurden. Und ich möchte, dass er klar erkennt, dass die fraglichen „Sprünge" nicht nur mit zunehmender Heftigkeit, sondern auch mit zunehmender Häufigkeit auftreten, da die *Ungleichheit* , die sie hervorbringt, im Laufe unserer Generation – von Generation zu Generation – zunimmt . Diese höchst bedeutsame Tatsache lässt sich in der folgenden Abbildung grafisch veranschaulichen:

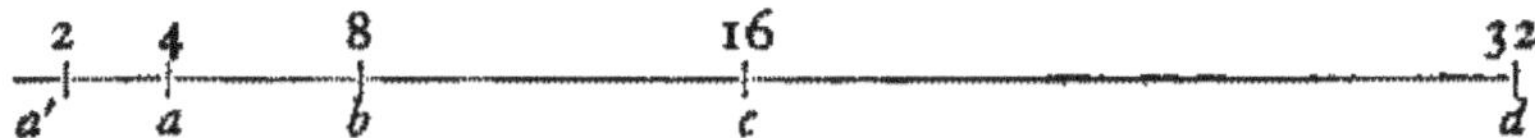

Geometrische Entwicklung der Natur- und Technikwissenschaften. – Friedlicher Fortschritt.

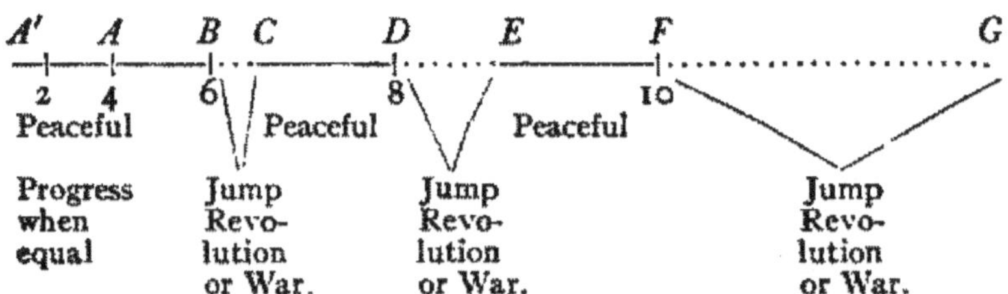

Arithmetische Entwicklung der sogenannten sozialen „Wissenschaften", beschleunigt durch heftige „Sprünge". — Unfriedlicher sozialer Fortschritt.

$a'2$, $2a$, ab , bc , cd repräsentieren das geometrische Fortschrittsgesetz in den Natur- und Technikwissenschaften (friedliche Evolution).

$A'2$, $2A$, AB , CD , EF repräsentieren das nacheilende arithmetische Fortschrittsgesetz in den sogenannten Sozialwissenschaften (friedliche Evolution).

Beides im gleichen Zeitraum.

BC , DE , FG stellen Revolutionen oder Kriege dar, mit den Folgen einer Revolution der Ideen – dem „Sprung" – einer gewaltsamen Neuanpassung von Ideen an Fakten – erzwungen durch Ereignisse.

ab , bc , cd und AB , CD , EF nehmen die gleiche Zeit in Anspruch, aber da der zweite Verlauf viel langsamer ist als der erste, erfolgen die „Sprünge" oder Umdrehungen im Laufe der Zeit in kürzeren Abständen und daher häufiger zwingen uns, unsere Ideen mit Fakten in Einklang zu bringen. Perioden des Friedens oder scheinbaren Friedens wechseln sich immer häufiger mit Perioden der Gewalt ab; Die erwähnte *Ungleichheit* des Fortschritts in Friedenszeiten ist der Keim zukünftiger Gewalt. [1]

Tatsächlich können diese wenigen mathematischen Überlegungen kaum als Mathematik oder mathematische Philosophie bezeichnet werden ; Dennoch dürften wir nicht weiter als bisher vorankommen können, ohne die Aufmerksamkeit auf diese sehr einfachen mathematischen Ideen zu lenken. Unsere Lebensprobleme wurden schon immer von Verbalisten und rhetorischen Metaphysikern „gelöst" , die geschickt mit vagen Worten spielten und die überaus wichtige Frage der Dimensionen immer ignorierten, weil sie sich dessen nicht bewusst waren. Es gab keine Möglichkeit, eine Einigung über die Bedeutung von Wörtern oder auch nur über deren Verständnis zu erzielen. Nehmen wir zum Beispiel Wörter wie „gut" , „schlecht" oder „Wahrheit"; Bände über Bände wurden über sie geschrieben; niemand hat ein allgemein akzeptables Ergebnis erzielt; Die Folge war, dass sich verfeindete Philosophieschulen – Sektierer und Partisanen – vervielfachten. In der Zwischenzeit *etwas* , das jedem der Begriffe „gut" entspricht, "schlecht," „Wahrheit" existiert als Tatsache; aber was dieses Etwas ist, muss noch wissenschaftlich geklärt werden. Wenn nur diese drei Wörter wissenschaftlich definiert werden könnten, würden Philosophie, Recht, Ethik und Psychologie aufhören , „private Theorien" oder Verbalismen zu sein, und sie würden den Rang und die Würde von Wissenschaften erlangen.

Hier möchte ich eine Charakteristik des Lebens zitieren, wie sie von einem der „Helden" meines geschätzten Freundes Harvey O'Higgins in seinem Buch „ *From the Life* , *Imaginary Portraits of Some Distinguished Americans"* (Harper, NY) zum Ausdruck gebracht wurde.

„Warren hat nie philosophiert; er ging mit Fakten um wie ein Handwerker mit seinen Werkzeugen; aber wenn er philosophiert *hätte* , wäre seine Lebenstheorie wahrscheinlich etwa so ausgefallen: „Es gibt keine Gerechtigkeit, es gibt keine Moral, weder in der Natur noch in den Naturgesetzen; Gerechtigkeit und Moral sind nur Gesetze der menschlichen Gesellschaft. Aber die Gesellschaft, das natürliche Leben und die gesamte Zivilisation unterliegen in ihren größeren Aspekten Naturgesetzen – die im Widerspruch zur Moral stehen und gegen die Gerechtigkeit verstoßen –, und der Staatsmann muss sich an diese Gesetze halten und sein Volk trotz der geringeren Satzungen in Übereinstimmung mit ihnen leiten von Moral und Gerechtigkeit. ' "

Wenn dies die Glaubensbekenntnisse „angesehener Menschen" irgendwo sind, was können wir dann Besseres erwarten als das, was wir in der Geschichte der Menschheit sehen?

Aber die Tatsache, dass die alte Philosophie, das Recht, die Ethik, die Psychologie, die Politik und die Soziologie die praktischen Probleme der Menschheit nicht lösen konnten, ist überhaupt kein Grund, warum wir verzweifeln sollten. Die Probleme können gelöst werden.

Um der Argumentation dieses Buches zu folgen, ist es nicht notwendig, ein hochqualifizierter Spezialist zu sein; Die einzigen erforderlichen Qualifikationen sind Offenheit, Offenheit, Freiheit von blendenden Vorurteilen, Nachdenklichkeit, ein echter Wunsch nach Wahrheit und genügend gesunder Menschenverstand, um zu verstehen, dass es Unsinn ist, davon zu sprechen, drei Liter Milch zu einer Dreiviertelmeile hinzuzufügen .

Kapitel II
Kindheit der Menschheit

Der Abschluss des Weltkrieges ist der Abschluss der Kindheitsperiode der Menschheit. Diese Kindheit kann, wie jede Kindheit, als frei von jeglichem wirklichen Verständnis von Werten beschrieben werden, ebenso wie die eines Kindes, das einen unschätzbaren Chronometer benutzt, um Nüsse zu knacken.

Diese Kindheit war unangemessen lang, aber glücklicherweise nähern wir uns ihrem Ende, denn die von diesem Krieg erschütterte Menschheit kommt zur Besinnung und muss bald in ihre Männlichkeit eintreten, eine Zeit großer Errungenschaften und Belohnungen im Neuen und Wirklichen Das Bewusstsein für Werte dämmert uns.

Die heiligen Toten werden nicht umsonst gestorben sein; Der „Rotwein der Jugend", die mutwillige Verschwendung des Lebens, hat uns den Preis des Lebens gezeigt, und wir müssen unseren Eid halten, um die Zukunft ihres Schweißes und Blutes würdig zu machen.

Frühe Ideen sind nicht unbedingt wahre Ideen.

Es gibt unterschiedliche Interpretationen der Geschichte und unterschiedliche Philosophieschulen. Sie alle haben etwas zum menschlichen Fortschritt beigetragen, aber keiner von ihnen war in der Lage, der Welt eine grundlegende Philosophie zu geben, die den gesamten Fortschritt der Wissenschaft umfasst und das Leben des Menschen auf der dauerhaften Grundlage der Tatsachen gründet.

Unser Leben muss sich nach offensichtlichen oder verborgenen Naturgesetzen entwickeln. Die offensichtlichen Naturgesetze waren in ihrer Wiege die Inspiration echter Wissenschaft; und ihre Interpretationen oder Fehlinterpretationen haben seit frühester Zeit Rechtssysteme, Ethik und Philosophie gebildet.

Der menschliche Intellekt, sei es der eines Individuums oder der einer Rasse, zieht Schlussfolgerungen, die oft revidiert werden müssen, bevor sie annähernd den Tatsachen entsprechen. Was wir Fortschritt nennen, besteht darin, Ideen mit der Realität in Einklang zu bringen. Der Weltkrieg hat jedem etwas beigebracht. Es war tatsächlich eine großartige Realität; Es hat uns daran gewöhnt, in den Begriffen der Realität zu denken und nicht in solchen der Phantomspekulation. Dabei kamen einige unmissverständliche Wahrheiten ans Licht. Fakten und Kraft waren die Dinge, die zählten. Um feindliche Macht zu vernichten, musste Macht erzeugt werden; Es stellte sich heraus, dass die alten politischen und wirtschaftlichen Systeme der ihnen gestellten Aufgabe nicht gewachsen waren. Die Welt musste neue wirtschaftliche Bedingungen schaffen; Es war gezwungen, die alten Systeme durch spezielle Gremien für Lebensmittel, Kohle, Eisenbahnen, Schifffahrt, Arbeit usw. zu ergänzen. Der Weltkriegsnotstand zwang die Nationen, sich für die Erzeugung größerer Macht zu organisieren, um die bereits große Macht zu erobern.

Wenn es etwas gibt, was dieser Krieg bewiesen hat, dann die Tatsache, dass das wichtigste Kapital, das eine Nation oder ein Individuum haben kann, die Fähigkeit ist, „Dinge zu tun".

„In Flanders Fields wehen die Mohnblumen ...", das ist zu wahr; sie blasen und sie sind stark und rot. Aber der Zweck dieses Schreibens ist nicht die Feier der Poesie, sondern die Erläuterung und richtige Verwendung von Fakten.

Normalerweise werden in wissenschaftlichen Labors Tausende von Kaninchen und Meerschweinchen für Experimente eingesetzt und getötet, die der Menschheit große und greifbare Vorteile bringen. Dieser Krieg hat Millionen Menschen abgeschlachtet und die Gesundheit und das Leben von Dutzenden Millionen Menschen ruiniert. Soll dieser Höhepunkt der Vorkriegszivilisation unbemerkt bleiben, abgesehen von der Poesie und dem Düngen der Schlachtfelder, dass die „Mohnblumen" stärker und besser genährt wehen? Oder ist der Tod von zehn Männern auf dem Schlachtfeld genauso wertvoll für den Wissensgewinn wie das Leben eines für Experimente getöteten Kaninchens? Lohnt es sich, das große Opfer zu analysieren ? Da kann es nur eine Antwort geben: Ja. Aber wenn die Wahrheit erwünscht ist, muss die Analyse wissenschaftlich sein.

In der Wissenschaft werden „Meinungen" nur dann toleriert, wenn Fakten fehlen. In diesem Fall verfügen wir über alle notwendigen Fakten. Wir müssen sie nur sammeln und analysieren und bloße „Meinungen" als billig und unwürdig zurückweisen. Wer diese Lektion versteht, wird wissen, wie er zum Wohle aller handeln kann.

Die Zukunft der Menschheit ist derzeit düster. „Halten Sie an, schauen Sie und hören Sie zu" – die umsichtige Vorsicht an Bahnübergängen – muss geändert werden in „Halten Sie an, schauen Sie, hören Sie zu und DENKEN SIE NACH " ; Nicht um ein paar Leben bei Eisenbahnunfällen zu retten, sondern um das Leben der Menschheit zu bewahren. Lebende Organismen niederer und einfacherer Art, bei denen die Differenzierung und Integration der lebenswichtigen Organe noch nicht weit fortgeschritten ist, können sich noch längere Zeit bewegen, nachdem ihnen die Vorrichtungen entzogen wurden, mit denen die Lebenskraft akkumuliert und übertragen wird. aber höhere Organismen werden durch die Entfernung solcher Geräte oder sogar durch die Verletzung kleinerer Teile derselben sofort getötet; noch leichter zu zerstören sind die fortgeschritteneren und komplizierteren *sozialen* Organisationen.

Die erste Frage lautet: Welche wissenschaftlichen Methoden müssen eingesetzt werden, um unterschiedliche Meinungen und Glaubensbekenntnisse aus der Analyse von Fakten zu eliminieren und korrekte, darauf basierende Schlussfolgerungen zu gewährleisten? Ein kurzer Überblick über Fakten über die Zivilisation wird dabei helfen, den Weg zu weisen.

Die Menschheit hatte in ihrer Wiege keine Wissenschaft; es hatte nur die Fähigkeit zur Beobachtung und Spekulation. In der Anfangszeit gab es viel spekulatives Denken, aber es fehlte an einer ausreichenden Faktenbasis. Theologie und Philosophie blühten auf; Ihre Spekulationen waren oft sehr klug, aber alle ihre primitiven Vorstellungen über Fakten – wie die Struktur des Himmels , die Form der Erde, mechanische Prinzipien, meteorologische oder physiologische Phänomene – waren fast alle falsch.

Was ist Geschichte? Welche Bedeutung hat es für die Menschheit? Dr. JH Robinson gibt uns eine präzise Antwort: „Die erbärmliche Abhängigkeit des Menschen von der Vergangenheit führt zur Kontinuität der Geschichte." Unsere Überzeugungen, Meinungen, Vorurteile, intellektuellen Vorlieben; Unser Wissen, unsere Methoden des Lernens und der Informationsbeschaffung verdanken wir, mit kleinen Ausnahmen, der Vergangenheit – oft der fernen Vergangenheit. Geschichte ist eine Erweiterung der Erinnerung, und wie die Erinnerung allein kann sie die Gegenwart erklären, und darin liegt ihr unverkennbarster Wert." [2]

Der Wilde betrachtet jedes auffällige Phänomen oder jede Gruppe von Phänomenen als durch einen persönlichen Akteur verursacht, und seit der Antike hat sich die Denkweise nur so schnell geändert, wie die Beziehungen zwischen Phänomenen hergestellt wurden. [3]

Die menschliche Natur fragte immer nach dem „Warum" ? Und da sie nicht in der Lage waren, das Warum zu beantworten, fanden sie ihre Antwort durch einen anderen Faktor : „Wer". Das Unbekannte wurde „Götter" oder „Gott" genannt. Doch mit dem Fortschritt der Wissenschaft wurde das „Warum" immer offensichtlicher und die Frage stellte sich immer mehr nach dem „Wie". Von den frühen Tagen der Menschheit an waren dogmatische Theologie, Recht, Ethik und Wissenschaft in ihren Kinderschuhen die Monopole einer Klasse und die Quelle ihrer Macht. [4]

Die ersten, die diese Macht brachen, waren die exakten Wissenschaften. Sie machten zu schnelle Fortschritte, als dass sie durch obskure alte Schriften und Vorurteile gebunden und eingeschränkt gewesen wären; Leben und Realitäten waren ihre Domäne. Die Wissenschaft hat alle Sophisten beiseite geschoben und ist Wirklichkeit geworden. Ethik ist ein zu grundlegend wichtiger Faktor in der Zivilisation, als dass man sich auf eine theologische oder rechtliche Entschuldigung verlassen könnte; Ethik muss den *Naturgesetzen* der menschlichen *Natur* entsprechen .

Gesetze, Rechtsvorstellungen stammen aus den Anfängen der Zivilisation. Die Rechtsspekulation entwickelte sich wunderbar parallel zu Theologie und Philosophie, bevor die Naturwissenschaften und die exakten Wissenschaften entstanden. Gesetze wurden immer von wenigen und im Allgemeinen mit dem Ziel erlassen, die „bestehende Ordnung" aufrechtzuerhalten oder die alte Ordnung wiederherzustellen und die Übeltäter zu bestrafen.

Die dogmatische Theologie ist ihrem Wesen nach unveränderlich. Das Gleiche gilt auch für den Geist des Gesetzes. Das Gesetz diente und soll den vergangenen und gegenwärtigen Status der Gesellschaft schützen und muss seinem Wesen nach sehr konservativ, wenn nicht reaktionär sein. Theologie und Recht sind beide ihrer Natur nach statisch. [5]

Philosophie, Recht und Ethik müssen dynamisch sein, um in einer dynamischen Welt wirksam zu sein. Sie müssen vital genug gemacht werden, um mit dem Fortschritt des Lebens und der Wissenschaft Schritt zu halten. In der neueren Zivilisationsethik, weil sie, gesteuert durch Theologie und Recht, die statisch sind, den dynamischen, revolutionären Fortschritt der Technik und die sich ständig ändernden Lebensbedingungen nicht angemessen beeinflussen konnte; und so erleben wir einen gewaltigen Verfall der Moral in Politik und Wirtschaft. Das Leben schreitet schneller voran als unsere Vorstellungen, und so werden mittelalterliche Vorstellungen, Methoden und Urteile ständig auf die Bedingungen und Probleme des modernen Lebens angewendet. Diese Diskrepanz zwischen Fakten und Ideen ist maßgeblich für die Spaltung der modernen Gesellschaft in verschiedene verfeindete Klassen verantwortlich, die einander nicht verstehen. Der mittelalterliche Legalismus und die mittelalterliche Moral – die Grundlage der alten *Gesellschaftsstruktur* –, die von Natur aus konservativ, reaktionär und veränderungsgegnerisch sind und daher immer unfähiger werden, die mächtige soziale Last der modernen Welt zu tragen, müssen in a für verantwortlich erklärt werden in hohem Maße für die Umstände, die den Weltkrieg unvermeidlich machten.

Unter dem Blitz des Sprengstoffs wurden einige der Funktionsweisen dieser antiquierten Ideen aufgedeckt oder zerstört. Der Weltkrieg hat die wirtschaftlichen Verhältnisse tiefgreifend verändert und die Schaffung neuer Wertestandards erforderlich gemacht. Wir müssen erkennen, dass die Evolution durch Transformation ein kosmischer Prozess ist und dass die Reaktion ihn zwar verzögern, aber nicht ganz aufhalten kann. [6]

Die Vorstellung, dass organische Arten das Ergebnis einer besonderen Schöpfung sind, hat keinerlei wissenschaftlichen Standard. Es gibt keine einzige Tatsache, die eine besondere oder getrennte Schöpfung beweisen könnte; Die überwältigenden Beweise zeigen, dass alles auf der anderen Seite steht. Die Hypothese einer besonderen Schöpfung ist ein bloßes Fossil der Vergangenheit. Die Evolution ist die einzige Theorie, die mit den Fakten und allen Wissenschaftszweigen im Einklang steht: Das Leben ist dynamisch, nicht statisch.

Philosophie im Sinne Fichtes ist die „Wissenschaft der Wissenschaften". Ihr Ziel war es, die Probleme der Welt zu lösen. In der Vergangenheit, als alle exakten Wissenschaften noch in den Kinderschuhen steckten, musste die Philosophie rein spekulativ sein und wenig oder gar keine Rücksicht auf die Realität nehmen. Aber wenn wir die Philosophie als Mutterwissenschaft betrachten, die in viele Zweige unterteilt ist, stellen wir fest, dass diese Zweige so groß und vielfältig geworden sind, dass die Mutterwissenschaft wie eine Henne mit ihren kleinen Entenküken aussieht, die in einem Teich paddeln, weit außerhalb ihrer Reichweite; Sie ist nicht in der Lage, ihren heranwachsenden Jungtieren zu folgen. In der Zwischenzeit geht der Fortschritt des Lebens und der Wissenschaft ungeachtet des Gekichers der Metaphysik weiter. Die Philosophie erfüllt ihr ursprüngliches Ziel, die Ergebnisse experimenteller und exakter Wissenschaften zusammenzuführen und Weltprobleme zu lösen, nicht. Durch endlose wissenschaftliche Spezialisierung vervielfachen sich die wissenschaftlichen Zweige, und aus Mangel an Koordination leiden die großen Weltprobleme. Dieses Versagen der Philosophie, ihre gepriesene Aufgabe der wissenschaftlichen Koordinierung zu erfüllen, ist für das Chaos in der Welt des allgemeinen Denkens verantwortlich. Die Welt hat keine kollektiven oder organisierten höheren Ideale und Ziele, noch nicht einmal feste allgemeine Ziele. Das Leben ist ein zufälliges Spiel privater oder kollektiver Ambitionen und Gier. [7]

Die systematische Erforschung chemischer und physikalischer Phänomene wird seit vielen Generationen betrieben und diese beiden Wissenschaften umfassen heute: (1) die Kenntnis einer enormen Anzahl von Fakten; (2) eine große Menge an Naturgesetzen; (3) viele fruchtbare Arbeitshypothesen bezüglich der Ursachen und Gesetzmäßigkeiten natürlicher Phänomene; und schließlich (4) viele hilfreiche Theorien, die einer Korrektur durch weitere Prüfung der ihnen zugrunde liegenden Hypothesen unterliegen. Wenn von einem Fachgebiet als Wissenschaft gesprochen wird, umfasst es alle oben genannten Teile. Fakten allein machen keine Wissenschaft aus, ebenso wenig wie ein Steinhaufen ein Haus, noch nicht einmal Fakten und Gesetze allein; Es müssen Fakten, Hypothesen, Theorien und Gesetze vorliegen, bevor dem Fachgebiet der Rang einer Wissenschaft zusteht.

Die Hauptfunktion einer Wissenschaft besteht darin, uns in die Lage zu versetzen, die Zukunft auf dem Gebiet, auf das sie sich bezieht, vorherzusehen. Gemessen an diesem Maßstab waren weder die Philosophie noch ihre Verwandten – die sogenannten Sozialwissenschaften – in der Vergangenheit sehr effektiv. Es gab beispielsweise keine offizielle Warnung vor dem bevorstehenden Weltkrieg – der größten Katastrophe aller Zeiten. Die Zukunft wurde nicht vorhergesehen, weil politische Philosophen nicht über die notwendige Wissensbasis verfügten. Um gerecht zu sein, müssen wir zugeben, dass die Philosophie finanziell nur wenig gefördert wurde, weil sie allgemein als unnötig angesehen wird. Die technischen Zweige der Wissenschaft wurden von denen, denen sie direkten Gewinn brachten, stark unterstützt und allgemein unterstützt; und so hatten sie bessere Entwicklungsmöglichkeiten.

Ethik im erdrückenden Griff von Mythos und Legalismus ist nicht überzeugend genug, um kontrollierenden Einfluss auszuüben. Das ist die Situation, in der wir uns befinden. Da wir noch in unserer Kindheit waren und wie Wilde dachten, betrachteten wir den Weltkrieg als die persönliche Schöpfung eines „Kriegsherrn", weil uns die daran Interessierten das sagten. Wir haben es versäumt, unseren gesunden Menschenverstand zu nutzen und tiefer in seine Ursprünge zu blicken; für uns selbst die Pflicht zu erfüllen, die die politische Philosophie nicht für uns erfüllt hat – die Pflicht, in Fakten und nicht in metaphysischen Spekulationen zu denken. Die Kenntnis der Fakten hätte uns gezeigt, dass die Kriegsherren nur die Vertreter der herrschenden Klassen waren. Ein System sozialer und wirtschaftlicher Ordnung, das ausschließlich auf Egoismus, Gier, „Überleben des Stärkeren" und rücksichtslosem Wettbewerb basiert, muss aufhören zu existieren oder durch Krieg existieren. Die Vertreter dieses Systems waren entschlossen, weiter zu existieren, und so war Krieg die Folge. Die herrschenden Klassen führten das gesamte System, unter dem sie lebten, zu seinem logischen Schluss und natürlichen Ziel: „Nimm dir, was du kannst." Dieses Motto gilt nicht für ein bestimmtes Land; Es ist das Motto unserer gesamten Zivilisation und das unvermeidliche Ergebnis unserer dummen Philosophie hinsichtlich der charakteristischen Natur des Menschen und der eigentlichen Möglichkeiten des menschlichen Lebens. Wo finden wir die wahren Lehren? Wo ist die wahre Philosophie? Wenn wir die Geschichte der Zivilisation zurückgehen, stellen wir fest, dass in allen „Wissenschaften" außer den exakten Wissenschaften private Meinungen und Theorien unseren Glauben geprägt, unsere mentalen Prozesse gefärbt und unser Schicksal kontrolliert haben; Wir sehen zum Beispiel Pessimismus im Gegensatz zu Optimismus, Materialismus im Gegensatz zum Spiritualismus, Realismus im Gegensatz zum Idealismus, Kapitalismus im Gegensatz zum Sozialismus und so weiter. Jedes der umstrittenen Systeme hat eine große Anzahl von Anhängern und jede Fraktion betrachtet die anderen als Menschen, denen es an Wahrheit, gesundem Menschenverstand und Wissen mangelt. Sie alle spielen mit den Worten „Naturgesetz", von denen sie unwissentlich annehmen, dass sie die Grundlage und den Inhalt ihrer eigenen Lehre bilden.

Dasselbe gilt auch für den Bereich der Religionen; es gibt etwa 291 Millionen Konfuzianisten oder Taoisten, 261 Millionen Katholiken, 211 Millionen Mohammedaner, 209 Millionen Hindus, 177 Millionen Protestanten, 157 Millionen Animisten, 137 Millionen Buddhisten, 115 Millionen orthodoxe Christen – um nur von den wichtigsten Religionen zu sprechen. Jede Gruppe, und das sind ziemlich große Gruppen, glaubt, dass ihre Theorie oder ihr Glaube unfehlbar ist und alle anderen, dass sie falsch sind.

Bacon scheint etwas abgelegen zu sein, aber die Idole und mittelalterlichen Fetische, die er so meisterhaft beschreibt, werden heute gleichermaßen verehrt.

(*Novum Organum* , von Francis Bacon.)

34. „Vier Arten von Götzen bedrängen den menschlichen Geist, denen wir (zur Unterscheidung) Namen gegeben haben, nämlich die ersten Götzen des Stammes, die zweiten Götzen der Höhle, die dritten Götzen des Marktes und die vierten Götzen von das Theater.

40. „Die Information über Vorstellungen und Axiome auf der Grundlage wahrer Induktion ist das einzig geeignete Mittel, mit dem wir diese Götzen abwehren und vertreiben können." Es ist jedoch von großem Nutzen, darauf hinzuweisen; denn die Götzenlehre steht in derselben Beziehung zur Naturdeutung wie die Widerlegung von Sophismen zur allgemeinen Logik.

41. „Die Götzen des Stammes sind in der menschlichen Natur und dem Stamm oder der Rasse des Menschen selbst verankert; denn es wird fälschlicherweise behauptet, der menschliche Sinn sei der Maßstab der Dinge; im Gegenteil, alle Wahrnehmungen sowohl der Sinne als auch des Geistes beziehen sich auf den Menschen und nicht auf das Universum, und der menschliche Geist ähnelt diesen unebenen Spiegeln, die verschiedenen Objekten ihre eigenen Eigenschaften verleihen, von denen Strahlen ausgehen und verzerren und entstellen ihnen.

42. „Die Götzen der Höhle sind die eines jeden Einzelnen; denn jeder hat (zusätzlich zu den Fehlern, die der Menschheit gemeinsam sind) seine eigene individuelle Höhle oder Höhle, die das Licht der Natur abfängt und verdirbt, sei es aufgrund seiner eigenen besonderen und einzigartigen Veranlagung oder aufgrund seiner Erziehung und seines Umgangs mit anderen. oder von seiner Lektüre und der Autorität, die sich diejenigen angeeignet haben, die er verehrt und bewundert, oder von den verschiedenen Eindrücken, die auf den Geist ausgeübt werden, wie er zufällig beschäftigt und veranlagt ist, oder ausgeglichen und ruhig und dergleichen; so dass der Geist des Menschen (entsprechend seinen verschiedenen Anlagen) veränderlich, verwirrt und sozusagen vom Zufall gesteuert ist; und Heraklit sagte treffend, dass Menschen in kleineren Welten nach Wissen suchen und nicht in der größeren oder gemeinsamen Welt.

43. „Es gibt auch Götzen, die durch den gegenseitigen Verkehr und die Gesellschaft von Menschen mit Menschen entstanden sind, die wir Götzen des Marktes nennen, aus dem Handel und der Gemeinschaft der Menschen untereinander; Denn Menschen unterhalten sich mit Hilfe der Sprache, aber Worte werden nach dem Willen der Allgemeinheit gebildet, und aus einer schlechten und unpassenden Wortbildung entsteht eine wunderbare Behinderung des Geistes. Auch die Definitionen und Erklärungen, mit denen sich gelehrte Menschen in manchen Fällen zu schützen pflegen, können kein vollständiges Heilmittel bieten – Worte erzwingen immer noch offensichtlich das Verständnis, bringen alles durcheinander und führen die Menschheit in vergebliche und unzählige Kontroversen und Trugschlüsse.

44. „Schließlich gibt es Idole, die sich aus den verschiedenen Dogmen besonderer Philosophiesysteme und auch aus den pervertierten Demonstrationsregeln in die Köpfe der Menschen eingeschlichen haben, und diese nennen wir Idole des Theaters: denn wir betrachten alle Systeme der Philosophie.“ bisher erhaltenen oder vorgestellten, wie so viele Theaterstücke herausgebracht und aufgeführt wurden, wodurch fiktive und theatralische Welten entstanden. Wir sprechen auch nicht nur von den gegenwärtigen Systemen oder von der Philosophie und den Sekten der Antike, da noch zahlreiche andere Stücke ähnlicher Art verfasst und miteinander in Einklang gebracht werden können, wobei die Ursachen für die gegensätzlichsten Fehler im Allgemeinen die sind Dasselbe. Auch hier beziehen wir uns nicht nur auf allgemeine Systeme, sondern auch auf viele Elemente und Axiome der Wissenschaften, die durch Tradition, implizite Glaubwürdigkeit und Vernachlässigung eingewurzelt sind.“ [8]

Metaphysische Spekulationen und ihre wimmelnden Nachkommen blinder und selbstsüchtiger politischer Philosophien, privater Meinungen, privater „Wahrheiten“ und privater Doktrinen, sektiererischer Meinungen, sektiererischer „Wahrheiten“ und sektiererischer Doktrinen, streitsüchtig,

verwirrt und blind – das ist charakteristisch für die *Kindheit* der Menschheit .
Ich bezweifle nicht, dass die Periode der Menschheit *eine wissenschaftliche Periode
sein wird – eine Periode, in der die wissenschaftliche Methode schrittweise auf alle*
Interessen der Menschheit ausgeweitet wird – eine Periode, in der der
Mensch die wesentliche Natur des Menschen entdecken und begründen wird
Länge, die Wissenschaft und Kunst, menschliche Energien und menschliche
Fähigkeiten gemäß den Gesetzen der menschlichen Natur auf die Förderung
des menschlichen Wohlergehens auszurichten.

Kapitel III
Lebensklassen

Die in diesem Kapitel behandelten Probleme sind nicht einfach, aber überaus wichtig. Um Phänomene richtig zu klassifizieren, müssen sie richtig analysiert und klar definiert werden. Aus Gründen der Klarheit verwende ich die einfachsten Abbildungen und vermeide so weit wie möglich die Schwierigkeiten technischer Begriffe und verwende eine Sprache, die für jedermann verständlich ist. In manchen Fällen werden die Wörter tatsächlich eine technische Bedeutung haben und es wird notwendig sein, große Vorsicht walten zu lassen, um der Gefahr eines falschen Eindrucks vorzubeugen; Denn klare Ideen sind für fundiertes Denken unerlässlich. Tatsächlich ist unsere Alltagssprache für den präzisen Ausdruck von Gedanken schlecht geeignet ; Selbst die sogenannte „wissenschaftliche" Sprache ist für ihren Zweck oft zu vage und bedarf einer weiteren Verfeinerung. Manche mögen sagen, dass es sinnlos und unnötig ist, so viel Wert auf richtiges Denken und präzisen Ausdruck zu legen; dass es keinen praktischen Wert hat; denn sie sagen, dass die „Geschäftssprache" gut genug sei, um „Geschäfte zu reden" oder „etwas über den anderen zu legen ". Aber eine kleine Erklärung zeigt, dass Präzision oft von größter Bedeutung ist.

Die Menschheit ist eine besondere Klasse des Lebens, die bis zu einem gewissen Grad ihr eigenes Schicksal bestimmt; Deshalb werden *Worte* und *Ideen* im praktischen Leben zu *Tatsachen* – Tatsachen, die darüber hinaus wichtige praktische Konsequenzen nach sich ziehen. Beispielsweise haben viele Millionen Menschen einen Blitzschlag als „Strafe Gottes" für böse Menschen definiert; andere Millionen haben es als „natürliches, zufälliges, periodisches Phänomen" definiert ; wieder andere Millionen haben es als „elektrischen Funken" definiert. Was haben diese „unwichtigen" Definitionen im praktischen Leben zur Folge ? Im Fall der ersten Definition unternahm die Bevölkerung natürlich keinen Versuch, das Haus oder irgendetwas darin zu retten, als ein Blitz in ein Haus einschlug, weil dies gegen die „Definition" verstoßen würde, die das Phänomen als „Strafe für ... " bezeichnet „Das Böse" wäre jeder Versuch, die Zerstörung zu verhindern oder einzudämmen, eine gottlose Tat; Der Sünder würde sich des „Widerstands gegen das höchste Gesetz" schuldig machen und die Todesstrafe verdienen.

Im zweiten Fall wird ein zerstörtes Gebäude genauso behandelt wie jeder Baum, der durch einen Sturm umgeworfen wurde; Die Menschen retten, was sie können, und versuchen, das Feuer zu löschen. In beiden Fällen ist das Verhalten der Bevölkerung in einer Hinsicht gleich; Wenn sie im Freien von einem Sturm überrascht werden, flüchten sie sich unter einen Baum – ein Schutzmittel, das größte Gefahr mit sich bringt, aber die Menschen wissen es nicht.

Im dritten Fall, in dem die Bevölkerung eine wissenschaftlich korrekte Definition von Blitzen hat, statten sie ihre Häuser mit Blitzableitern aus; und wenn sie im Freien von einem Sturm erfasst werden , rennen sie weder weg noch verstecken sie sich unter einem Baum. Aber wenn der Sturm direkt über ihren Köpfen weht, versetzen sie sich in eine Position minimaler Gefährdung, indem sie flach auf dem Boden liegen, bis der Sturm vorüber ist.

Solche Beispiele könnten endlos angeführt werden, aber es gibt noch ein weiteres Beispiel von ausreichender entscheidender Bedeutung, das hier angeführt werden muss, da es mit unserer Vorstellung vom sozialen und wirtschaftlichen System sowie vom Staat zu tun hat. Wenn unsere Institutionen als „gottgegeben" – heilig und daher statisch – gelten , sollte jeder Reformer oder Verfechter des Wandels als Verbrecher oder „eine Gefahr für die bestehende Ordnung" behandelt und gehängt oder zumindest lebenslang ins Gefängnis gesteckt werden. Aber jetzt, wenn unsere Institutionen „von Menschenhand geschaffen" sind, unvollkommen und oft töricht und ständigen und dynamischen Veränderungen im Gehorsam gegenüber bekannten oder unbekannten Gesetzen unterworfen sind; dann wären natürlich alle Reaktionäre eine „Gefahr für die natürliche Ordnung" und sollten genauso behandelt werden. Die Bedeutung von Definitionen zeigt sich auch in allen anderen Bereichen des praktischen Lebens; Definitionen schaffen Bedingungen. Um die Welt, in der wir leben, zu verstehen, müssen wir Fakten anhand von Fakten analysieren , die wir aus der täglichen Praxis kennen, und anhand von Fakten, die in wissenschaftlichen Laboratorien ermittelt wurden, in denen Menschen keine voreiligen Schlussfolgerungen ziehen. An manchen Stellen wird es notwendig sein, Aussagen zu machen, die in einer späteren Diskussionsphase noch auf ihre volle Begründung warten müssen. Dies ist erforderlich, um den Trend der Analyse anzuzeigen.

Ziel der Analyse ist es, uns gerechte Vorstellungen, korrekte Definitionen und wahre Aussagen zu liefern. Der Prozess ist langsam, fortschreitend und endlos. Die Probleme sind unendlich zahlreich und es gilt auszuwählen. Glücklicherweise führt die Lösung einiger weniger automatisch zur Lösung vieler anderer. Einige der größten und weitreichendsten wissenschaftlichen Entdeckungen waren nichts anderes als ein paar korrekte Definitionen, ein paar gerechte Konzepte und ein paar wahre Aussagen. Das war zum Beispiel das Werk von Euklid, Newton und Leibnitz – ein paar richtige Definitionen, ein paar gerechte Konzepte, ein paar wahre Sätze; aber diese wurden erweitert und vervielfacht, manchmal von Männern mit schöpferischem Genie, und oft fast automatisch von Männern mit lediglich gesundem Menschenverstand und mäßigem Talent.

Die Frage der Definition ist, wie ich bereits sagte, sehr wichtig. Ich spreche hier nicht von *Nominaldefinitionen* , die der Einfachheit halber lediglich bekannten Objekten Namen geben. Ich spreche von solchen Definitionen von Phänomenen, die sich aus der korrekten Analyse der Phänomene ergeben. Nominale Definitionen sind bloße Bequemlichkeiten und weder wahr noch falsch; aber analytische Definitionen sind endgültige *Aussagen* und sind wahr oder falsch. Lassen Sie uns etwas näher auf die Sache eingehen.

In der Veranschaulichung der Definitionen des Blitzes gab es drei; die erste war die größte Fehleinschätzung und ihre Anwendung brachte den größten Schaden; der zweite war weniger falsch und die praktischen Ergebnisse weniger schlecht; die dritte war nach dem gegenwärtigen Stand unseres Wissens die „wahre" und brachte den größten Nutzen. Diese blitzartige Illustration legt die wichtige Idee von *relativer* Wahrheit und *relativer* Falschheit nahe – die Idee also von Graden der Wahrheit und Graden der Falschheit. Eine Definition darf weder absolut wahr noch absolut falsch sein; aber von zwei Definitionen derselben Sache kann eine wahrer oder falscher sein als die andere.

Wenn wir zur Veranschaulichung das erste „Wahrheit" nennen A , (Alpha 1), die zweite A^2 (Alpha 2), die dritte A^3 (Alpha 3), wir können annehmen, dass ein Genie erscheint, das die Fähigkeit besitzt, alle anderen relativen Wahrheiten A^1 , $A^{2\ zu\ übertreffen}$, A^3 , ... A^n und gibt uns eine absolute oder endgültige Wahrheit, GÜLTIG IN DER UNENDLICHKEIT ($A^{Unendlichkeit}$), sagen wir eine endgültige Definition, dass Blitze so ... und so ... sind, eine Art Energie, die fließt, sagen wir, durch ein mit Holzkohle gefülltes Glasrohr. Dann würde diese Definition natürlich sofort klar machen, welchen Nutzen man daraus machen könnte. Wir könnten mit Holzkohle gefüllte Glastürme errichten und so einen unbegrenzten Fluss an verfügbarer freier Energie sicherstellen, und unser ganzes Leben würde in einem unsagbaren Ausmaß beeinträchtigt. Dieses Beispiel verdeutlicht die Bedeutung korrekter Definitionen.

Aber um ein anderes Beispiel zu nennen: Es gibt so etwas wie ein Phänomen namens „Farbe" Rot. Stellen Sie sich vor, wie es definiert werden könnte. Ein Reaktionär würde es einen „Bolschewisten" nennen (A^1); ein Bolschewik würde sagen: „Meine Farbe" (A^2); ein farbenblinder Mensch würde sagen : „So etwas gibt es nicht" (A^3); ein Daltonist würde sagen „das ist grün" (A^4); ein Metaphysiker würde sagen: „Das ist die Seele des Whiskys" (A^5); ein Historiker würde sagen : „Das ist die Farbe der Tinte, mit der die

Menschheitsgeschichte geschrieben wurde" (A [6]); ein ungebildeter Mensch würde sagen: „Das ist die Farbe des Blutes" (A [7]); Der moderne Wissenschaftler würde sagen : „Es ist das Licht dieser oder jener Wellenlänge" (A [8]). Ob diese letzte Definition „im Unendlichen gültig" ist oder nicht, wissen wir nicht, aber sie ist dennoch eine „wissenschaftliche Wahrheit" im gegenwärtigen Stand unseres Wissens.

Diese letzte, aber unbekannte „unendlich gültige Wahrheit" wird von uns irgendwie als Ideal wahrgenommen oder empfunden, denn in unzähligen Jahren der Beobachtung haben wir eine Reihe immer weniger falscher, immer mehr nahezu wahrer „ Ideen" über das Phänomen gebildet. Die „Ideen" sind *Reflexe* des Phänomens, die sich in unserer Mitte wie in einem Spiegel widerspiegeln; Die Reflexe können verzerrt sein, wie bei einem konvexen oder konkaven Spiegel, sie deuten jedoch auf einen idealen, im Unendlichen gültigen Reflex hin. Es ist von größter Bedeutung zu erkennen, dass die Worte, die zum Ausdruck der Ideen und Ideale verwendet werden, DIE MATERIALISIERUNG der Ideen und Ideale sind; Nur durch Worte sind wir in der Lage, anderen Menschen einen genauen oder nahezu genauen Eindruck zu vermitteln, den wir von dem Phänomen hatten.

Es kann hilfreich sein, diesen Prozess anhand eines Beispiels zu veranschaulichen. Nehmen wir an, ein Mann macht das Experiment, sein eigenes Porträt aus einem Spiegel anzufertigen, der eben, konkav oder konvex sein kann. Wenn er in einen Planspiegel schaut, wird er sein wahres Ebenbild sehen; selbst wenn er ein schlechter Designer ist, wird er das Abbild schlecht zeichnen. Nehmen wir an, dass der Mann schöne Gesichtszüge hat, aber weil die Zeichnung sehr dürftig ist, wird sie nicht den Eindruck erwecken, dass die Gesichtszüge des Originals schön waren. Wenn dieser arme Designer in einen konkaven oder konvexen Spiegel blicken und von dort aus arbeiten würde, hätte die Zeichnung seines Abbilds praktisch keine Ähnlichkeit mit seinen ursprünglichen Gesichtszügen.

Für eine korrekte Analyse und wahre Definitionen der Kardinalklassen des Lebens in unserer Welt ist es notwendig, einige gerechte Vorstellungen über Dimensionen oder Dimensionalität zu haben. Die Britannica hilft uns dabei weiter. Ich erkläre es kurz anhand eines Beispiels. Messbare Einheiten unterschiedlicher Art können nicht direkt verglichen werden. Jedes muss als Einheit seiner Art gemessen werden. Eine Linie kann nur Länge haben und hat daher eine Dimension: Eine Fläche hat Länge und Breite und soll daher zwei Dimensionen haben; Ein Volumen hat Länge, Breite und Dicke und wird daher als dreidimensional bezeichnet. Wenn wir zum Beispiel ein Volumen nehmen – sagen wir einen Würfel – sehen wir, dass der Würfel Flächen, Linien und Punkte hat, aber ein Volumen ist weder eine Fläche noch eine Linie noch ein Punkt. Gerade diese Dimensionsunterschiede haben im praktischen Leben eine enorme, unerkannte Bedeutung, denn wenn man eine

Linie von fünf Längeneinheiten nimmt und darauf ein Quadrat aufbaut, wird das Maß dieses Quadrats (Fläche) nicht 5 sein, sondern 25 ; und die 25 werden nicht 25 lineare Einheiten sein, sondern 25 quadratische oder Flächeneinheiten. Wenn wir auf diesem Quadrat einen Würfel bauen, wird dieser Würfel weder 5 noch 25 als Maß haben; es wird 125 haben, und diese Zahl wird nicht so viele Längen- oder Oberflächeneinheiten sein, sondern so viele feste oder kubische Einheiten.

Es ist so klar wie ein Spießstab, dass wir, wenn wir bei der Berechnung von Längen, Flächen und Volumina *die Dimensionen* verwechseln würden, alle architektonischen und technischen Strukturen der Welt zerstören würden und uns gleichzeitig als dümmer als Dummköpfe erweisen würden.

Um die Klassen des Lebens zu analysieren, müssen wir zwei sehr unterschiedliche Arten von Phänomenen betrachten: das eine wird unter dem Sammelnamen „Anorganische Chemie" zusammengefasst, das andere unter dem Sammelnamen „Organische Chemie" oder „ Chemie der Kohlenwasserstoffe". Diese Unterteilungen werden aufgrund der besonderen Eigenschaften der Elemente vorgenommen, die hauptsächlich zur zweiten Klasse gehören. Die Eigenschaften der Materie sind so auf die Elemente verteilt, dass drei von ihnen – Sauerstoff, Wasserstoff und Kohlenstoff – ein Ensemble einzigartiger Eigenschaften besitzen. Die Zahl der Reaktionen in der anorganischen Chemie ist relativ gering, aber in der organischen Chemie – in der Chemie dieser drei Elemente – ist die Zahl der verschiedenen Verbindungen praktisch unbegrenzt. Bis 1910 kannten wir mehr als 79 Elemente, von denen die Gesamtzahl der Reaktionen nur wenige Hundert betrug, aber bei den verbleibenden drei Elementen – Kohlenstoff, Wasserstoff und Sauerstoff – waren die Reaktionen bekanntermaßen in ihrer Zahl und ihren Möglichkeiten praktisch unbegrenzt ; Diese Tatsache muss sehr weitreichende Konsequenzen haben. Was Energien betrifft, müssen wir sie so nehmen, wie die Natur sie uns offenbart. Hier ist mathematisches Denken mehr denn je unerlässlich und wird enorm helfen. Bei den Reaktionen in der anorganischen Chemie handelt es sich immer um das Phänomen von Wärme, manchmal auch von Licht, und in manchen Fällen wird eine ungewöhnliche Energie namens Elektrizität erzeugt. Bisher stellen die radioaktiven Elemente eine Gruppe dar, die zu wenig bekannt ist, als dass dieses Thema hier ausführlicher behandelt werden könnte.

Da die organischen Verbindungen in ihrer Zahl und ihren Möglichkeiten unbegrenzt sind und über einzigartige Eigenschaften verfügen, stellen sie natürlich eine andere Klasse von Phänomenen dar . Da sie aber zugleich chemischer Natur sind, umfassen *sie* die grundlegenden chemischen Phänomene, die an allen chemischen Reaktionen beteiligt sind, sind aber in ihrer Einzigartigkeit einzigartig Darüber hinaus verfügen sie in vielerlei Hinsicht über ein unendlich weites Feld einzigartiger Eigenschaften. Unter den energetischen Phänomenen der organischen Chemie gibt es neben den wenigen oben genannten auch NEUE UND EINZIGARTIGE energetische Phänomene, die in dieser Dimension auftreten.

„Leben", das Phänomen der „Instinkte" und des „Geistes" im Allgemeinen erwähnt werden . Diese energetischen Phänomene sind aufgrund der einzigartigen Chemie der drei einzigartigen Elemente einzigartig. Es ist offensichtlich, dass diese „Einzigartigkeit" der Grund dafür ist, dass diese Phänomene als zu den Phänomenen der anorganischen Chemie gehörend oder höherdimensional eingestuft werden müssen, ebenso wie die Einzigartigkeit der Eigenschaften eines Volumens im Vergleich zu Oberflächeneigenschaften davon abhängt die Tatsache, dass ein Volumen eine höhere Dimensionalität hat als eine Oberfläche. So wie dieser Dimensionsunterschied den gesamten Unterschied zwischen der Geometrie von Volumina und der Geometrie von Oberflächen ausmacht, beinhaltet der Unterschied zwischen den beiden Chemien einen Unterschied in der Dimensionalität.

Die höheren Energien der Chemie der höheren Dimensionalität sind sehr schwer zu definieren; Meine Beschreibungen sind nicht besser als die Lebensbeschreibung von Professor Wilhelm Roux in „ *Der Kampf der Teile*". *Ich bin Organismus* , Leipzig, 1881, die ebenfalls unbefriedigend sind. In Ermangelung eines Besseren zitiere ich ihn. Er definiert ein Lebewesen als ein natürliches Objekt, das die folgenden neun charakteristischen autonomen Aktivitäten besitzt: autonome Veränderung, autonome Ausscheidung, autonome Aufnahme, autonome Assimilation, autonomes Wachstum, autonome Bewegung, autonome Vermehrung, autonome Übertragung erblicher Merkmale und autonome Entwicklung. Die Worte „Autonome Aktivitäten" sind wichtig, weil sie auf die Dimensionsunterschiede dieser Energien hinweisen. Es sollte jedoch ein besserer Begriff gefunden werden, um die Dimensionsunterschiede zwischen den Aktivitäten in der anorganischen Chemie und denen in der organischen Chemie zu definieren. Wir sehen, dass es ein Fehler ist, von „Leben" in einem Kristall zu sprechen, in demselben Sinne, in dem wir das Wort Leben verwenden, um das merkwürdige AUTONOME Phänomen der ORGANISCHEN CHEMIE ZU BENENNEN, DAS EINE ANDERE DIMENSION HAT als die Aktivitäten in der anorganischen Chemie. Für das sogenannte Leben in den Kristallen – das *Nicht* AUTONOME (oder anautonome) Aktivitäten von Kristallen – ein anderes Wort als Leben sollte gefunden werden. In der Theorie der Kristalle ist der Begriff „Leben" rein rhetorischer Natur: Seine Verwendung dort ist einer gesunden Wissenschaft sehr abträglich. Diese alten Vorstellungen vom „Leben" in Kristallen sind zutiefst unwissenschaftlich und dienen als eines der besten Beispiele für die häufige Verwechslung oder Vermischung von Dimensionen – eine Verwirrung aufgrund unmathematischer, logisch falscher Denkweisen. Wenn Kristalle „leben", dann *sind Volumina Flächen* und 125 Kubikeinheiten = 25 Quadrateinheiten – Absurditäten aus der „Kindheit der Menschheit".

„Kristalle können in einer geeigneten Lösung wachsen und ihre Form in einer solchen Lösung regenerieren, wenn sie zerbrochen oder verletzt werden; Es ist sogar möglich, die Bildung von Kristallen in einer übersättigten Lösung zu verhindern oder zu verzögern, indem verhindert wird, dass „Keime" aus der Luft in die Lösung gelangen, eine Beobachtung, die später von Schroeder und Pasteur in ihren Experimenten zur spontanen Entstehung genutzt wurde. Die Analogien zwischen einem lebenden Organismus und einem Kristall sind jedoch nur oberflächlicher Natur. Wenn wir auf die grundlegenden Unterschiede zwischen dem Verhalten von Kristallen und dem Verhalten lebender Organismen hinweisen, können wir den spezifischen Unterschied zwischen unbelebter und lebender Materie am besten verstehen. Zwar kann ein Kristall wachsen, aber nur in einer übersättigten Lösung seiner eigenen Substanz. Genau das Gegenteil gilt für lebende Organismen. Um Bakterien oder die Zellen unseres Körpers wachsen zu lassen, müssen den Zellen Lösungen der Spaltprodukte der Stoffe, aus denen sie bestehen, und nicht die Stoffe selbst zur Verfügung stehen; Zweitens dürfen diese Lösungen nicht übersättigt sein, sondern müssen im Gegenteil verdünnt sein. Und drittens führt das Wachstum in lebenden Organismen zur Zellteilung, sobald die Zellmasse eine bestimmte Grenze erreicht. Es kann nicht einmal metaphorisch behauptet werden, dass dieser Prozess der Zellteilung in einem Kristall existiert. Eine korrekte Würdigung dieser Tatsachen wird uns einen Einblick in den spezifischen Unterschied zwischen unbelebter und lebender Materie geben. Die Bildung lebender Materie besteht in der Synthese der Proteine, Nucleine , Fette und Kohlenhydrate der Zellen aus Spaltprodukten....

„Der wesentliche Unterschied zwischen lebender und nichtlebender Materie besteht also darin: Die lebende Zelle synthetisiert ihr eigenes kompliziertes spezifisches Material aus indifferenten oder unspezifischen einfachen Verbindungen des umgebenden Mediums, während der Kristall einfach die in seiner übersättigten Lösung gefundenen Moleküle hinzufügt . Diese synthetische Fähigkeit, kleine „Bausteine" in komplizierte Verbindungen umzuwandeln, die für jeden Organismus spezifisch sind, ist das „Geheimnis des Lebens" oder vielmehr eines der Geheimnisse des Lebens." (*Der Organismus als Ganzes* , von Jacques Loeb.)

Später wird erklärt, dass eines der energetischen Phänomene der organischen Chemie – der „Geist", der eine der für diese Klasse von Phänomenen charakteristischen Energien ist – „autonom", „selbstfahrend" und seiner

Dimensionalität treu ist . Wenn wir die Klassen des Lebens analysieren , stellen wir leicht fest, dass es drei Hauptklassen gibt, die sich in ihrer Funktion grundlegend unterscheiden. Eine kurze Analyse wird uns zeigen, dass Mineralien zwar verschiedene Aktivitäten ausüben, aber nicht „lebendig" sind. Die Pflanzen haben eine ganz bestimmte und bekannte Funktion – die Umwandlung von Sonnenenergie in organische chemische Energie. Sie sind eine Lebensklasse, die sich eine Art von Energie aneignet, sie in eine andere umwandelt und speichert; in diesem Sinne sind sie eine Art Speicherbatterie für die Sonnenenergie; und so definiere ich DIE PFLANZEN ALS DIE CHEMIE-BINDENDE Klasse des Lebens.

Die Tiere nutzen die hochdynamischen Produkte der *Chemie-bindenden* Klasse – die Pflanzen – als Nahrung, und diese Produkte – die Ergebnisse der Pflanzentransformation – durchlaufen bei Tieren eine weitere Transformation in noch höhere Formen; und die Tiere sind dementsprechend eine dynamischere Lebensklasse; ihre Energie ist kinetisch; Sie verfügen über eine bemerkenswerte Freiheit und Kraft, die die Pflanzen nicht besitzen – ich meine die Freiheit und Fähigkeit, sich im *Raum zu bewegen* ; und so definiere ich TIERE ALS DIE RAUMBINDENDE KLASSE DES LEBENS .

Und was sollen wir nun über *die Menschen sagen* ? Was soll unsere Definition des Menschen sein? Wie die Tiere besitzen auch Menschen zwar die Fähigkeit , *den Raum zu binden* , aber darüber hinaus besitzen Menschen eine äußerst bemerkenswerte Fähigkeit, die ihnen völlig eigen ist – ich meine die Fähigkeit, die Arbeiten und Erfahrungen von Menschen zusammenzufassen , zu verarbeiten und anzueignen die Vergangenheit; Ich meine die Fähigkeit, die Früchte vergangener Arbeiten und Erfahrungen als intellektuelles oder spirituelles Kapital für Entwicklungen in der Gegenwart zu nutzen; Ich meine die Fähigkeit, die angesammelten Errungenschaften der überaus kostbaren Leben vergangener Generationen, die in Versuch und Irrtum, Versuch und Erfolg verbracht wurden, als Instrumente zur Steigerung der Macht einzusetzen; Ich meine die Fähigkeit des Menschen, sein Leben im immer stärker werdenden Licht der ererbten Weisheit zu führen; Ich meine die Fähigkeit, aufgrund derer der Mensch zugleich der Erbe vergangener Zeiten und der Treuhänder der Nachwelt ist. Und weil die Menschheit genau diese großartige natürliche Kraft ist, durch die die Vergangenheit in der Gegenwart und der Gegenwart für die Zukunft lebt, definiere ich die MENSCHHEIT in der universellen Sprache der Mathematik und Mechanik als die ZEITBINDENDE KLASSE DES LEBENS .

Diese Definitionen der Hauptklassen des Lebens werden, wie man bemerken wird, aus direkter Beobachtung gewonnen; Sie sind so einfach und so wichtig, dass ich die Notwendigkeit, sie und insbesondere die Definition des Menschen zu verstehen, nicht genug betonen kann. Denn diese einfachen

Definitionen und insbesondere die der Menschheit werden die gesamte Vorstellung vom menschlichen Leben in allen Interessen- und Tätigkeitsbereichen tiefgreifend verändern; Und was noch wichtiger ist: Die Definition des Menschen wird uns einen Ausgangspunkt für die Entdeckung der *Naturgesetze* der menschlichen Natur – der menschlichen Lebensklasse – geben. Die Definitionen der Lebensklassen stellen die verschiedenen Klassen hinsichtlich der Dimensionalität als unterschiedlich dar; und das ist äußerst wichtig, denn keine Maßnahme oder Regel einer Klasse kann auf die andere angewendet werden, *ohne schwere Fehler zu machen* . Einen Menschen beispielsweise als Tier zu behandeln – als bloßen Raumbinder –, weil der Mensch bestimmte tierische Neigungen hat, ist ein Fehler der gleichen Art und Grobheit wie die Behandlung eines Würfels als Fläche, weil er Oberflächeneigenschaften hat. Es ist absolut notwendig, diese Tatsache zu begreifen, wenn wir jemals eine Wissenschaft über die menschliche Natur haben wollen.

Wir können die verschiedenen Lebensklassen in drei Lebenskoordinaten darstellen. Die Mineralien mit ihren anorganischen Aktivitäten wären die Nulldimension (0) des „ Lebens" – das ist die *leblose* Klasse – hier dargestellt durch den Punkt *M*.

Die Pflanzen mit ihrem „autonomen" Wachstum sollen durch die EINDIMENSIONALE Linie *MP dargestellt werden* .

Die Tiere mit ihrer „autonomen" Fähigkeit zu wachsen und im Raum aktiv zu sein durch die ZWEIDIMENSIONALE Ebene *PAM* .

Der Mensch mit seiner „autonomen" Fähigkeit zu wachsen, im Raum UND IN DER ZEIT AKTIV ZU SEIN , durch die DREIDIMENSIONALE Region *MAPH*

.

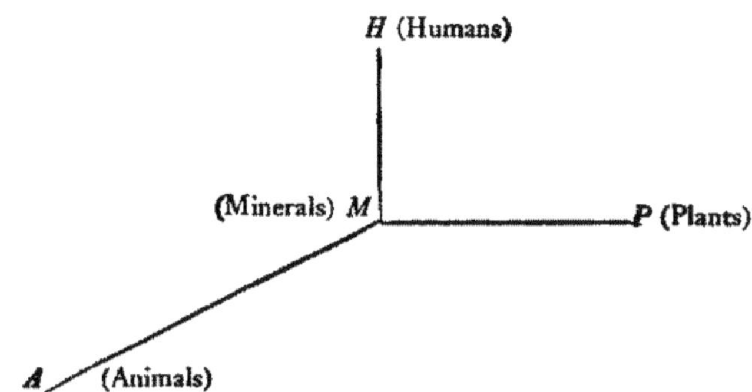

Solche schematischen Darstellungen dürfen nicht zu wörtlich genommen werden; Sie sind wie Redewendungen – hilfreich, wenn man sie versteht, und schädlich, wenn man sie nicht versteht. Der Leser sollte über die einfache Idee der Dimensionen nachdenken , bis er klar erkennt, dass die Idee nicht nur eine Sache von Interesse oder Zweckmäßigkeit ist, sondern absolut notwendig ist, um die Grundklassen des Lebens voneinander zu unterscheiden und sich jede Klasse vorzustellen zu sein, was es ist, anstatt es mit etwas radikal Anderem zu verwechseln. Es wird dem Leser sehr helfen, wenn er sich in die Stille seines Klosters zurückzieht und dort über Folgendes nachdenkt. Eine Linie hat eine Dimension; ein Flugzeug hat zwei; Eine Ebene enthält Linien und hat daher Linieneigenschaften – *eindimensionale* Eigenschaften –, aber sie hat auch andere Eigenschaften – *zweidimensionale* Eigenschaften – und es sind diese, die ihr eigen sind, ihr ihren eigenen Charakter verleihen und sie zu dem machen, was sie ist – eine Ebene und keine Linie. Tiere haben also einige pflanzliche Eigenschaften – sie wachsen zum Beispiel –, aber Tiere haben auch andere Eigenschaften – autonome Mobilität zum Beispiel – Eigenschaften höherer Dimensionalität oder höherer Art – und es sind diese, die Tiere zu *Tieren* und nicht zu Pflanzen machen. Genauso haben Menschen bestimmte tierische Eigenschaften – zum Beispiel autonome Mobilität oder körperlichen Appetit –, aber Menschen haben andere Eigenschaften oder Neigungen – zum Beispiel ethischen Sinn, logischen Sinn, Erfindungsreichtum, Fortschrittlichkeit – Eigenschaften oder Neigungen höherer Dimensionalität, Ebene, oder Typ – und es sind diese Neigungen und Kräfte, die Menschen zu *Menschen* und *nicht* zu Tieren machen. Wenn und erst wenn diese Tatsache klar gesehen und klar erkannt wird, wird die *Wissenschaft des Menschen beginnen* – die Wissenschaft und Kunst der *menschlichen Natur* – denn dann und nur dann werden wir beginnen, den jahrhundertelangen, unsagbaren unermesslichen Übeln zu entkommen, die daraus entstehen Wir betrachten und behandeln Menschen als Tiere, als bloße Bindemittel des Raums, und wir können uns auf eine Ethik, eine Rechtsprechung und Ökonomie, eine Regierungsführung – eine Wissenschaft und Kunst des menschlichen Lebens und der Gesellschaft – freuen, die auf den Gesetzen der menschlichen Natur basiert, weil sie basiert auf der gerechten Vorstellung von der Menschheit als der zeitbindenden Klasse des Lebens, Schöpfern und Verbesserern des Guten, dazu bestimmt, sich endlos weiterzuentwickeln, im Einklang mit den Kräften der menschlichen Natur. 2

Die Menschheit steckt noch in der Kindheit; Wir haben im Laufe der Jahrhunderte, die im Schema des Universums so kurz sind, so wenig Zeit „gebunden" . Hinter jeder menschlichen Aktivität, jeder historischen Tatsache oder jedem Trend der Zivilisation steckt eine Doktrin oder Vorstellung von der sogenannten „Wahrheit". Äpfel fielen schon seit Ewigkeiten von den Bäumen, doch ohne nennenswerte Auswirkungen auf die Wirtschaft der Menschheit. Die Tatsache, dass ein umgefallener Apfel Newton traf, führte zur Entdeckung der Gravitationstheorie; dies veränderte unsere gesamte Weltanschauung, unsere Wissenschaften und unsere Aktivitäten; Es stimulierte die Entwicklung aller Bereiche des natürlichen und technischen Wissens kraftvoll. Selbst für den Fall, dass sich die Newtonschen Gesetze als nicht ganz korrekt erweisen sollten, haben sie einen großen Zweck erfüllt, indem sie es uns ermöglicht haben, Naturphänomene auf eine hinreichend ungefähre Weise zu verstehen, um den Aufbau moderner Technologie und die Weiterentwicklung unserer Naturwissenschaften zu ermöglichen der Punkt, an dem eine Korrektur der Newtonschen Gesetze notwendig und möglich war.

Eine ähnliche organische Veränderung in unserer Vorstellung vom menschlichen Leben und seinen Phänomenen geht mit den vorstehenden Definitionen der Lebensklassen einher; Sie werden grundlegende Fehler durch wissenschaftliche Wahrheiten von grundlegender Bedeutung ersetzen ; Sie werden die Grundlage für die wissenschaftliche Entwicklung einer dauerhaften Zivilisation anstelle der periodisch erschütternden sogenannten Zivilisationen der Vergangenheit und Gegenwart bilden. Wer die Ursache des Bösen und des Irrtums kennt, muss das Heilmittel finden.

Kapitel IV
Was ist der Mensch?

Der Mensch war für den Menschen jemals das größte Rätsel. Dafür gibt es viele und wichtige Gründe. Da es sich bei dem Thema dieses Buches nicht um eine theoretische, akademische Studie über den Menschen handelt, über die bereits zu viele geschrieben wurden, werde ich die Gründe nicht nennen, sondern mich auf die dringlicheren Fragen der vorliegenden Aufgabe beschränken, nämlich diese den Weg zur Wissenschaft und Kunst des Human Engineering zu weisen. Die beiden Tatsachen, mit denen man sich zuerst befassen muss, sind die beiden, die den menschlichen Fortschritt am meisten verzögert haben: (1) Es gab nie eine wahre Definition des Menschen oder eine gerechte Vorstellung von seiner Rolle im merkwürdigen Drama der Welt ; Infolgedessen gab es nie ein richtiges Prinzip oder einen richtigen Ausgangspunkt für eine Wissenschaft der Menschheit. Es wurde nie erkannt, dass der Mensch ein Wesen ist, das eine andere Dimension oder einen anderen Typ als Tiere hat, und die charakteristische Natur des Menschen wurde nicht verstanden; (2) Der Mensch wurde immer entweder als Tier oder als übernatürliches Phänomen betrachtet. Tatsache ist, dass der Mensch nicht übernatürlich ist, *sondern* im wahrsten Sinne des Wortes ein Teil der Natur ist und dass Menschen keine Tiere sind. Wir haben gesehen, dass die Tiere sich wirklich durch ihre autonome Mobilität auszeichnen – ihre Fähigkeit, den Raum zu binden – Tiere sind Raumbinder. Wir haben gesehen, dass sich Menschen durch ihre schöpferische Kraft auszeichnen, durch die Fähigkeit, die Vergangenheit in der Gegenwart und Gegenwart für die Zukunft lebendig zu machen, durch ihre Fähigkeit, Zeit zu binden – Menschen sind Zeitbinder. Diese Konzepte sind grundlegend und unpersönlich; mathematisch ermittelt, sind sie mathematisch korrekt.

Es spielt überhaupt keine Rolle, *wie* der erste Mensch, der erste Zeitbinder, geschaffen wurde; Tatsache bleibt, dass er irgendwo irgendwie produziert wurde. Um etwas zu wissen, was heute über den Menschen von grundlegendem Interesse ist, müssen wir den Menschen in drei Koordinaten analysieren – in drei Fähigkeiten; nämlich seine Chemie, seine Aktivitäten im Raum und insbesondere seine Aktivitäten in der Zeit; wohingegen wir bei der Erforschung von Tieren nur zwei Faktoren berücksichtigen müssen: ihre Chemie und ihre Aktivitäten im Weltraum.

Stellen wir uns vor, dass das ursprüngliche menschliche Exemplar einer von zwei Affenbrüdern, *A* und *B, war* ; sie waren in jeder Hinsicht gleich; beide waren tierische Raumbinder; aber etwas Seltsames passierte *B* ; er wurde der erste Zeitbinder, ein Mensch. Egal wie, dieses „Etwas" bewirkte die Veränderung in ihm, die ihn in eine höhere Dimension emporhob; es genügt, dass seiner tierischen Fähigkeit, Raum zu binden, in gewisser Weise die wunderbare neue Fähigkeit, Zeit zu binden , hinzukam. Er hatte somit eine neue Fähigkeit, er gehörte einer neuen Dimension an; aber er war sich dessen natürlich nicht bewusst; und weil er über diese neue Fähigkeit verfügte , war er in der Lage, seinen Bruder „ *A* " zu analysieren ; Er bemerkte : „ *A* ist mein Bruder; er ist ein Tier; aber er ist mein Bruder; deshalb bin ICH EIN TIER ." Diese fatale erste Schlussfolgerung, zu der man durch falsche Analogien gelangte, indem man eine Tatsache vernachlässigte, ist seit einer halben Million Jahren die Hauptursache für menschliches Leid und existiert noch immer. Die Zeitbindungsfähigkeit, die sich erstmals in *B* manifestierte, nahm mit den Tagen und jeder Generation immer mehr zu, bis sich der Mensch im Laufe der Jahrhunderte immer irgendwie anders als das Tier fühlte, aber er konnte es nicht erklären. Er sagte sich: „Wenn ich ein Tier bin, gibt es in mir auch etwas Höheres, einen Funken von etwas *super* natürlich."

Mit dieser Schlussfolgerung entfremdete er sich selbst als etwas Außergewöhnliches und formulierte die Sackgasse, die ihn in die Sackgasse eines Doppellebens führte. Er war weder dem „Übernatürlichen" treu , das er nicht kennen und daher nicht nachahmen konnte, noch war er dem „Tier" treu , das er verachtete. Da er sich außerhalb der „Naturgesetze" befand, blieb er keinem Gesetz wirklich treu und verurteilte sich selbst zu einem Leben der Heuchelei und etablierte spekulative, künstliche, unnatürliche Gesetze.

„Wie blind machen uns unsere vertrauten Annahmen! Zumindest unter den Tieren ist der Mensch seit langem daran gewöhnt, sich als ein Wesen zu betrachten, das ganz von ihm getrennt ist und nicht als Teil des ihn umgebenden Kosmos. Davon hat er sich gedanklich gelöst, er hat die Welt entfremdet und objektiviert und das Gefühl verloren, dass er von ihr ist. Und diese jahrhundertelange Gewohnheit und Sichtweise, die sein Leben geprägt und sein Denken beherrscht und seiner gesamten Philosophie, Kunst und Gelehrsamkeit ihr charakteristisches Zeichen und ihre charakteristische Farbe verliehen hat, wird immer noch beibehalten, zweifellos teilweise wegen ihrer Bequemlichkeit, und teilweise durch Trägheit und reinen Konservatismus, im Widerspruch zu den stärksten Wahrscheinlichkeiten der biologischen Wissenschaft. Wahrscheinlich gibt es keine andere Hypothese, die dies weniger empfiehlt, und doch beherrscht keine andere den menschlichen Geist so vollständig." (Cassius J. Keyser, loc. cit.) Und diese monströse Vorstellung ist auch heute noch aktuell: Millionen betrachten den Menschen immer noch als eine Mischung aus Tier und etwas Übernatürlichem.

Es besteht kein Zweifel daran, dass die Gestaltung der menschlichen Gesellschaft ein schwieriges und kompliziertes Problem mit enormer ethischer Verantwortung ist, denn sie betrifft das Wohlergehen der Menschheit über eine endlose Generationenfolge hinweg. Die Wissenschaft der Human Engineering kann nicht auf falschen Vorstellungen von der menschlichen Natur aufbauen. Es kann nicht auf der Vorstellung vom Menschen als einer Art Tier aufgebaut werden; es kann nicht auf der Vorstellung vom Menschen als einer Mischung aus Natürlichem und Übernatürlichem aufbauen . Es muss auf der Vorstellung aufbauen, dass der Mensch gleichzeitig natürlich und in seiner Dimensionalität höher ist als die Tiere. Es muss auf der wissenschaftlichen Vorstellung des Menschen aufbauen, der durch seine zeitbindende Fähigkeit und Funktion gekennzeichnet ist. Diese Auffassung verändert unsere gesamte Sicht auf das menschliche Leben, die menschliche Gesellschaft und die Welt radikal.

jedem klar sein , dass Zeitbindung das einzig natürliche Kriterium und Standard für die Zeitbindungsklasse des Lebens ist. Wenn dieser mächtige Begriff – zeitbindend – verstanden wird, umfasst er die GESAMTHEIT der Naturgesetze, der natürlichen Ethik, der natürlichen Philosophie, der natürlichen Soziologie, der natürlichen Ökonomie und der natürlichen Regierungsführung, die in die Bildung einbezogen werden sollen Zeitbinder; dann wird eine wirklich friedliche und fortschrittliche Zivilisation beginnen, ohne periodische Zusammenbrüche und gewaltsame Neuordnungen; nicht bevor. Alles, was wirklich „zeitbindend" ist *liegt in* der MENSCHLICHEN DIMENSION ; Daher wird es jede Eigenschaft darstellen, die in Worten wie „ *gut* ", „*gerecht* ", „ *richtig* ", „ *schön" impliziert ist* ; während alles, was lediglich raumbindend ist, als „Tier" eingestuft und somit auf seinen angemessenen Wert geschätzt wird. Diese unwissenden „Herren unseres Schicksals" , die Menschen als Tiere oder als monströse Hybriden aus Natürlichem und Übernatürlichem betrachten, müssen durch wissenschaftliche Bildung entthront werden.

Menschen können durch falsche Ideen und falsche Lehren buchstäblich vergiftet werden. Viele Menschen empfinden zu Recht Abscheu bei dem Gedanken, Tee oder Kaffee Gift beizufügen, scheinen aber nicht in der Lage zu sein, zu erkennen, dass sie die Zeitbindungsfähigkeit ihrer Mitmenschen vergiften, wenn sie falsche Ideen und Lehren verbreiten. Man muss innehalten und nachdenken! Es ist nichts Mystisches an der Tatsache, dass Ideen und Worte Energien sind, die die physikalisch -chemische Basis unserer zeitbindenden Aktivitäten stark beeinflussen . Der Mensch wird so der „menschlichen Natur" untreu gemacht . Hypnose ist eine bekannte Tatsache. Es ist erwiesen, dass ein Mensch so hypnotisiert werden kann, dass er in einer bestimmten Zeit, die ihm vorgeschlagen wurde, morden,

Brandstiftung oder Diebstahl begehen wird; dass die persönliche Moral des Einzelnen unter hypnotischem Einfluss nur einen geringen Einfluss auf sein Verhalten hat; Das Subjekt gehorcht den hypnotischen Vorschlägen, egal wie unmoralisch sie sind. Die Vorstellung vom Menschen als einer Mischung aus Tier und Übernatürlichem hält den Menschen seit Jahrhunderten unter dem tödlichen Bann der Suggestion, dass tierischer Egoismus und tierische Gier ihr wesentlicher Charakter seien, und der Bann hat darauf gewirkt, ihre WAHRE MENSCHLICHE NATUR zu unterdrücken und zu verhindern es daran hindert, sich natürlich und frei auszudrücken.

Wenn andererseits Menschen zu der lebendigen Erkenntnis erzogen werden, dass sie von *Natur aus* zeitbindende Geschöpfe sind, dann werden sie spontan in Übereinstimmung mit ihrer zeitbindenden Natur leben , die, wie ich bereits sagte, die Quelle und Stütze ist der höchsten Ideale.

Was wird erreicht, wenn man einem Menschen vorwirft, egoistisch und gierig zu sein, wenn er unter dem Einfluss eines sozialen Umfelds und einer Erziehung handelt, die ihn lehrt, dass er ein Tier ist und dass Egoismus und Gier zum Wesen seiner Natur gehören?

Sogar ein so bedeutender Philosoph und Psychologe wie Spencer sagt uns: „Von den so behandelten selbstverständlichen Wahrheiten geht es uns hier darum, dass ein Geschöpf leben muss, bevor es handeln kann ... Ethik muss die Wahrheit anerkennen, dass Egoismus entsteht." vor Altruismus." Dies trifft auf TIERE zu, denn Tiere sterben aus Nahrungsmangel, wenn ihre natürliche Nahrungsversorgung nicht ausreicht, weil sie NICHT IN DER LAGE SIND, SICH KÜNSTLICH ZU ERNÄHREN . Für die MENSCHLICHE DIMENSION gilt das jedoch nicht .

Warum nicht? Weil der Mensch durch sein Zeitbindungsvermögen in erster Linie *Schöpfer ist* und seine Zahl daher nicht durch die Zufuhr der Natur allein kontrolliert wird, sondern nur durch die künstliche Produktivität des Menschen, die DIE VERWIRKLICHUNG SEINES ZEITBINDUNGSVERMÖGENS IST

Der Mensch muss daher aufgrund der ihm innewohnenden Natur ZUERST HANDELN, UM LEBEN ZU KÖNNEN (durch das Handeln der Eltern – oder der Gesellschaft), was bei Tieren nicht der Fall ist. Das Missverständnis dieser einfachen Wahrheit ist größtenteils für das Übel unserer ethischen und wirtschaftlichen Systeme oder den Mangel an Systemen verantwortlich. Tatsächlich würde, wenn die Menschheit in *völliger* Übereinstimmung mit der tierischen Vorstellung vom Menschen leben würde, die künstliche Produktion – die zeitgebundene Produktion – aufhören und neunzig Prozent der Menschheit würden verhungern. Nur weil Menschen keine Tiere, sondern Zeitbinder sind – nicht bloße Finder, sondern Schöpfer von Nahrung und Unterkunft –, können sie in so großer Zahl leben.

Hier müssen sogar Blinde die Wirkung einer höheren Dimensionalität erkennen, und diese Wirkung wird wiederum zur Ursache anderer Wirkungen, die wiederum andere hervorbringen, und so weiter in einer endlosen Kette. WIR LEBEN, WEIL WIR PRODUZIEREN, WEIL WIR IN DER ZEIT HANDELN UND NICHT NUR IM RAUM – WEIL DER MENSCH KEINE ART TIER IST . Es ist alles so einfach, wenn wir nur ein wenig vernünftige Logik in unserem Denken über die menschliche Natur und menschliche Angelegenheiten anwenden. Wenn die menschliche Ethik menschlich sein soll, in der menschlichen Dimension liegen soll, müssen die Postulate der Ethik geändert werden; DENN UM ZU LEBEN, MUSS DIE MENSCHHEIT ZUERST HANDELN ; Die Gesetze der Ethik – die Gesetze des richtigen Lebens – sind *Naturgesetze* – Gesetze der menschlichen Natur – Gesetze, deren einzige Quelle und Begründung in der dem Menschen eigentümlichen zeitbindenden Fähigkeit und zeitbindenden Aktivität liegt. Menschliche Exzellenz ist Exzellenz in der Zeitbindung und muss an zeitverbindlichen Wertmaßstäben gemessen und belohnt werden.

Um zu leben, muss die Menschheit kreativ produzieren und muss sich daher von angewandter Wissenschaft und Technologie leiten lassen. und das bedeutet, dass die sogenannten Sozialwissenschaften Ethik, Rechtswissenschaft, Psychologie, Ökonomie, Soziologie, Politik und Regierung von der mittelalterlichen Metaphysik emanzipiert werden müssen; sie müssen wissenschaftlich gemacht werden; sie müssen *technologisiert werden* ; Sie müssen dazu gebracht werden, in der richtigen Dimension voranzukommen und zu funktionieren – der menschlichen Dimension und nicht der der Tiere: Sie müssen zu zeitbindenden Wissenschaften gemacht werden.

Kann das gemacht werden? Ich habe keinen Zweifel daran, dass es das kann. Denn was ist überhaupt menschliches Leben?

Für einen General auf dem Schlachtfeld ist Menschenleben ein Faktor, der, wenn er richtig eingesetzt wird, den Feind vernichten kann. Für einen Ingenieur ist das menschliche Leben ein Äquivalent zu Energie oder der Fähigkeit, mentale oder muskuläre Arbeit zu verrichten, und in dem Moment, in dem man herausfindet, dass etwas eine Energiequelle ist und die Fähigkeit besitzt, Arbeit zu verrichten, ist das Erste, was man tun muss Der Standpunkt des Ingenieurs besteht darin, den Generator zu analysieren , um herauszufinden, wie er am besten geschont, verbessert und auf das Niveau maximaler Produktivität gebracht werden kann. Menschen sind sehr komplizierte Energie erzeugende Batterien, die sich in der Qualität und Größe der produktiven Kraft stark unterscheiden. Die Erfahrung hat gezeigt , dass es sich bei diesen Batterien in erster Linie um chemische Batterien handelt, die eine geheimnisvolle Energie erzeugen. Wenn diese Batterien nicht regelmäßig mit einer mehr oder weniger konstanten Menge einiger chemischer Elemente namens Nahrung und Luft versorgt werden, verlieren die Batterien ihre Funktion – sie sterben. Bei der Untersuchung der Struktur dieser Batterien stellen wir fest, dass die chemische Basis in der gesamten Struktur stark ausgeprägt ist. Dieser chemische Generator ist in Zweige unterteilt, von denen jeder eine ganz unterschiedliche Rolle hat , die er im Einklang mit allen anderen erfüllen muss. Die mechanischen Teile der Struktur sind nach den Regeln der Mechanik gebaut und werden automatisch mit Schmierung und Chemikalien versorgt, um verschlissene Teile automatisch zu erneuern. Die chemischen Prozesse lagern nicht nur Massenpartikel für die Struktur des Generators ab, sondern erzeugen auch einige sehr starke unbekannte Arten von Energien oder Vibrationen, die alle chemischen Teile zum Funktionieren bringen; wir finden auch einen geheimnisvollen Apparat mit einem Komplex von Drähten, die wir Gehirndrüsen und Nerven nennen; und schließlich verfügen diese menschlichen Batterien über die bemerkenswerte Fähigkeit zur Fortpflanzung.

Diese Funktionen sind jedem bekannt. Aus der Kenntnis anderer physikalischer, mechanischer und chemischer Naturphänomene müssen wir zu dem Schluss kommen, dass diese menschliche Batterie das perfekteste Beispiel für einen komplexen Motor ist; es verfügt über alle Besonderheiten einer chemischen Batterie, kombiniert mit einem Generator einer besonderen Energie namens Leben ; vor allem verfügt es über geistige oder spirituelle Fähigkeiten; es ist somit sowohl mit geistigen als auch mit mechanischen Mitteln zur Arbeitsproduktion ausgestattet. Die Teile und Funktionen dieses wunderbaren Motors waren Gegenstand umfangreicher Forschungen in verschiedenen Spezialzweigen der Wissenschaft. Eine sehr bemerkenswerte Tatsache ist, dass sowohl die physische als auch die geistige Arbeit dieser menschlichen Maschine immer mit sowohl physikalischen als auch chemischen Veränderungen in der Struktur ihrer Maschinerie einhergeht – entsprechend dem Verschleiß nicht lebender Motoren. Es stellt auch bestimmte sexuelle und spirituelle Phänomene dar, die eine verblüffende Ähnlichkeit mit bestimmten Phänomenen aufweisen, insbesondere mit drahtlosen Phänomenen, mit Elektrizität und mit Radium. Diese menschliche Motorbatterie ist von ungewöhnlicher Stärke, Haltbarkeit und Perfektion; Und doch besteht bei unsachgemäßer Verwendung ein hohes Risiko für Beschädigung und sogar Zerstörung. Die steuernden Faktoren sind sehr empfindlich und daher ist der Motor sehr kapriziös. Für seine Beherrschung sind eine ganz besondere Ausbildung und ein besonderes Verständnis erforderlich.

Der Leser möchte vielleicht fragen: Was ist das Wesen der zeitbindenden Kraft des Menschen? Die Rede von Essenzen ist metaphysisch – sie ist nicht wissenschaftlich. Lassen Sie es mich anhand eines Beispiels erklären.

Was ist Elektrizität? Die wissenschaftliche Antwort lautet: Elektrizität ist das, was diese oder jene Phänomene zeigt. Elektrizität bedeutet nichts anderes als eine bestimmte Gruppe von Phänomenen, die Elektrizität genannt werden. Wir untersuchen Elektrizität, wenn wir diese Phänomene untersuchen. So ist es in der Physik: Von Essenzen ist keine Rede. Das Gleiche gilt auch für die menschliche Technik: Wir werden nicht über das *Wesen* der Zeitbindung sprechen, sondern nur über die Phänomene und deren Gesetze. Was zur Entwicklung elektrischer Geräte geführt hat, ist das Wissen über elektrische Phänomene – nicht das metaphysische Gerede über das elektrische Wesen. Und was zur Wissenschaft und Kunst der Human Engineering führen wird, ist das Wissen über zeitbindende Phänomene – nicht leeres Geschwätz über die Essenz zeitbindender Macht. Es gibt kein Geheimnis um das Wort zeitbindend. Es war ein beschreibender Begriff erforderlich, um die menschliche Fähigkeit zu bezeichnen, die Menschen von Tieren unterscheidet und den Menschen als Menschen kennzeichnet. Für diesen Zweck wird die Angemessenheit des Begriffs „Zeitbindung" bei näherer Betrachtung immer deutlicher.

Wie sind die Lebensbedingungen auf dieser Erde? Gibt es im täglichen Leben Krieg oder Frieden? Alle Lebewesen benötigen Nahrung; sie vermehren sich in einem geometrischen Verhältnis; und so wird die *natürliche* Produktivität des Bodens zunehmend unzureichend. Die Tendenz, das geometrische Verhältnis zu vergrößern, gilt für alles Leben – pflanzliches, tierisches und menschliches –, aber diese Tendenz wird durch verschiedene entgegenwirkende Einflüsse, natürliche und künstliche, gehemmt. Vor kurzer Zeit hatten diese Kontrollen das Gesetz der Vermehrung so weit außer Kraft gesetzt , dass das Wachstum der menschlichen Bevölkerung fast zum Stillstand kam. Nur durch die Zeitbindungsfähigkeit des Menschen – durch wissenschaftlichen Fortschritt und technische Erfindungen – konnten die Hindernisse überwunden werden. Und so wuchs die Bevölkerung Europas im letzten Jahrhundert stärker als in mehreren Jahrhunderten zuvor. Verarmter Boden, übermäßige Hitze oder Kälte, übermäßige Feuchtigkeit, ausbleibende Niederschläge und viele andere Faktoren sind lebensfeindlich. Es ist daher offensichtlich, dass das menschliche Leben besonders um seine Existenz kämpfen muss; Es muss einen ständigen Kampf um Selbsterhaltung führen . Es scheint offensichtlich, dass Kriegsmethoden angewendet werden müssen, wenn es im Alltag ständig Krieg gibt.

Wir haben gerade einen gewaltigen weltweiten *Militärkrieg durchgemacht* und wir haben spezielle Methoden zur Machtgewinnung entwickelt, um den Feind zu besiegen. Wir waren daher dazu getrieben, einige der verborgenen Machtquellen zu entdecken, und alle unsere alten Gewohnheiten und Ideen waren auf militärische Methoden und Militärtechnologie ausgerichtet. Der Krieg des Alltagslebens gegen feindliche Elemente ist ein Krieg zur

Unterwerfung der physischen Natur und nicht zur Eroberung von Menschen. Es ist ein Krieg , der von der zeitbindenden Macht der Menschen gegen natürliche Hindernisse geführt wird, und sein fortschreitender Sieg bedeutet fortschreitenden Fortschritt im menschlichen Wohlergehen.

Die Lehre aus dem Weltkrieg darf nicht dadurch außer Acht gelassen werden , dass man sie nicht analysiert . Wenn Nationen gegen Nationen Krieg führen, wird der normale tägliche Krieg von Millionen und Abermillionen von Menschen unterbrochen, um die natürlichen Ressourcen der menschlichen Nutzung zu unterwerfen, und die langsam gesammelten Früchte maßloser Arbeit werden zerstört.

Aber ein friedlicher Krieg, ein Krieg zur Eroberung der Natur, erfordert den Einsatz von Methoden der Technologie und, was noch wichtiger ist, der Technologiephilosophie, des Rechts und der Ethik.

Was ich in diesem kleinen Buch betonen möchte, ist die Notwendigkeit einer gründlichen Überarbeitung unserer Ideen; und die Überarbeitung muss von Ingenieuren vorgenommen werden, damit unsere Ideen mit den Fakten übereinstimmen können. Wenn wir krank sind, konsultieren wir einen Arzt oder Chirurgen, keinen Scharlatan. Wir müssen lernen, dass wir bei Problemen mit der Produktionsenergie der Welt einen Ingenieur, einen Energieexperten, zu Rate ziehen müssen. Politiker, Diplomaten und Anwälte verstehen das Problem nicht. Was ich befürworte, ist, dass wir lernen müssen, diejenigen zu fragen, die wissen, wie man Dinge produziert, anstatt diejenigen zu fragen, deren Beruf darin besteht, für die Aufteilung der von der Natur oder von anderen Menschen produzierten Dinge zu kämpfen.

Tatsächlich ist unsere Zivilisation seit langem so desorganisiert, dass es zu Krankheiten kommt . In jüngster Zeit ist die Desorganisation durch den Wirbel sich verändernder Bedingungen und durch die enorme Freisetzung von Kräften in der neugeborenen Riesentechnologie akut geworden. Die Kranken kennen selten das Heilmittel für sich. Wenn die Heilung dauerhaft sein soll, müssen wir an die Quelle gehen, und das können nur Männer tun, die nicht nur mit den Wirkungen, sondern auch mit den Ursachen vertraut sind.

Geld ist nicht der Reichtum einer Nation, aber Produktion ist Reichtum; Also Die *geordnete Produktion* ist das Hauptziel der Menschheit. Aber um das Maximum an Produktion zu erreichen, ist es notwendig, die Produktion auf eine solide Grundlage zu stellen. Keine bloße Predigt von Bruderliebe oder Klassenhass wird einen einzigen Baustein für den Bau des zukünftigen Tempels des menschlichen Sieges – des Tempels der *menschlichen* Zivilisation – hervorbringen. Eine geordnete Produktion erfordert die Analyse grundlegender Fakten.

Dieses Zeitalter ist im Wesentlichen ein Industriezeitalter. Um zu produzieren, benötigen wir: (1) Rohmaterial oder Boden; (2) Instrumente für die Produktion – Werkzeuge und Maschinen; und (3) die Anwendung von Macht.

Die drei Anforderungen lassen sich kurz wie folgt charakterisieren und bewerten:

(1) Rohstoff und Boden sind Produkte der Natur; Die Menschheit nahm sie einfach und nutzte sie umsonst, denn es ist unmöglich, ein an einen „Schöpfer" gerichtetes Dankgebet (falls vorhanden) als Bezahlung an Götter oder Menschen zu bezeichnen. Aber Rohstoffe und Böden sind unter den Bedingungen, unter denen die Natur sie hervorbringt, von sehr geringem unmittelbaren Nutzen für die Menschheit, da unbefüllter Boden nur sehr wenig Nahrung für den Menschen hervorbringt und Rohstoffe wie Holz, Kohle, Öl, Eisen , Kupfer usw ., sind für die Menschheit völlig nutzlos, bis menschliche Arbeit auf sie angewendet wird. Für die Holzgewinnung ist es notwendig, einen Baum zu fällen; Es ist notwendig, die Mineralien auszugraben, und selbst dann ist es nur durch weitere menschliche Arbeit möglich, sie für irgendeinen menschlichen Gebrauch verfügbar zu machen. Es ist also offensichtlich, dass selbst Rohstoffe in der Form, in der die Natur sie hervorgebracht hat, meist wertlos und nicht nutzbar sind, es sei denn, sie werden durch den Prozess der „ menschlichen kreativen Produktion" reproduziert. Daher können wir durchaus zu dem Schluss kommen, dass „Rohmaterial" in zwei sehr unterschiedliche Klassen unterteilt werden muss: (*a*) Rohmaterial, wie es von der Natur produziert wird – ein kostenloses Geschenk der Natur –, das in seiner ursprünglichen Form und an seinem ursprünglichen Ort praktisch keinen Gebrauchswert hat; und (*b*) Rohmaterial, das durch die geistigen und muskulären Aktivitäten des Menschen, durch seine „zeitbindenden" Fähigkeiten, reproduziert wird. Rohstoffe der zweiten Klasse haben einen enormen Gebrauchswert; tatsächlich ermöglichen sie die Existenz der Menschheit.

Zur zweiten Produktionsvoraussetzung, nämlich:

(2) Werkzeuge und Maschinen: Es ist offensichtlich, dass „Werkzeuge und Maschinen" durch menschliche, geistige und muskuläre Arbeit aus Rohmaterial hergestellt werden.

Und schlussendlich:

(3) Die Anwendung von Macht. Es sind verschiedene natürliche Energie- und Kraftquellen bekannt. Die wichtigste verfügbare Energiequelle für diesen Globus ist die Sonne – die Wärme der Sonne . Diese Sonnenwärme ist der Ursprung der Wasserkraft, der Windkraft und der in Kohle

gebundenen Energie, der Chemie, des Wachstums und der Umwandlungswirkung von Pflanzen. [10]

Alle Nahrungsmittel, die sowohl die Tiere als auch die Menschen konsumieren, sind bereits das Ergebnis der Umwandlung der Sonnenenergie in das, was man chemische Energie nennen könnte. Die Umwandlung von Energien ist der Aufbau von Leben.

Es ist deutlich zu erkennen, dass die einzige Energiequelle, die sich Mensch und Tier direkt aneignen und nutzen können, die in der Wildnis vorkommende pflanzliche Nahrung ist; Es stehen keine anderen Energiequellen zur Verfügung *direkte* Nutzung; Sie müssen zunächst vom menschlichen Gehirn beherrscht und gesteuert werden. Das Gleiche gilt für die Beschaffung von Tierfutter, den Bau einer Wasser- oder Windmühle oder einer Dampfmaschine oder die Kunst, ein Pferdegespann oder einen Scheffel Weizen zu benutzen; Diese sind nur durch den Einsatz der menschlichen „zeitbindenden" Kraft verfügbar.

Dieser kurze Überblick über die Tatsachen, die jedem bekannt sind, bringt uns zu dem Schluss, dass alle Produktionsprobleme letztendlich auf die Analyse zurückzuführen sind

(1) Natürliche Ressourcen an Rohstoffen und natürlicher Energie, die von der Natur frei zur Verfügung gestellt werden und die, wie wir gesehen haben, in der von der Natur allein produzierten Form für die Menschheit nur einen sehr geringen oder keinen Wert haben;

(2) Die Aktivität des menschlichen Gehirns (da menschliche Muskeln immer vom Gehirn gesteuert werden), die den ansonsten nutzlosen Rohstoffen und Energien einen Wert verleiht.

Um die Produktionsprozesse zu verstehen, ist es daher wichtig zu erkennen, dass die Menschheit nur aufgrund der Fähigkeit des Menschen überleben kann, natürliche Ressourcen auszubeuten – die Produkte der Natur in Formen umzuwandeln, die für menschliche Bedürfnisse verfügbar sind. Hätte die Menschheit nur die Fähigkeit der Affen, sich ausschließlich von wilden Früchten und dergleichen zu ernähren, wäre sie auf die verhältnismäßig kleinen Regionen der Erde beschränkt, in denen das Klima und die Fruchtbarkeit des Bodens besonders günstig sind . Aber in dem angenommenen Fall wären Menschen keine Menschen, sie wären keine Zeitbinder – sie wären Tiere – bloße Raumbinder.

Es gibt noch andere Tatsachen, die ständig im Auge behalten werden müssen. Eine davon ist, dass es in der Welt, in der wir leben, Naturgesetze sowohl anorganischer als auch organischer Phänomene gibt. Eine weitere Tatsache ist, wie bereits erwähnt, dass die menschliche Klasse des Lebens die besondere Fähigkeit besitzt, die sozialen Gesetze und Bräuche zu etablieren, die ihr Schicksal regeln und beeinflussen, die die Produktionsprozesse unterstützen oder behindern, auf denen das Leben und das Glück der Menschheit beruht wesentlich und grundlegend abhängen.

Dabei darf nicht aus den Augen verloren werden, dass die Lebensklasse Mensch ein Teil und ein Produkt der Natur ist und dass es daher *Grundgesetze geben muss, die für diese Lebensklasse natürlich sind* . Ein Stein gehorcht den Naturgesetzen der Steine; eine Flüssigkeit entspricht dem Naturgesetz der Flüssigkeiten; eine Pflanze, zu den Naturgesetzen der Pflanzen; ein Tier, zu den Naturgesetzen der Tiere; Daraus folgt zwangsläufig, dass es Naturgesetze für den Menschen geben *muss* .

Aber hier wird das Problem komplizierter; Denn der Stein, die Pflanze und das Tier verfügen nicht über die intellektuelle Kraft zum Schaffen und Initiieren und müssen daher blind den für sie natürlichen Gesetzen gehorchen; Sie können ihr Schicksal nicht selbst bestimmen. Nicht so beim Menschen; Der Mensch verfügt über die Fähigkeit, und er kann aus Unwissenheit, Nachlässigkeit oder böser Absicht von den Naturgesetzen für die menschliche Lebensklasse abweichen oder sie falsch interpretieren. Gerade darin liegt das Geheimnis und die Quelle des menschlichen Chaos und Leids – eine Tatsache von so enormer Bedeutung, dass sie nicht genug betont werden kann und es unmöglich scheint, ihr länger zu entgehen. Die Natur des Menschen und die Gesetze dieser *Natur zu entdecken* , markiert den Höhepunkt menschlichen Unterfangens. Denn dieses Problem zu lösen *bedeutet, den Weg zu allem zu ebnen, was für die Menschheit von Bedeutung sein kann* – zum menschlichen Wohlergehen und Glück.

Das große Problem wurde im Laufe der Jahrhunderte menschlichen Strebens als starker Impuls empfunden, denn zu allen Zeiten war den Denkern klar, dass das Wohlergehen der Menschheit für immer von der richtigen Lösung des Problems abhängen muss. Es wurden viele „Lösungen" angeboten; und obwohl sie sich stark unterschieden, stimmen sie in einer Hinsicht überein – sie hatten ein gemeinsames Schicksal – das Schicksal, falsch zu sein. Was war das Problem? Das Problem war in jedem Fall eine radikale Fehleinschätzung dessen, was ein Mensch wirklich ist. Das Problem besteht darin, die Naturgesetze der menschlichen Lebensklasse zu entdecken. Alle „Lösungen" , die im Laufe der Geschichte angeboten wurden und heute aktuell sind, sind von zwei und nur zwei Arten – *zoologisch* und *mythologisch* . Die zoologischen Lösungen sind diejenigen, die aus der falschen Vorstellung erwachsen, wonach Menschen Tiere seien; Wenn Menschen Tiere sind, sind die Gesetze der menschlichen Natur die Gesetze der tierischen Natur; und so werden die sozialen „Wissenschaften" Ethik, Recht, Politik, Wirtschaft und Regierung zu nichts anderem als Zweigen der Zoologie; als Wissenschaften sind sie das

Studium des Tierlebens; als Künste sind sie die Künste, Tiere zu verwalten und zu kontrollieren; Nach dieser zoologischen Philosophie ist die menschliche Weisheit über den Menschen tierische Weisheit über die Tiere.

Die mythologischen „Lösungen" beginnen mit der monströsen Vorstellung, dass der Mensch keinen richtigen Platz in der Natur habe, sondern eine Mischung aus Natürlichem und *Übernatürlichem sei* – Vereinigungen oder Kombinationen von Animalität und Göttlichkeit. Solche „Lösungen" enthalten keine Vorstellung vom *Naturrecht* ; Wissenschaftlich beurteilt sind sie mythologische Absurditäten – wirres Geschwätz grober und verantwortungsloser Metaphysik – zweifellos gut gemeint, aber albern und tödlich in ihren Auswirkungen auf die Interessen der Menschheit, die Ethik, Recht, Wirtschaft, Politik und Regierung beeinträchtigen.

Dies waren und sind die vorherrschenden Philosophien der menschlichen Natur. Was ist das Heilmittel? Wie lassen sich die Gesetze der menschlichen Natur entdecken?

Es ist offensichtlich, dass das Unternehmen, wie alle anderen wissenschaftlichen Unternehmungen, auf der Realität basieren und sich von ihr leiten lassen muss. Es ist wichtig zu erkennen, dass die große, zentrale, dominante, allumfassende Realität die Realität von ist *menschliche Natur* . Wenn wir diese grundlegende Angelegenheit falsch verstehen, muss das Unternehmen scheitern; das ist sowohl logisch klar als auch im traurigen Licht der Geschichte klar; aber wenn wir es richtig begreifen, können wir getrost davon ausgehen, dass das Unternehmen gedeihen wird. Aus diesem Grund habe ich im Kapitel „Die Klassen des Lebens" so viel Wert auf die absolute Notwendigkeit gelegt, den Menschen als das zu begreifen, was er wirklich ist, und nicht als etwas anderes. Und wir haben herausgefunden, was der Mensch ist: Wir haben herausgefunden, dass der Mensch durch die Fähigkeit oder Macht gekennzeichnet ist, Zeit zu binden, und so haben wir die Menschheit als die zeitbindende Klasse des Lebens *definiert* . Dieses Konzept ist grundlegend. Es enthält den Keim der Wissenschaft und Kunst des Human Engineering. Das Problem der Entdeckung und Anwendung der „Gesetze der menschlichen Natur" ist das Problem der Entdeckung und Anwendung der Gesetze der Zeitbindung – der zeitbindenden Aktivität – der zeitbindenden *Energie* auf die Lebensführung . Diese Tatsache muss fest erfasst und ständig im Auge behalten werden.

Wir haben festgestellt, dass Energie die Fähigkeit ist, Arbeit zu verrichten. In der menschlichen Wirtschaft kann Arbeit (1) *nützlich* oder (2) *neutral* oder (3) *schädlich sein* . Diese Worte haben außer in der menschlichen Wirtschaft keine Bedeutung. Die Energie des menschlichen Intellekts ist eine zeitbindende Energie, denn sie ist in der Lage, andere Energien zu lenken, zu nutzen und umzuwandeln. Diese zeitbindende Energie ist von höherem Rang – von höherer Dimensionalität – als die anderen natürlichen Energien, die sie lenkt, kontrolliert, nutzt und umwandelt. Diese höhere Energie – die allgemein als die mentale oder spirituelle Kraft des Menschen bezeichnet wird – *ist* zeitbindend, weil sie vergangene Errungenschaften in der Gegenwart und gegenwärtige Aktivitäten in der kommenden Zeit lebendig werden lässt. Es ist eine Energie, die initiiert; es ist eine Energie, die erschafft; es ist eine Energie, die die Vergangenheit verstehen und die Zukunft vorhersagen kann – sie ist sowohl Historiker als auch Prophet; Es ist eine Energie, die die *abstrakte* Zeit – das Vehikel der Ereignisse – mit einer immer größeren Last an intellektuellen Errungenschaften und spirituellem Reichtum belastet, die für die Zivilisation der Nachwelt bestimmt sind. Und was ist das Naturgesetz der Zunahme? Was ist das Naturgesetz des menschlichen Fortschritts in allen großen Angelegenheiten von menschlichem Interesse?

Die Frage ist sowohl theoretisch als auch praktisch von größter Bedeutung, denn das Gesetz – was auch immer es sein mag – ist ein *Naturgesetz* – ein Gesetz der menschlichen Natur – ein Gesetz der zeitbindenden Energie des Menschen. Was *ist* das Gesetz? Wir haben bereits das Gesetz der arithmetischen Progression und das Gesetz der geometrischen Progression erwähnt; wir haben den immensen Unterschied zwischen ihnen gesehen; und wir haben gesehen, dass das Naturgesetz des menschlichen Fortschritts in jeder einzelnen Kardinalangelegenheit ein Gesetz ist, das dem eines schnell zunehmenden geometrischen Fortschritts ähnelt. Mit anderen Worten, das Naturgesetz des menschlichen Fortschritts – das Naturgesetz der Verbesserung menschlicher Angelegenheiten – das Grundgesetz der menschlichen Natur – das Grundgesetz der zeitbindenden Energie, die dem Menschen eigen ist – ist ein logarithmisches Gesetz – ein Gesetz der logarithmischen Steigerung . Ich bitte den Leser, sich von dem Begriff nicht verwirren zu lassen, sondern ihn sich zu eigen zu machen. Es ist leicht zu verstehen; und seine Bedeutung ist mächtig und ewig. Sogar seine mathematische Formulierung ist für Jungen und Mädchen verständlich. Schauen wir mal, wie die Formulierung aussieht.

Angenommen, PR bezeichnet den Umfang der Fortschritte, die eine bestimmte Generation – die wir als „erste" Generation bezeichnen können – in einem wichtigen Bereich erzielt hat. wobei R das gemeinsame Verhältnis – das Verbesserungsverhältnis – bezeichnet, das heißt die Zahl, mit der der Fortschritt einer Generation multipliziert werden muss, um das Ausmaß des Fortschritts der nächsten Generation zu ermitteln; dann beträgt der Fortschritt der zweiten Generation PR^{2}; das von der dritten Generation hergestellte wird $PR^{3\,sein}$; und so weiter; Nun bezeichne T die Anzahl der Generationen, wobei die erste und alle in endloser Folge folgenden Generationen gezählt werden. Dann zeigt die folgende Serie das Gesetz des menschlichen Fortschritts auf dem gewählten Gebiet:

$PR, PR^2, PR^3, PR^4, PR^5, ..., PR^T, PR^{T+1}, ...$;

Beachten Sie, wie es geht. die erste Generation endet mit PR; die zweite Generation beginnt mit PR, fügt $PR^{2\ hinzu}$ und endet mit $PR + PR^2$; die dritte Generation beginnt mit $PR + PR^2$, fügt $PR^{3\ hinzu}$ und endet mit $PR + PR^2 + PR^3$; und so weiter und so fort; der *Gewinn, der* in der erzielt wurde T^{te} Generation ist PR^T; *Der Gesamtgewinn* in T- Generationen beträgt

$PR + PR^2 + PR^3 + ... + PR^T$;

Dieser Gesamtgewinn ergibt sich aus der Formel:

Gesamtgewinn in T-Generationen = $(R \div R\text{-}1)(PR^T\text{-}P)$.

Wenn wir R mit 2 annehmen (was ein sehr kleines Verhältnis ist, bei dem der Fortschritt jeder Generation lediglich doppelt so groß sein muss wie der der vorherigen) und wenn wir T mit (sagen wir) 10 annehmen, dann sehen wir, dass der Fortschritt gemacht wurde durch die einzelne 10. Generation beträgt $P \times 2^{10}$, was dem 1024-fachen des Fortschritts entspricht, der in der „ersten" Generation erzielt wurde; und wir berechnen leicht, dass der Gesamtgewinn in 10 Generationen das 2046-fache des Fortschritts beträgt, der in der „ersten" Generation erzielt wurde. Darüber hinaus muss der Leser, um ein klares Gefühl für die Beeindruckung dieses Gesetzes zu bekommen, darüber nachdenken, dass es nicht nur auf einem Gebiet, sondern auf allen Gebieten menschlichen Interesses wirkt. „Tätig in allen Bereichen", habe ich gerade gesagt; Tatsächlich ist es, wie bereits erwähnt, *derzeit nicht* in *allen* Bereichen so und hat dies auch nie getan. Mein Punkt ist, dass es so funktionieren *wird*, wenn wir einmal genug Sinn dafür haben, es tun zu lassen. Dieses Gefühl werden wir dann und nur dann haben, wenn wir entdecken, dass wir von Natur aus Zeitbinder sind und dass die *Wirksamkeit* unserer Fähigkeit, Zeit zu binden, nicht nur eine Funktion der Zeit ist, sondern, wie ich erklärt habe, eine logarithmische oder exponentielle Funktion von ist Zeit – eine Funktion, in der die Zeit (T) als *Exponent eingeht*, wie im Ausdruck PR^T, so dass wir Menschen im Gegensatz zu Tieren von Natur aus nicht nur dazu befähigt sind, Fortschritte zu machen, sondern auch immer schneller voranzukommen, mit einer immer schnelleren *Geschwindigkeit Beschleunigung* im Laufe der Generationen.

Diese großartige Tatsache soll zugleich die Grundlage, der Regulator und der Leitfaden für die Wissenschaft und Kunst der menschlichen Ingenieurskunst sein. Was auch immer mit diesem Gesetz der zeitbindenden menschlichen Energie übereinstimmt, ist richtig und trägt zum menschlichen Wohlergehen bei; Was auch immer dagegen verstößt, ist falsch und verursacht menschliches Leid.

Und deshalb wiederhole ich, dass die Welt dann und nur dann einen ununterbrochenen, friedlichen Fortschritt erleben wird, wenn die sogenannten sozialen „Wissenschaften" – die lebensregulierenden „Wissenschaften" der Ethik, des Rechts, der Philosophie, der Wirtschaft, der Religion, der Politik und der Regierung – vorhanden sind technologisiert; wann und nur dann, wenn sie in Geist und Methode wirklich wissenschaftlich gemacht werden; denn dann und nur dann werden sie, wie die Naturwissenschaften, die Mathematik und die Technik, im Einklang mit dem grundlegenden Exponentialgesetz der zeitbindenden Natur des Menschen voranschreiten; Nur dann wird das Gleichgewicht der sozialen Institutionen stabil bleiben und soziale Kataklysmen aufhören, wenn in allen wesentlichen Angelegenheiten das gleiche Tempo des Fortschritts erreicht wird.

Kapitel V
Reichtum

Ich bitte den Leser, mir zu gestatten, dieses Kapitel mit einer Warnung zu beginnen. Der Leser ist sich bewusst, dass Kritik – womit ich das Denken meine – eine von drei Arten sein kann: Sie kann rein destruktiv sein; es kann rein konstruktiver Natur sein; oder es kann gleichzeitig destruktiv und konstruktiv sein. Rein destruktive Kritik ist manchmal sehr nützlich. Wenn eine alte Idee oder ein System alter Ideen falsch und daher schädlich ist, ist es ein echter Dienst, sie anzugreifen und zu zerstören, selbst wenn nichts angeboten wird, was an ihre Stelle treten könnte, genauso wie es gut ist, eine Klapperschlange zu zerstören, die auf einen Menschen lauert Weg, auch wenn man keinen Ersatz für die Schlange bietet. Aber so nützlich destruktive Kritik auch sein mag, es ist kein einfacher Dienst; Denn alte Ideen, so falsch und schädlich sie auch sein mögen, werden gleichermaßen durch Gewohnheit und durch den angeborenen Konservatismus vieler Geister geschützt. Nun ist die Gewohnheit in der Tat überaus nützlich – sogar unverzichtbar für die effektive Lebensführung –, denn sie ermöglicht es uns, viele nützliche Dinge automatisch und daher leicht zu tun, ohne bewusstes Nachdenken, und so unsere geistige Energie für andere Arbeiten aufzusparen; aber aus dem gleichen Grund ist Gewohnheit oft sehr schädlich; Dadurch schützen wir automatisch falsche Ideen, und wenn der destruktive Kritiker versucht, solche Ideen zu zerstören, indem er mit uns argumentiert, stellt er fest, dass er versucht, mit Automaten – mit Maschinen – zu argumentieren. Das ist die Hauptschwierigkeit, mit der destruktive Kritik konfrontiert wird. Andererseits besteht rein konstruktive Kritik – rein konstruktives Denken – darin, neue Ideen einzuführen, die nicht mit alten kollidieren oder nicht kollidieren scheinen. Ist eine solche Kritik oder ein solcher Gedanke einfach? Weit davon entfernt. Es hat seine eigenen Schwierigkeiten. Dabei handelt es sich um zwei Arten: die Schwierigkeit, Menschen, die mit ihrem gegenwärtigen Bestand an alten Ideen zufrieden sind, zu zeigen, dass die neuen Ideen interessant oder wichtig sind; und die große Schwierigkeit, *neue* Ideen klar und verständlich zu machen, denn die Kunst, klar und vollkommen verständlich zu sein, ist sehr, sehr schwer zu erwerben und zu praktizieren . Die dritte Art der Kritik – die dritte Art des Denkens – die Art, die sowohl destruktiv als auch konstruktiv ist – hat ein doppeltes Ziel: alte Ideen zu zerstören, die falsch sind, und sie durch neue Ideen zu ersetzen, die wahr sind. Daher ist die dritte Art der Kritik oder des Denkens die schwierigste von allen, da sie sowohl die Schwierigkeit destruktiver Kritik als auch die des konstruktiven Denkens überwinden muss.

Der Leser wird daher, wenn er die Güte hat, ein wenig über die Angelegenheit nachzudenken, die enormen Schwierigkeiten, die das Schreiben dieses kleinen Buches mit sich bringt, nicht übersehen , denn er muss nicht nur erkennen, dass das Werk zum dritten gehört Art kritisches Denken, aber – was noch viel mehr ist – die Fehler, die es zerstören will, sind grundlegend, weltweit und alt, während die wahren Ideen, die es zu ersetzen versucht, grundlegend und neu sind. Diese große Schwierigkeit, die in *jedem* Stadium dieses Schreibens zu spüren ist, wird aus einem gleich zu erklärenden Grund in diesem Kapitel noch deutlicher hervorgehoben und besonders deutlich zum Ausdruck gebracht. Ich bitte den Leser daher um eine ganz besondere Zusammenarbeit mit mir – die Zusammenarbeit von Aufgeschlossenheit, Offenheit und kritischer Aufmerksamkeit. Es ist wichtig, die Natur unseres Unternehmens als Ganzes im Auge zu behalten, nämlich den Weg zur Wissenschaft und Kunst der menschlichen Ingenieurskunst zu weisen und die Grundlagen dafür zu legen; Wir haben gesehen, dass Human Engineering, wenn es entwickelt wird, die Wissenschaft und Kunst sein soll, menschliche Energien und Fähigkeiten so zu lenken, dass sie am effektivsten zum Fortschritt des menschlichen Wohlergehens beitragen. Wir haben gesehen, dass diese Wissenschaft und Kunst ihre Grundlage in einer wahren Vorstellung von der menschlichen Natur haben muss – einer gerechten Vorstellung davon, was der Mensch wirklich ist und von seinem natürlichen Platz im Komplex der Welt; Wir haben gesehen, dass die uralten und immer noch aktuellen Vorstellungen vom Menschen – zoologische und mythologische Vorstellungen, nach denen Menschen entweder Tiere oder Hybriden aus Tieren und Göttern sind – hauptsächlich für die düsteren Dinge in der Menschheitsgeschichte verantwortlich sind ; Wir haben gesehen, dass der Mensch weit davon entfernt ist, ein Tier oder eine Verbindung aus Natürlichem und Übernatürlichem zu sein, sondern ein vollkommen natürliches Wesen, das durch eine bestimmte Fähigkeit oder Macht gekennzeichnet ist – die Fähigkeit oder Kraft, Zeit zu binden; Wir haben gesehen, dass die Menschheit daher zu Recht als die zeitbindende Klasse des Lebens aufgefasst und wissenschaftlich definiert werden muss; Wir haben gesehen, dass daher die Gesetze zeitbindender Energien und zeitbindender Phänomene die Gesetze der menschlichen Natur sind; Wir haben gesehen, dass diese Vorstellung vom Menschen – die das Grundkonzept, das Grundprinzip und der ständige Leitfaden und Regulator der menschlichen Technik sein muss – zwangsläufig eine tiefgreifende Veränderung in all unseren Ansichten über menschliche Angelegenheiten bewirken wird und insbesondere radikal erfolgen muss die sogenannten sozialen „Wissenschaften“ – die lebensregulierenden „Wissenschaften“ der Ethik, Soziologie, Wirtschaft, Politik und Regierung – zu verändern, sie von ihrem derzeitigen Status als Pseudowissenschaften auf die Ebene echter Wissenschaften zu bringen und sie für den effektiven Dienst zu technologisieren der Menschheit. Ich nenne sie „lebensregulierend“, nicht weil sie eine wichtigere Rolle in den menschlichen Angelegenheiten spielen als die echten Wissenschaften Mathematik, Physik, Chemie, Astronomie und Biologie (denn sie sind nicht wichtiger als diese), sondern weil sie es sind. sozusagen näher, unmittelbarer und offensichtlicher in ihrer Wirkung und Wirkung. Diese lebensregulierenden Wissenschaften sind natürlich nicht unabhängig; Letztendlich sind sie für einen großen Teil ihrer Macht auf die echten Wissenschaften angewiesen und sollten sich an sie wenden, um Licht und Führung zu erhalten. Aber was ich hier sage, wenn ich sage, dass sie nicht unabhängig sind, ist, dass sie voneinander abhängig sind und sich auf unzählige Arten gegenseitig durchdringen und ineinandergreifen. Um *im Detail* zu zeigen, wie die sogenannten Wissenschaften umgestaltet werden müssen, damit sie mit der richtigen Menschenauffassung in Einklang stehen und sie für ihre eigentliche Aufgabe geeignet sind, werden letztendlich ein oder mehrere Bände erforderlich sein.

In dieser Einführungsarbeit kann ich weder eine dieser „Wissenschaften" vollständig behandeln , noch sie einzeln in geeigneter Weise skizzieren. Ich muss mich hier damit begnügen, ganz kurz auf eine davon zur Veranschaulichung und als Anregung einzugehen. Welches soll es sein?

Nun gibt es unter diesen lebensregulierenden „Wissenschaften" eine, die besonders durch die Bedeutung ihres Themas, durch ihre zentrale Beziehung zu den anderen und durch ihre Bedeutung in der öffentlichen Meinung gekennzeichnet ist. Ich meine die Wirtschaftswissenschaften – die „düstere Wissenschaft" der politischen Ökonomie. Aus diesem Grund habe ich mich für die Beschäftigung mit Wirtschaftswissenschaften entschieden. In diesem Kapitel werde ich drei seiner Hauptbegriffe – Reichtum, Kapital und Geld – diskutieren, um zu zeigen, dass die aktuellen Bedeutungen und Interpretationen dieser vertrauten Begriffe sehr stark vertieft, erweitert und erhöht werden müssen, wenn sie mit den Tatsachen übereinstimmen sollen und Gesetze der menschlichen Natur und wenn die sog „ Wissenschaft" , die sie einsetzt, soll eine echte Wissenschaft werden, die als Zweig der Humantechnik qualifiziert ist. Es soll gezeigt werden, dass die Bedeutungen, die politische Ökonomen und andere derzeit den fraglichen Begriffen beimessen, zu dem gehören, was ich die Zeit der Kindheit der Menschheit genannt habe; und es soll gezeigt werden, dass die neuen Bedeutungen, die die Begriffe erhalten müssen, zur Periode der Menschheit gehören. Man erkennt, dass sich die neuen Bedeutungen so radikal von den alten unterscheiden, dass es aus Gründen der Klarheit wünschenswert erscheint, den neuen Bedeutungen neue Namen zu geben. Dies ist jedoch, so wissenschaftlich wünschenswert es auch sein mag, undurchführbar, weil die alten Begriffe – Reichtum, Kapital, Geld – so tief in der Sprache der Welt verankert sind. Und hier kommt die ganz besondere Schwierigkeit zum Vorschein, auf die oben hingewiesen wurde und die mich dazu veranlasst hat, den Leser in diesem Kapitel um besondere Mitarbeit zu bitten. Die

Schwierigkeit besteht nicht nur darin, alte, falsche Ideen zu zerstören; es geht nicht nur darum, sie durch wahre, neue Ideen zu ersetzen; Es geht darum, Menschen dazu zu bringen, Bedeutungen, die neu und wahr sind, mit Begriffen zu assoziieren, die so lange, so universell und so einheitlich mit Bedeutungen verbunden sind, die falsch sind.

Das Geheimnis der Philosophie, sagte Leibnitz, bestehe darin, Bekanntes als Unbekanntes zu behandeln. Mit dem Geheimnis der „Philosophie" meinte Leibnitz das Geheimnis dessen, was wir Wissenschaft nennen. Wenden wir diese wohltuende Maxime in unserem vorliegenden Studium an; Betrachten wir, soweit wir können, die bekannten Begriffe – Reichtum, Kapital und Geld – als unbekannt; beschäftigen wir uns noch einmal mit ihnen; Lassen Sie uns die Tatsachen – die Phänomene –, auf die sich die Begriffe beziehen, aufgeschlossen untersuchen und wissenschaftlich feststellen, welche Bedeutung die Begriffe in einer echten Wissenschaft der menschlichen Wirtschaft haben müssen . Untersuchen Sie „die Fakten", sage ich – untersuchen Sie „die Phänomene" – denn die Verfälschung von Fakten durch Theorien ist eine lebenswichtige Gefahr, während die Verfälschung von Theorien durch Fakten für die Wissenschaft und den friedlichen Fortschritt der Gesellschaft von wesentlicher Bedeutung ist.

Menschen hatten schon immer einen Sinn für Werte – eine gewisse Wahrnehmung oder Erkenntnis von Werten. Um Werte auszudrücken oder zu messen, war es notwendig, Maßeinheiten oder Tauscheinheiten einzuführen. Die Menschen begannen, Werte anhand landwirtschaftlicher und anderer Produkte, wie zum Beispiel Vieh, zu messen. Das lateinische Wort für Vieh war *pecus* , und das Wort *pecunia* , das Geld bedeutete, erklärt die Bedeutung unseres bekannten Wortes pekuniär. Die ersten Messeinheiten waren für die zunehmenden Anforderungen des wachsenden Handels, der „Geschäfte" oder des Verkehrs nicht mehr geeignet. Schließlich wurde eine Einheit namens Geld eingeführt, deren Basis der Wert eines bestimmten Gewichts Gold war. Wir sehen also , dass Geld einfach die akzeptierte Einheit zur Messung, Darstellung und zum Ausdruck von Werten von und im Reichtum bedeutete.

Aber was ist Reichtum? Ich habe gesagt, dass die alten Vorstellungen von Reichtum, Kapital und Geld – die Vorstellungen, die immer noch auf der ganzen Welt verbreitet sind – aus der Kindheit der Menschheit stammen – es sind kindische Vorstellungen. Ich habe gesagt, dass sie durch wissenschaftliche Konzepte ersetzt werden müssen – durch Konzepte, die für die Männlichkeit der Menschheit geeignet sind. Die Veränderung, die in unseren Vorstellungen von den großen Begriffen vorgenommen werden muss, ist enorm. Es ist notwendig, die aktuellen Vorstellungen von Reichtum, Kapital und Geld – die kindischen Vorstellungen davon – zu analysieren , um ihre Falschheit, Dummheit und Torheit aufzudecken. Um dies zu erreichen, müssen wir uns auf das Gebiet der politischen Ökonomie begeben – ein Gebiet, das mit besonderen Schwierigkeiten und Gefahren behaftet ist. Alle Furien privater Interessen sind beteiligt. Man gewinnt den Eindruck, dass es kaum oder gar keinen wirklichen Wunsch gibt, eine wahre Vorstellung – eine wissenschaftliche Vorstellung – von Reichtum zu erlangen. Jeder scheint eine emotionale Definition zu bevorzugen – eine Definition, die zu seiner persönlichen Liebe zum Reichtum oder seinem Hass darauf passt. In modernen Büchern der politischen Ökonomie finden sich viele Definitionen von Reichtum, Kapital und Geld – Definitionen und Bücher aus der Kindheit der Menschheit. Für den Zweck dieses Schreibens sehen sie alle gleich aus – sie stimmen hinreichend überein – sie sind alle kindisch. Mill sagt uns zum Beispiel, dass Reichtum aus „nützlichen oder angenehmen Dingen besteht, die einen austauschbaren Wert haben". Eine der einfachsten Definitionen von Kapital lautet wie folgt:

„Kapital ist der Teil des Vermögens, der der Erzielung weiteren Reichtums dient." (Alfred Marshall, *Economics of Industry* .)

Walker (in seinem *Werk „Money, Trade and Industry* ") definiert Geld wie folgt:

„Geld ist das, was zur endgültigen Tilgung von Schulden und zur vollständigen Bezahlung von Waren in der gesamten Gemeinschaft frei von Hand zu Hand weitergegeben wird und gleichermaßen angenommen wird, ohne Rücksicht auf den Charakter oder die Kreditwürdigkeit der Person, die es anbietet, und ohne die Absicht der Person, die es anbietet." erhält es, um es zu konsumieren oder zu genießen oder es zu einem anderen Zweck zu verwenden, als es wiederum an andere weiterzugeben, um Schulden zu begleichen oder Waren vollständig zu bezahlen."

In der politischen Ökonomie gibt es viele verschiedene Denkrichtungen und Klassifizierungsmethoden. Seine Überlegungen sind hauptsächlich spekulativ, metaphysisch und legalistisch; Ihre Ethik ist zoologische Ethik, basierend auf der zoologischen Vorstellung vom Menschen als Tier. Die Elemente natürlicher Logik und natürlicher Ethik fehlen. Die ausgefeilten Vorstellungen zum Thema politische Ökonomie entsprechen schlichtweg nicht den Tatsachen. Unser Urahn im Dschungel wäre an Hunger, Kälte, Hitze, Blutvergiftung oder den Angriffen wilder Tiere gestorben, wenn er nicht mit seinem Gehirn und seinen Muskeln einen Stein oder ein Stück Holz genommen hätte, um Früchte von den Bäumen zu fällen. ein Tier zu töten, um seine Haut als Kleidung und sein Fleisch als Nahrung zu verwenden, oder Holz und Bäume als Unterschlupf zu brechen und einige Waffen zur Verteidigung und Jagd herzustellen.

„Im ersten Stein, den er (der Wilde) auf das wilde Tier wirft, das er verfolgt, im ersten Stock, den er ergreift, um die Frucht niederzuschlagen, die außerhalb seiner Reichweite hängt, sehen wir die Aneignung eines Gegenstands zum Zweck der Hilfeleistung." der Erwerb eines anderen und so entdecken wir den Ursprung des Kapitals." (R. Torrens, *Ein Essay über die Produktion von Reichtum* .)

Die erste Bekanntschaft unseres primitiven Vorfahren mit Feuer erfolgte wahrscheinlich durch Blitze; er entdeckte, wahrscheinlich durch Zufall, die Möglichkeit, Feuer zu machen, indem man zwei Holzstücke aneinander rieb und zwei Steinstücke aneinander schlug; er stellte eine der ersten Tatsachen in der Technologie fest; Er spürte die warme Wirkung des Feuers und auch die wohltuende Wirkung des Grillens seines Essens, indem er einige gebratene Tiere im Feuer fand. So offenbarte ihm die Natur eine ihrer großen Gaben, die in der Vegetation gespeicherte Energie der Sonne und deren ursprüngliche wohltuende Nutzung. Er war bereits ein zeitbindendes Wesen; Die Evolution hatte ihn auf dieses Niveau gebracht. Da er ein Produkt der Natur war, spiegelte er jene Naturgesetze wider, die zu seiner Lebensklasse gehören; er hatte aufgehört, statisch zu sein – er war dynamisch geworden – der Fortschritt war ihm ins Blut gewachsen – er stand über dem Stand der Tiere.

Wir beobachten auch, dass der Urmensch Waren produzierte, Erfahrungen sammelte, Beobachtungen machte und dass einige der produzierten Waren einen Gebrauchswert für andere Menschen hatten und auch nach seinem Tod für den Gebrauch nützlich blieben.

Die produzierten Waren bestanden aus Rohmaterial, das ihm von der Natur frei zur Verfügung gestellt wurde, verbunden mit einer geistigen Arbeit, die ihm die Vorstellung gab, wie das Objekt herzustellen und zu verwenden sei, und einer Arbeit seinerseits, die das Ding schließlich formte; All diese geistige und manuelle Arbeit nahm viel Zeit in Anspruch. Es ist offensichtlich, dass alle diese Elemente unverzichtbar sind, um etwas von irgendeinem Wert oder Gebrauchswert zu produzieren. Sein Kind erhielt nicht nur direkt einige der von ihm produzierten Gebrauchswerte, sondern wurde auch in alle seine Erfahrungen und Beobachtungen eingeweiht. (Wie wir wissen, bedeutet Leistung im Sinne der Mechanik das Verhältnis der verrichteten Arbeit zur dafür aufgewendeten Zeit.)

All diese Dinge sind zeitbindende Phänomene, die durch die Zeitbindungsfähigkeit des Menschen hervorgerufen werden; Aber der Mensch wusste *nicht* , dass *diese Fähigkeit* sein *entscheidendes Merkmal war* . Wir müssen die seltsame Tatsache beachten, dass die Menschheit aus technischer Sicht zwar in mancher Hinsicht sehr entwickelt, in anderer jedoch kindisch unterentwickelt ist. Die Menschheit hat einige Vorstellungen über Dimensionen und spricht davon, dass die Welt, in der wir leben, dreidimensional sei; doch selbst in seiner wildesten Vorstellung kann es sich keine greifbare *vierte* Dimension vorstellen; nein, die Menschheit hat nicht gelernt, die wahre Bedeutung grundlegender oder fundamentaler Dinge zu begreifen. Alle unsere Vorstellungen sind relativ und vergleichend; sie alle basieren auf Dingen , die wir noch nicht verstehen; Wir sprechen zum Beispiel von Zeit, Raum, Elektrizität, Schwerkraft usw., aber niemand war in der Lage, sie anhand der Daten der Empfindung zu definieren. Dennoch – und das ist eine Tatsache von größter Bedeutung – lernen wir, viele Dinge zu verwenden, die wir nicht vollständig verstehen und noch nicht definieren können.

In der politischen Ökonomie ist die Dürftigkeit unseres Verständnisses besonders bemerkenswert; Wir haben die offensichtliche Tatsache – eine Tatsache von unermesslicher Bedeutung für alle Sozialwissenschaften – noch nicht begriffen, dass der Reichtum und das Kapital einer bestimmten Generation mit wenigen Ausnahmen nicht durch ihre eigene Arbeit hervorgebracht werden, sondern die ererbte Frucht der Arbeit toter Menschen sind – ein kostenloses Geschenk der Vergangenheit. Wir müssen noch die Lektion lernen und anwenden, dass nicht nur unser materieller Reichtum und unser Kapital, sondern auch unsere Wissenschaft, Kunst, Gelehrsamkeit und Weisheit – alles, was unsere Zivilisation ausmacht – nicht durch unsere eigene Arbeit, sondern durch die Bindung an die Zeit entstanden sind Energien vergangener Generationen.

Der primitive Mensch nutzte Naturgesetze, ohne sie zu kennen oder zu verstehen, aber er war in der Lage, die Natur zum Ausdruck zu bringen, indem er einen Weg fand, die in der Natur gespeicherte Energie freizusetzen. Aufgrund der Arbeit seines Gehirns und der Steuerung seiner Muskeln stellte er fest, dass einige seiner Geräte nicht gut waren; Er machte bessere, und so ging der Fortschritt der Menschheit zunächst langsam voran. Ich werde nicht weiter auf die Geschichte der Evolution der Zivilisation eingehen, da sie in vielen Büchern erzählt wird.

In den frühesten Zeiten waren die religiösen, philosophischen, rechtlichen und ethischen Systeme noch nicht erfunden. Die damalige Moral war eine natürliche Moral. Der Mensch wusste, dass er die Natur nicht erschaffen hat. Sie hielten es nicht für „angemessen" , „den Schöpfer zu enteignen" und sich die Erde und ihren Schatz legalistisch anzueignen. In ihrer einfachen Moral hatten sie das Gefühl, dass sie, nachdem sie ins Leben gerufen wurden, ein natürliches Recht hatten, zu existieren und die Gaben der Natur frei zur Erhaltung ihres Lebens zu nutzen; und das haben sie getan.

Nach dem Tod eines Menschen blieben einige der von ihm hergestellten Gegenstände erhalten, wie etwa Waffen, Angel- oder Jagdinstrumente oder die zum Wohnen geeigneten Höhlen; Ein Baby musste einige Jahre lang von seinen Eltern ernährt werden, sonst wäre es gestorben. Diese Tatsachen hatten wichtige Konsequenzen; Gegenstände, die von jemandem für einen bestimmten Zweck hergestellt wurden, könnten von jemand anderem verwendet werden, selbst nach dem Tod eines oder mehrerer aufeinanderfolgender Benutzer; Auch hier wurden die Erfahrungen, die ein Mitglied einer Familie oder einer Gruppe von Menschen gesammelt hatte, durch Beispiel oder Anleitung an andere derselben Generation und an die nächste Generation weitergegeben. Solche einfachen Tatsachen sind die Eckpfeiler unserer gesamten Zivilisation und sie sind das direkte Ergebnis der MENSCHLICHEN FÄHIGKEIT, ZEIT ZU BINDEN .

Die heutige Welt ist voller Kontroversen über Reichtum, Kapital und Geld, und weil die Menschheit durch ihre besondere Zeitbindungskraft dieses Element „Zeit" in immer größerem Maße bindet, wird die Kontroverse immer akuter . Zivilisation als Prozess ist der Prozess der Bindung der Zeit; Fortschritt entsteht dadurch, dass jede Generation den materiellen und geistigen Reichtum, den sie erbt, vergrößert. Vergangene Errungenschaften – die Früchte vergangener Zeiten – leben somit in der Gegenwart, werden in der Gegenwart gesteigert und in die Zukunft übertragen; der Prozess geht weiter; Die Zeit, das wesentliche Element, ist so involviert, dass ihre Frucht, die Zivilisation, zwar arithmetisch zunimmt, aber geometrisch voranschreitet.

Aber es gibt noch eine weitere Besonderheit in Bezug auf Reichtum und Geld: Wenn man einen hölzernen oder eisernen „Zoll" auf irgendeinem Regal stillschweigend verrotten oder rosten lässt, repräsentiert dieser „Zoll" nichts anderes als dieses Stück Holz oder Eisen. Wenn wir jedoch den MENTALEN Wert eines Zolls, dieser Einheit eines Raummaßes, nehmen und ihn zusammen mit anderen Größen bei der Betrachtung des Himmels zur Lösung eines astronomischen Problems verwenden, erhalten wir eine prophetische Antwort: an einem bestimmten Ort gibt es einen Stern; Dieser Stern dürfte jahrelang vergeblich gesucht werden. War die Berechnung falsch? Nein, denn nach weiterer Suche mit Teleskopen größerer Leistung wird der Stern gefunden und die Berechnung somit bestätigt.

Es ist offensichtlich, dass die „Einheit" – Zoll – an sich keinen Wert hat, aber als Maßeinheit für das Phänomen der Länge sehr wertvoll ist, das sie perfekt repräsentiert, und deshalb wurde sie eingeführt.

Mit Geld verhält es sich genau so, wenn man den Begriff richtig versteht. Richtig verstanden ist Geld als Maß und Repräsentant des Reichtums im Wesentlichen das Maß und der Repräsentant der Arbeit toter Menschen; Denn richtig verstanden ist Reichtum fast ausschließlich das Produkt der Arbeit vergangener Generationen. Wie wir gesehen haben, beinhaltet dieses Produkt das Element Zeit als Hauptfaktor. Und so entdecken wir, wie Geld, richtig verstanden, mit Zeit zusammenhängt – die Hauptfunktion von Geld besteht darin, die angesammelten Produkte der Arbeit vergangener Generationen zu messen und darzustellen. Gehortetes Geld ist wie ein eiserner „Zentimeter" auf einem Regal – ein nutzloser Klumpen; Aber wenn es als Maßstab und Repräsentant für richtig verstandenen Reichtum verwendet wird, leistet Geld unschätzbare Dienste, denn es dient dann dazu, die lebendigen Früchte der Arbeit toter Menschen zu messen und darzustellen.

Aus diesem Grund ist es sinnlos, darüber zu streiten, wer wichtiger ist: der Kapitalist, der legal den Großteil der materiellen Früchte der Arbeit toter Menschen besitzt, oder der Arbeiter, der legal nur wenig davon besitzt. Beim Arbeiter suchen wir jetzt nicht wirklich NUR seine körperliche Muskelarbeit ; denn diese wird sobald wie möglich durch mechanische oder tierische Kraft ersetzt . Was wir von der Arbeit brauchen und was wir immer brauchen werden, ist sein GEHIRN – SEINE ZEITBINDENDE KRAFT .

Die Weltbevölkerung kann in verschiedene Klassen eingeteilt werden; Wenn die Klassen hier nicht in der üblichen Weise aufgezählt werden, dann deshalb, weil es notwendig ist, die Menschen so genau wie möglich nach ihrem „Machtwert" zu klassifizieren. Es gibt keine Behauptung, dass dies eine ideale Klassifizierung sei, aber wenn sich jemand dazu bewegt auszurufen : „ Was für eine dumme, unwissenschaftliche Einteilung!" – Ich werde antworten, indem ich sage: „Ich gebe zu, dass die Spaltung dumm und unwissenschaftlich ist; Aber ES IST DIE EINZIGE EINTEILUNG, DIE DEN TATSACHEN IM LEBEN ENTSPRICHT , und es ist nicht die Schuld des Autors. Durch diese „Torheit" kann etwas Gutes erreicht werden."

Aus der Sicht eines Ingenieurs ist die Menschheit offenbar in drei Klassen einzuteilen; (1) die Intellektuellen; (2) die Reichen; und (3) die Armen. Diese Einteilung scheint allen Regeln der Logik zu widersprechen, entspricht aber den Tatsachen. Natürlich gehören einige Individuen zu zwei der Klassen oder sogar zu allen dreien, ein Nachkriegsprodukt, aber im Wesentlichen gehören sie zu einer Klasse im Verhältnis zu dem Merkmal, das in ihrem Leben am ausgeprägtesten ist; das heißt, im Sinne sozialer Klassen – BASIEREND AUF DER GRÖSSE VON WERTEN .

(1) Die Intellektuellen sind die Männer und Frauen , die das Wissen besitzen, das durch die Arbeit vergangener Generationen entstanden ist, aber nicht

über den dadurch geschaffenen materiellen Reichtum verfügen. Indem sie dieses Wissenserbe beherrschen und nutzen, üben sie ihre zeitbindenden Energien aus und machen die Arbeit der Toten in der Gegenwart und für die Zukunft lebendig.

materiellen Reichtums besitzen und kontrollieren, der durch die Arbeit vergangener Generationen geschaffen wurde – Reichtum, der tot ist, wenn er nicht durch die zeitbindende Arbeit der Lebenden belebt und umgewandelt wird.

(3) Die Armen sind diejenigen, die weder über das Wissen der Intellektuellen noch über den materiellen Reichtum der Reichen verfügen und die darüber hinaus wenig haben, weil sich unter den gegenwärtigen Bedingungen fast alle ihre Bemühungen auf den Kampf um die bloße Existenz beschränken oder keine Möglichkeit, ihr Zeitbindungsvermögen auszuüben.

Versuchen wir nun, die Rolle der zeitbindenden Klasse des Lebens als Ganzes zu ermitteln. Wir müssen zwangsläufig zum Anfang zurückkehren – zurück zum Wilden. Wir haben gesehen, unter welchen Bedingungen seine Arbeit und sein Fortschritt stattfanden; Wir sahen, dass er für jede erfolgreiche Leistung oft mit einer sehr großen Anzahl erfolgloser Leistungen zu kämpfen hatte, und da seine Lebenszeit so begrenzt war, war die Summe seiner erfolgreichen Leistungen sehr begrenzt, so dass er seinem Kind nur eine geben konnte wenige nützliche Gegenstände und die Summe seiner Erfahrung. Im Allgemeinen begann nicht jeder Nachfolger sein Leben an der Stelle, an der sein Vater begann; Er begann irgendwo in der Nähe, wo sein Vater aufgehört hatte. Sein Vater gab, sagen wir, fünfzig Jahre Zeit, um zwei Wahrheiten in der Natur zu entdecken, und es gelang ihm, zwei oder drei einfache Objekte herzustellen; Aber der Sohn braucht nicht fünfzig Jahre zu geben, um die gleichen Errungenschaften zu entdecken und zu schaffen, und so hat er Zeit, etwas *Neues zu erreichen* . Er fügt somit seine eigenen Errungenschaften zu denen seines Vaters in Bezug auf Werkzeuge und Erfahrung hinzu; Dies ist das mathematische Äquivalent der Addition der Lebensjahre seiner Eltern zu seinen eigenen. Selbstverständlich sind auch die Arbeiten und Erfahrungen seiner Mutter einbezogen, wobei die Namen Vater und Sohn nur stellvertretend verwendet werden.

Diese erstaunliche Tatsache ist das entscheidende Merkmal der Menschheit – die Fähigkeit, die ständig wachsenden Errungenschaften einer Generation nach der anderen endlos aufzurollen. Wir haben gesehen, dass diese zeitbindende Kraft eine exponentielle Kraft oder Funktion der Zeit ist. Die Zeit fließt weiter, nimmt arithmetisch zu und fügt Generation zur Generation hinzu; aber die Ergebnisse menschlicher Energien, die im Laufe der Zeit wirken, lassen sich nicht arithmetisch berechnen; sie häufen oder rollen sich immer schneller auf und vermehren sich nach dem Gesetz einer immer schneller zunehmenden geometrischen Progression. Der typische Begriff der Progression ist PR^T, wobei PR den Endfortschritt bezeichnet, der in der Generation erzielt wurde, mit der wir unsere Abrechnung beginnen wollen, R *den* Verhältnisanstieg bezeichnet und T die Anzahl der Generationen nach dem gewählten „Start" bezeichnet. Die Größe $PR^{T\ des\ in\ der}$ *T-ten Generation* erzielten Fortschritts enthält T als Exponenten, und daher wird die Größe, die sich im Laufe der Zeit T ändert, als Exponentialfunktion der Zeit bezeichnet.

Die Natur ist die Quelle aller Energie. Pflanzen, die unterste Lebensform, spielen eine bestimmte Rolle im Ökonomiesystem der Natur. Ihre Funktion ist die Bildung von Albuminoiden und anderen Stoffen für höhere Zwecke. Alle ihre Nitrate sind hochexplosiv oder leicht explosiv, aber trotzdem explosiv. Sie sind kraftvolle Quellen neuer Energie. Das tierische Leben nutzt diese „Sprengstoffe" als Nahrung und ist entsprechend dynamischer, aber im tierischen Leben spielt die Zeit nicht die Rolle, die sie im menschlichen Leben spielt. Tiere sind durch den Tod dauerhaft eingeschränkt. Wenn Tiere von Generation zu Generation Fortschritte machen, sind diese so gering, dass sie vernachlässigbar sind. Ein Biber zum Beispiel ist ein bemerkenswerter Staudammbauer, aber er kommt weder durch Erfindungen noch durch Weiterentwicklung voran. Ein Biberdamm ist immer ein Biberdamm.

Schließlich hat die Menschheit, die höchste bekannte Klasse des Lebens, die Fähigkeit, Zeit zu binden, als ihr Merkmal, ihr Unterscheidungsmerkmal, ihr besonderes und endgültiges Merkmal. Es ist eine unerkannte Tatsache, dass sich in dieser höheren Lebensklasse das Gesetz des *organischen Wachstums zum Gesetz des Energiewachstums – des Geistes – der zeitbindenden Energie – einer zunehmenden exponentiellen Funktion der Zeit, entwickelt.* Diese Tatsache ist von grundlegender Bedeutung für die Wissenschaft und Kunst des Human Engineering. In der Mechanik haben wir die bekannte Formel

(1) Arbeit ÷ Zeit = Leistung.

PR^T gemäß dem Gesetz der geometrischen Progression den erzielten Fortschritt – die geleistete Arbeit – in der *T-ten* Generation darstellt (wobei T von einer Generation an gezählt wird, die als Ausgangspunkt der Berechnung dient); Dieser Fortschritt, diese Errungenschaft oder diese *Arbeit, die in einer Generation* erzielt wurde, haben wir durch (1)

(2) (Arbeit = PR^T) / (Zeit = 1) = Leistung,

das heißt, PR^T = Leistung; Das bedeutet, dass die Zahl PR^T, die die in einer bestimmten Generation geleistete Arbeit misst, auch das Maß für die Leistung ist, die diese Arbeit verrichtet. Nun beträgt die Gesamtarbeit W, die in den T- Generationen geleistet wurde

(3) $W = PR^1 + PR^2 + PR^3 + ... + PR^T$;

das ist,

$$(4) \quad W = R \div (R - 1) \times (PR^{T} - P)$$

Es sollte beachtet werden, dass nach (2) dieser Ausdruck für *W auch als die Summe von T* unterschiedlichen Kräften *PR* , *PR* [2 usw.] angesehen werden kann , die jeweils während einer und nur einer Generation wirken; Wenn wir diese Summe durch *T dividieren würden* , wäre der Quotient eine Kraft, die über *T* Generationen wirken müsste, um *W zu erzeugen* . Der Leser sollte nicht übersehen, dass der Ausdruck (4) für *W* ein Ausdruck für den Gesamtfortschritt ist, der im Laufe der *T*- Generationen erzielt wurde – die gesamte geleistete Arbeit – den gesamten produzierten Reichtum – und er sollte insbesondere beachten, wie der Ausdruck aussieht beinhaltet die Exponentialfunktion der Zeit (*T*), nämlich *PR* [T].

Die Formel macht die für die menschliche Lebensklasse charakteristische Zeitbindungsfähigkeit mathematisch deutlich. Richtig verstanden besteht *Reichtum* aus den Früchten oder Produkten dieser Zeitbindungsfähigkeit des Menschen. Tiere erzeugen keinen Reichtum; es wird vom Menschen und nur vom Menschen produziert. Die vorstehende Grundformulierung sollte zu weiteren ähnlichen Entwicklungen führen, die viel Licht auf den Prozess der Zivilisation werfen und dazu dienen, die „Privatmeinung" aus der Führung menschlicher Angelegenheiten zu eliminieren. (In dieser Schrift ist es nicht wichtig, sich tiefer mit diesen vorgeschlagenen Reihen zu befassen. Es bleibt die Tatsache, dass sowohl *P* als auch *R* besonders ansteigende Reihen mit geometrischem Charakter sind – die genaue Form wird in einer anderen Schrift entwickelt.)

Menschliche Errungenschaften und Fortschritte überwinden, weil sie kumulativ sind, die Barrieren der Zeit. Diese Tatsache ist der entscheidende und dynamische Unterschied zwischen tierischem und menschlichem Leben. So wie Pflanzen Sonnenenergie sammeln und in Bündeln für die Nutzung und das Wachstum von Tieren und Menschen speichern, so sammeln und bündeln Menschen das Wissen vergangener Jahrhunderte in Bündeln für die Nutzung und Entwicklung noch ungeborener Generationen.

Wir haben gesehen, dass der Begriff Reichtum, richtig verstanden, die Frucht der zeitgebundenen Arbeit der Menschheit bedeutet. Es gibt zwei Arten von Reichtum: Der eine ist materieller Natur; das andere ist Wissen. Beide Arten haben einen Gebrauchswert. Die erste Art geht zugrunde – die Waren, aus denen sie besteht, verschlechtern sich und werden unbrauchbar. Das andere hat einen dauerhaften Charakter; es ist unvergänglich; Es kann verloren gehen oder vergessen werden, aber es nutzt sich nicht ab.

Das eine ist zeitlich begrenzt; der andere zeitlich unbegrenzt; Ersteres nenne ich POTENTIELLEN GEBRAUCHSWERT ; letzterer, KINETISCHER GEBRAUCHSWERT . Die Analyse wird die Namen rechtfertigen. Die Energie eines Körpers, die auf seine Lage zurückzuführen ist, nennt man potentielle Energie. Die Energie eines Körpers, die auf seine Bewegung zurückzuführen ist, wird kinetische Energie genannt. Hier hat der materielle Gebrauchswert seinen Wert durch seine Lage, Form usw.; Es ist unbeweglich, wenn es nicht genutzt wird, und hat nicht die Fähigkeit, sich weiterzuentwickeln. Geistige Gebrauchswerte sind nicht statisch, sondern permanent dynamisch; ein Gedanke, eine Entdeckung ist der Impuls für andere; sie folgen dem Gesetz einer zunehmenden *potentiellen* Funktion der Zeit. (Siehe Anhang II .) Aus diesem Grund entsprechen diese Namen den beiden Namen der beiden genannten Energieklassen.

Hier muss ich auf die zuvor zitierten aktuellen Vorstellungen von Reichtum und Kapital zurückkommen. „Reichtum", wird uns gesagt, „ist jede nützliche oder angenehme Sache, die *einen* Tauschwert besitzt ." Und uns wird gesagt: „Kapital ist der Teil des Reichtums, der der Erlangung weiteren Reichtums gewidmet ist." Ich habe gesagt, dass solche Vorstellungen – solche Definitionen – von Reichtum und Kapital kindisch sind – sie gehören zur Kindheit der Menschheit. Dass es sich tatsächlich um kindische Vorstellungen handelt, wird dem Leser nicht entgehen können, wenn er darüber nachdenkt und vor allem, wenn er sie mit der wissenschaftlichen Auffassung vergleicht, nach der Reichtum aus diesen Dingen besteht – seien es materielle Güter oder Formen des Wissens und Verstehens – die durch die zeitbindenden Energien der Menschheit hervorgebracht wurden und wonach *nahezu der gesamte Reichtum der Welt zu einem bestimmten Zeitpunkt die angesammelte Frucht der Arbeit vergangener Generationen* ist – das lebendige Werk der Toten. Es erscheint unnötig, den Leser davor zu warnen, das „ *Geldverdienen* " durch List oder Betrug, durch Tricks oder Handel, mit der *Schaffung* von Reichtum durch das Produkt der Arbeit zu verwechseln. Indem ich die alten Vorstellungen als kindisch bezeichne, meine ich nicht, dass sie überhaupt kein Element der Wahrheit enthalten ; Ich meine, sie sind oberflächlich, wissenschaftlich oder spirituell dürftig, eng in ihrer Sichtweise, falsch in ihrem Akzent; Ich meine vor allem, dass sie dumm sind, weil sie blind sind, wenn es um die zentrale Sache geht, dass Reichtum das natürliche Produkt von Zeit und menschlicher Arbeit ist. Die alten Vorstellungen implizieren tatsächlich, dass Reichtum und Kapital sowohl potenzielle als auch kinetische Gebrauchswerte beinhalten, und insofern haben sie Recht. Doch wie entstehen solche Gebrauchswerte?

Die potenziellen Gebrauchswerte des Reichtums werden durch menschliche Arbeit geschaffen, die im Laufe der Zeit auf von der Natur gegebenen Rohstoffen arbeitet. Die Gebrauchswerte entstehen durch zeitraubende Umwandlungen der Rohstoffe; Diese Transformationen werden durch menschliche Gehirnarbeit und menschliche Muskelarbeit hervorgerufen, die vom menschlichen Gehirn gesteuert und zeitlich gesteuert werden. Die kinetischen Gebrauchswerte des Reichtums werden auch durch menschliche Arbeit geschaffen – hauptsächlich durch die intellektuelle Arbeit der Beobachtung, des Experimentierens, der Vorstellungskraft, der Schlussfolgerungen und der Erfindung, die alle die kostbare Zeit kurzer menschlicher Leben verschlingen . Es liegt auf der Hand, dass bei der Schaffung von Gebrauchswerten, ob potentieller oder kinetischer Art, das Element *Zeit* als absolut wesentlicher Faktor eine Rolle spielt. Die grundlegende Bedeutung der Zeit als Faktor bei der Produktion von Reichtum – die Tatsache, dass Reichtum und die Gebrauchswerte des Reichtums buchstäblich die natürlichen Nachkommen der geistigen Verbindung von Zeit und Arbeit sind – wurde nicht nur von der Ökonomie völlig übersehen, sondern durch die Ethik , die Jurisprudenz und die anderen Zweige des spekulativen Denkens während der langen Zeitspanne der Kindheit der Menschheit. Im Laufe der Jahrhunderte wurde tatsächlich viel über Zeit „geredet" , aber die grundlegende Bedeutung der Zeit als wesentlich für die Konzeption und Konstitution menschlicher Werte wurde nicht anerkannt.

Es wird oft gesagt: „Zeit ist Geld" ; die Aussage ist oft falsch; Aber die Aussage, dass Geld Zeit ist, ist immer wahr. Im tiefsten Sinne ist es immer wahr, dass Geld das Maß und Symbol des Reichtums ist – das Produkt von Zeit und Mühe – die Kristallisation der zeitbindenden menschlichen Fähigkeit. ES STIMMT ALSO, DASS GELD EINE SEHR KOSTBARE SACHE IST, DAS MAß UND SYMBOL DER ARBEIT – ZUM TEIL DIE ARBEIT DER LEBENDEN, ABER VOR ALLEM DIE LEBENDIGE ARBEIT DER TOTEN.

Die Naturgesetze sind oberstes Gebot; wir können sie nicht ändern; Wir können eine Zeit lang von ihnen abweichen, aber das Ende ist böse. Das ist die Lektion, die wir aus der Kindheitsgeschichte der Menschheit lernen müssen. Falsche Vorstellungen vom Menschen – Unwissenheit über die Gesetze der menschlichen Natur – haben uns unwissenschaftliche Ökonomien, unwissenschaftliche Ethik, unwissenschaftliches Recht, unwissenschaftliche Politik und unwissenschaftliche Regierung beschert. Dadurch wurde die Geschichte der Menschheit zur Geschichte gesellschaftlicher Katastrophen – Aufstände, Kriege, Revolutionen –, die weniger traurige Zeichen menschlicher Lust als vielmehr menschlicher Unkenntnis der Gesetze der menschlichen Natur sind. Es gibt nur ein Heilmittel, eine Hoffnung – eine Wissenschaft und Kunst der menschlichen Technik, die auf der gerechten Vorstellung der Menschheit als zeitbindender Klasse des Lebens basiert und den Naturgesetzen, einschließlich den Gesetzen der menschlichen Natur, entspricht.

Kapitel VI
Kapitalistische Ära

Die unsterbliche Arbeit von Descartes, Newton und Leibnitz bestand darin, leistungsstarke Methoden für die Mathematik zu entdecken – die einzig geeignete Sprache, um die Naturgesetze auszudrücken.

Human Engineering wird die Wissenschaft sein, mit der die großen sozialen Probleme gelöst werden. Zum ersten Mal seit dem ersten Tag der Menschheit wird die Menschheit ihre eigene Natur und ihren eigenen Status wirklich verstehen; und wird lernen, die lebenden und nichtlebenden Kräfte wissenschaftlich für den Aufbau zu lenken und dabei unnötige Zerstörung und Verschwendung zu vermeiden.

Es mag seltsam erscheinen, aber es ist wahr, dass die zeitbindenden exponentiellen Kräfte, Menschen genannt, nicht sterben – ihre Körper sterben, aber ihre Errungenschaften leben für immer – eine permanente Kraftquelle. Alle unsere kostbaren Besitztümer – durch Erfahrung erworbene Wissenschaft, angesammelter Reichtum in allen Lebensbereichen – sind kinetische und potenzielle Gebrauchswerte, die von vergangenen Generationen geschaffen und hinterlassen wurden; Es handelt sich um Schätze der Menschheit, die hauptsächlich in der Vergangenheit entstanden sind und für unseren Gebrauch durch die besondere Funktion oder Kraft des Menschen zur Bindung der Zeit aufbewahrt werden. Dass der natürliche Lauf des Lebens und der Entwicklungsfortschritt dieser Schatzkammer so oft gehemmt, von seinem natürlichen Lauf abgelenkt oder zurückgeworfen wird, liegt an der Unkenntnis der menschlichen Natur, an metaphysischen Spekulationen und Sophisten. Diejenigen, die mit oder ohne Absicht das Tempo des geistigen Fortschritts der Menschheit auf das einer arithmetischen Progression beschränken, sind die wahren Feinde der Gesellschaft; denn sie halten die lebensregulierenden „Wissenschaften" und Institutionen weit hinter dem Galopp des Lebens selbst zurück. Die Folge ist periodische soziale Gewalt – Kriege und Revolutionen.

Lassen Sie uns die Analyse potenzieller und kinetischer Gebrauchswerte etwas weiterführen. Alle potenziellen Gebrauchswerte, die uns die Toten hinterlassen haben, sind zeitlich begrenzt und unterscheiden sich in ihrer Nützlichkeit. Viele potenzielle Gebrauchswerte sind in Museen zu finden und haben heute im praktischen Leben nur einen sehr begrenzten Wert. Andererseits haben einige von der Antike gebaute Straßen oder Wasserwege auch heute noch einen Gebrauchswert ; und eine nahezu endlose Liste moderner potenzieller Gebrauchswerte, die Gebrauchswerte haben oder noch lange haben werden, wie etwa Gebäude, verbesserte Grundstücke, Eisenbahnschienen, bestimmte Maschinen oder Werkzeuge; Der

Gebrauchswert einiger dieser materiellen Güter wird mehr als eine Generation überdauern. Kinetische Gebrauchswerte haben einen dauerhaften Charakter, denn obwohl sie veraltet sein mögen, dienen sie dennoch als Grundlage für die Entwicklungen, die sie ersetzen, und leben daher in dem weiter, zu dem sie führen.

der wichtigsten kinetischen und potentiellen Gebrauchswerte der Menschheit aufmerksam machen – die Erfindung der Dampfmaschine. Durch diese Erfindung war die Menschheit nicht nur in der Lage, sich die lebendigen Früchte der Arbeit toter Menschen zunutze zu machen, sondern auch die unvorstellbar großen Mengen an Sonnenenergie und Zeit, die beim Wachstum pflanzlichen Lebens gebunden und für die Verwendung in der Form konserviert wurden von Kohle und anderen Brennstoffen pflanzlichen Ursprungs. Diese Erfindung hat unser Leben in unzähligen Richtungen revolutioniert. Um es kurz zu machen, werde ich nur die hervorstechendsten Auswirkungen analysieren . Human Engineering hat nie außer in seiner embryonalen Form existiert. In der Antike fehlten die Vorstellung und das Wissen über das Naturrecht völlig oder waren äußerst vage. Vor der Erfindung der Dampfmaschine waren die Menschen hauptsächlich auf menschliche Kräfte angewiesen – das heißt auf „lebende Kräfte" – die Kräfte lebender Menschen und die lebendigen Früchte der Arbeit der Toten. Schon damals gab es vielfältige Komplikationen.

Durch die Erfindung der Dampfmaschine wurde für den menschlichen Gebrauch eine neue Kraft von ungeheurem Ausmaß freigesetzt – die gespeicherte Kraft der Sonnenenergie und der Zeitalter. Aber wir dürfen nicht versäumen, genau zu beachten, dass wir heute durch eine menschliche Erfindung, ein Produkt der Toten, in die Lage versetzt werden, diese immense neue Kraft der gebundenen Sonnenenergie und Zeit zu nutzen.

Die volle Bedeutung der letzten Aussage erfordert Überlegung. Der inzwischen verstorbene Erfinder der Dampfmaschine hätte seine geniale Erfindung nur unter Nutzung der lebendigen Kräfte anderer Verstorbener verwirklichen können – außer unter Nutzung des materiellen und spirituellen oder mentalen Reichtums, den die Vorgänger geschaffen hatten. In der intellektuellen Ausrüstung des Erfinders war der kinetische Gebrauchswert der „gebundenen Zeit" aktiv vorhanden, der es ihm ermöglichte, die Gesetze von Wärme, Wasser und Dampf zu entdecken; und er nutzte sowohl die potenziellen als auch die kinetischen Gebrauchswerte mechanischer Instrumente, Arbeitsmethoden und wissenschaftlicher Erkenntnisse seiner Zeit und Generation – Gebrauchswerte des Reichtums, der durch das Genie und die Mühe vergangener Generationen geschaffen wurde. Diese Erfindung wurde, sagen wir, vor 6000 Jahren nicht gemacht, weil die Zivilisation damals noch nicht weit genug fortgeschritten war: Mathematisch betrachtet musste die Produktion dieses großen Gebrauchswerts auf die gesamte angesammelte

Arbeit von sechstausend Jahren menschlichen Einfallsreichtums und menschlicher Arbeit warten. Wenn wir also wollen, kann die Dampfmaschine als kinetischer Gebrauchswert betrachtet werden, bei dem der Faktor Zeit etwa 6000 Jahren entspricht, oder sagen wir etwa 200 Generationen.

Es ist offensichtlich, dass nicht einmal ein Genie der höchsten Güte in einem Leben unter den Bedingungen der Ureinwohner eine Dampfmaschine hätte erfinden und bauen können, als alles, sogar Eisen, unbekannt war. Wenn derselbe Erfinder natürlich ein Leben von mehreren tausend Jahren gehabt hätte und alle Prozesse nacheinander hätte verfolgen können, ohne von den Vorurteilen jener Zeit behindert zu werden, und in der Lage gewesen wäre, alle diese Erfindungen selbst zu machen, wäre er in der Lage gewesen selbst den ganzen Fortschritt der Zivilisation.

Anhand dieser Veranschaulichung erkennen wir die tiefe Bedeutung der Worte – die lebendigen Kräfte der Toten; wir erkennen die große Bedeutung des Faktors ZEIT IM MENSCHLICHEN LEBEN ; Wir erkennen die Bedeutung der Zeitbindungsfähigkeit des Menschen. Die Dampfmaschine ist neu zu sehen, im Wesentlichen als die akkumulierte Produktion der Arbeit toter Männer. Das Leben einer Generation ist kurz, und wenn es nicht unsere menschliche Fähigkeit gäbe, die materiellen und geistigen Früchte der Arbeit toter Menschen zu erben, sie in der kurzen Zeitspanne unseres eigenen Lebens ein wenig zu vermehren und sie an die Nachwelt weiterzugeben, wäre das Leben einer Generation kurz Der Prozess der Zivilisation wäre nicht möglich und unser gegenwärtiger Stand wäre der der Ureinwohner. Die Zivilisation ist ein Geschöpf, ihr Schöpfer ist die zeitbindende Kraft des Menschen. Tiere haben es nicht, weil sie einer niedrigeren Art oder Dimension des Lebens angehören.

Sophistik nützt hier nichts; Ein im Wald zurückgelassenes Kind würde ein Wilder sein und bleiben, der seinen Verstand mit dem von Gorillas vergleichen würde. Ein zivilisierter Mensch wird er nur durch die Anhäufung und Bekanntschaft mit der Arbeit toter Männer; denn dann und nur dann kann er dort beginnen, wo die vorherige Generation aufgehört hat. Diese Fähigkeit ist den Männern eigen; Die Tatsache kann nicht oft genug wiederholt werden.

Es ist unwahr zu sagen, dass *A* sein Leben ausschließlich durch die Leistungen (sagen wir) seines Vaters begann , denn die Leistungen seines Vaters hingen von den Leistungen seiner *unmittelbaren* Vorgänger ab; und so weiter bis zurück durch das Leben der Menschheit. Diese Tatsache von höchster ethischer Bedeutung gilt für uns *alle* ; Keiner von uns darf so sprechen oder handeln, als ob der materielle oder spirituelle Reichtum, den wir besitzen, von uns selbst geschaffen worden wäre. denn wenn wir nicht dumm sind, müssen wir erkennen, dass das, was wir *unseren* Reichtum, *unsere*

Zivilisation, alles, was wir nutzen oder genießen, nennen, im Wesentlichen das Produkt der Arbeit jetzt verstorbener Menschen ist, einige von ihnen Sklaven, andere „ „Besitzer" von Sklaven. Der Metalllöffel oder das Messer, die wir täglich verwenden, ist ein Produkt der Arbeit vieler Generationen, einschließlich derjenigen, die das Metall und seine Verwendung sowie den Nutzen des Löffels entdeckt haben.

Und hier stellt sich eine äußerst wichtige Frage: Da der Reichtum der Welt im Wesentlichen das Geschenk der Vergangenheit ist – die Frucht der Arbeit der Toten – wem gehört er eigentlich? Der Frage kann man nicht ausweichen. Ist das bestehende Monopol auf die großen geerbten Schätze, die durch die Arbeit toter Menschen entstehen, eine normale und natürliche Entwicklung?

Oder handelt es sich um einen künstlichen Status, den die Wenigen den Vielen auferlegen? Das ist der Kern der modernen Kontroverse.

Es ist allgemein bekannt, dass die Erfindung der Dampfmaschine und anderer Verbrennungsmotoren, die Sonnenenergie zur mechanischen Nutzung freisetzen, das Wirtschaftssystem revolutioniert hat; Für den Bau von Motoren im Maßstab der modernen Bedürfnisse ist es notwendig, eine große Anzahl lebender Menschen an einem Ort zu konzentrieren, Fabriken zu bauen, Maschinen zur Herstellung der Motoren aufzustellen, und all dies erfordert den Einsatz enormer Mengen Geld. Deshalb wird diese Ära die kapitalistische Ära genannt. Aber es ist notwendig, hier innezuhalten und zu analysieren die Wertfaktoren des herzustellenden Motors und des Geldes, das zur Nutzung der gespeicherten Energien der Sonne verwendet wird. Wir haben herausgefunden, dass der größte Teil des Motors und alle mit seiner Produktion verbundenen Faktoren die kombinierte Kraft der Arbeit toter Männer sind. Wir haben herausgefunden, dass Reichtum oder Kapital und sein Symbol, das Geld, im Wesentlichen auch die gebundene Kraft der Arbeit toter Männer sind; Der einzige Weg, den Nutzen aus der Freisetzung der Sonnenkraft zu ziehen, besteht darin, das Produkt der Mühe der Toten zu nutzen. Es ist außerdem offensichtlich, dass nur die Männer oder Organisationen, die in der Lage sind, die größten Geldbeträge zu konzentrieren, die die Arbeit der Toten repräsentieren, die gespeicherten Energien der Zeit und der alten Sonne optimal nutzen können. So entsteht das Monopol der gespeicherten Energien der Sonne aus der Monopolisierung der angesammelten Früchte der Arbeit toter Menschen. Diese Probleme werden in Zukunft Gegenstand der Wissenschaft und Kunst des Human Engineering sein.

Werfen wir einen kurzen Blick auf die Probleme aus einem anderen Blickwinkel . Die bei der Verbrennung von einem Pfund Kohle entwickelte Energie entspricht theoretisch 11.580.000 Fuß Pfund. Aber durch unsere unvollkommenen Nutzungsmethoden werden nicht mehr als 1.500.000

Fußpfund verfügbar gemacht. Hierbei handelt es sich um die Menge an körperlicher Kraft, die ein normalstarker Mann während der täglichen Arbeit aufwendet. Daher entsprechen 300 Pfund Kohle der Arbeitskraft eines Menschen für ein Jahr. Die derzeitige Kohleproduktion auf der Welt beträgt etwa 500.000.000 Tonnen (1906). Wenn wir annehmen, dass nur die Hälfte dieser Kohle für die mechanische Nutzung verwendet wird, erhalten wir ungefähr eine Zahl von 1.600.000.000 Arbeitskräften, die Produzenten, aber keine Verbraucher sind.

Betrachten wir die Ressourcen noch umfassender; wir haben ungefähr 1.600.000.000 lebende Menschen (alle Volkszählungen liegen zwischen 1902 und 1906 vor); ein Vermögen von etwa 357.000.000.000 US-Dollar (*Social Progress* , 1906, Seite 221), das unserer Analyse nach das Werk toter Männer ist; und eine Sonnenkraft, die in ihrer Arbeit der Arbeit unserer gesamten lebenden Bevölkerung entspricht, oder gleich 1.600.000.000 Sonnenkräften. Nehmen wir der Einfachheit halber 35,70 US-Dollar als durchschnittliche Lebenshaltungskosten pro Jahr für jeden Einwohner der *Welt* Bevölkerung , wir werden haben:

(1) 1.600.000.000 lebende Menschen.

(2) 10.000.000.000 lebende Arbeitskräfte der Toten.

(3) 1.600.000.000 Sonnenkräfte.

Eine solche Klassifizierung bedarf einer Überlegung: Der Mensch ist seinem Wesen nach eine zunehmende exponentielle Macht und produziert immer zwei Gebrauchswerte – den potenziellen und den kinetischen. Alle lebenden Menschen verfügen in gewissem Maße über diese Art von Macht; *Sie sind in der Lage, grundlegende Kräfte zu lenken und zu nutzen* .

also , dass diese Welt heute tatsächlich von drei verschiedenen Bevölkerungsgruppen bevölkert ist, die alle dynamisch und aktiv sind: nämlich 1.600.000.000 lebende Menschen; 10.000.000.000 lebende Menschenkräfte der Toten; 1.600.000.000 Sonnenkräfte.

Somit ist es unbestreitbar offensichtlich, *dass diese zusätzliche produzierende, aber nicht konsumierende* Bevölkerung hauptsächlich durch die Arbeit aller unserer vergangenen Generationen hervorgebracht wurde. Es wird „hauptsächlich" gesagt , weil wir, wenn wir die erste Generation wären, nur eingeborene Wilde wären, die nichts hätten und nur sehr langsam Fortschritte machen würden. Der Grund, warum wir in diesem Stadium der Zivilisation sehr schnell vorankommen, lässt sich ganz klar durch das mathematische Gesetz einer geometrischen Progression erklären, bei der die Zahl der Terme immer größer wird und die Größe der Terme immer schneller zunimmt. [11]

Diese Tatsache ist der Grund, warum das alte unwissenschaftliche und künstliche Gesellschaftssystem eine tiefgreifende Transformation erfordert und durchmachen muss. Der menschliche Fortschritt ist in vielen Richtungen so weit fortgeschritten, dass soziale Institutionen nicht mehr lange so weit zurückbleiben können. Statische Ethik, statische Rechtsprechung, statische Ökonomie und der Rest müssen dynamisch werden; Wenn sie nicht weiterhin friedlich im Einklang mit dem Gesetz des wissenschaftlichen Fortschritts voranschreiten, werden sie durch gewaltsame Anpassungen gezwungen, die sich immer häufiger wiederholen.

Hier haben wir es mit einem Problem von sehr großer Bedeutung und enormem Ausmaß zu tun. Um 1.600.000.000 lebenden Männern zu dienen, haben wir 11.600.000.000 tote Menschenkräfte und alle Sonnenmenschenkräfte – SIEBEN DIENER FÜR JEDEN LEBENDEN MANN, JEDE LEBENDE FRAU UND JEDES LEBENDE KIND inbegriffen . Es sieht aus wie das Jahrtausend. Es wäre so, wenn wir all diese Macht nur auf konstruktive Weise nutzen würden und Verschwendung und Kontroversen sowie all jene Faktoren beseitigen würden, die Produktion und Fortschritt behindern. Das gegenwärtige Wirtschaftssystem ist sich der Größe dieser Wahrheit und der enormen Ergebnisse, die durch ihre Anpassung erzielt werden können, nicht einmal im Ansatz bewusst. Das Problem wird durch Human Engineering gelöst, denn dadurch wird das richtige Werteverständnis geschaffen und gezeigt, wie man Weltprobleme wissenschaftlich bewältigen kann; Es wird der politischen Ökonomie eine wissenschaftliche Grundlage geben und das sogenannte „wissenschaftliche Betriebsmanagement" in ein echtes „wissenschaftliches Weltmanagement" verwandeln. [12]

Es gibt eine Kluft zwischen „Kapital" und „Arbeit", aber die Natur kennt „Kapital" oder „Arbeit" überhaupt nicht. Die Natur kennt nur Materie, Energie, „Raum" „Zeit", potentielle und kinetische Gebrauchswerte, Kräfte in all ihren direkten und indirekten Ausdrucksformen, die Energien lebender Menschen, lebendige Kräfte toter Menschen und die verbundenen Kräfte der Zeit und der alten Sonne. Die Natur hat den Menschen zu einer zunehmend exponentiellen Funktion der Zeit gemacht, zu einem Zeitbinder, zu einer Kraft, die in der Lage ist, grundlegende Kräfte umzuwandeln und zu lenken. Manchmal machen wir uns heuchlerisch gerne etwas vor, wenn unsere Wahnvorstellungen angenehm – und gewinnbringend – sind. Wir nennen menschliche Arbeit „Handarbeit" und tun so, als bräuchten wir den Arbeiter für seinen Muskeldienst, aber wenn wir so reden, sind wir gedankenlos, dumm oder unaufrichtig. Was wir beim Arbeiter suchen, ist die *Kontrolle* über seine Muskeln; Mechanische Arbeit wird oder kann fast vollständig durch Maschinen ersetzt werden. Was wir niemals durch Maschinen ersetzen können, ist ein Mensch, denn der Mensch gehört zur Ebene einer Dimension oberhalb der Maschinerie. Maschinenkraft, Sonnenkraft und Kapital – hauptsächlich das Werk der Toten – sind unbelebt; Sie werden nur dann produktiv, wenn sie durch die zeitbindenden Energien lebender Männer und Frauen belebt werden. Nur dann sind die Ergebnisse proportional zur ständig wachsenden Größe der exponentiellen Macht. In der Ökonomie der Natur sind die Zeitbinder die intelligenten Kräfte. Es ist uns nichts anderes bekannt, und aus der Sicht des Ingenieurs sind Edison und der einfachste Arbeiter, Smith oder Jones, im Grunde dasselbe; Ihre Kräfte oder Kapazitäten sind exponentiell und, obwohl sie sich im Grad unterscheiden, in der Art gleich. Das mag optimistisch erscheinen, aber alle Ingenieure sind Optimisten. Sie befassen sich nur mit Fakten und Wahrheit. Wenn sie Fehler machen, wenn ihre Brücken zusammenbrechen, dann werden sie, egal wie klug ihre Spitzfindigkeiten sind, für kriminell erklärt. Gleiche Strenge muss zur Regel und Praxis gegenüber allen gemacht werden, die die Institutionen und großen Angelegenheiten der menschlichen Gesellschaft kontrollieren. Periodische Ausfälle müssen verhindert werden. Die Ingenieure der menschlichen Gesellschaft müssen zur Verantwortung gezogen werden, so wie heute der Brückenbauer.

Oft sind die Dinge einfacher, als sie auf den ersten Blick erscheinen. Es mag Feuer und viel Kohle im Ofen geben, aber keine Hitze; das Feuer brennt nicht gut; Ein Ingenieur wird die natürlichen Ursachen für die Behinderung des natürlichen Prozesses beseitigen. Selbst eine so einfache Sache wie das Entfernen der Asche kann das Problem lösen. Es scheint einfach genug zu sein. Die Wahrheit ist oft klar und einfach, wenn sie nur nicht durch Sophistik verdunkelt und verkompliziert wird.

„Kapitalistisches" Denken und „sozialistisches" Denken – die Natur kennt solche Dinge nicht. Die Natur hat in all ihren Funktionen nur eine „Begründung". Unsere Verfälschung der Naturgesetze macht die Kontroverse aus. Der Sozialismus existiert als *Ismus*, weil der Kapitalismus als *Ismus existiert*; Der Zusammenstoß ist nur ein Ausdruck des ewigen Gesetzes von Aktion und Reaktion.

Wir leben in einer Welt des Reichtums, einer Welt, die durch die Arbeit vieler Generationen toter Menschen bereichert wurde. Zwischen der Lust des einen zu *behalten* und der Lust anderer zu *bekommen* gibt es wenig zu wählen; solche Behauptungen von Lust gegen Lust sind *unmenschlich* – animalisch; eine solche Ethik ist zoologische Ethik – die Gerechtigkeit von Zähnen und Klauen; unterhalb der menschlichen Dimensionen des Lebens, völlig unwürdig der schöpferischen Energie – der Zeitbindungsfähigkeit – der Menschheit. Der Sozialismus ist sich bewusst und sieht dunkel, dass die menschlichen Angelegenheiten nicht im Einklang mit den Naturgesetzen geführt werden.

Der Kapitalismus sieht es weder, noch spürt es es deutlich. Weder die weder der eine noch der andere hört auf, Naturgesetze – Naturgesetze – Gesetze der menschlichen Natur – wissenschaftlich zu untersuchen. Beide verwenden in ihren Argumenten die gleichen spekulativen Methoden, und es kann kein Problem sein. Gegen ein altmodisches, spekulatives Argument gibt es immer eine spekulative Antwort. Sie sprechen beide über die Wahrheit, aber ihre Methoden können die Wahrheit weder finden noch ihre Sprache ausdrücken. Sie sprechen von „Gerechtigkeit" „richtig" usw., ohne zu wissen, dass ihre Vorstellungen von diesen Begriffen auf einem falschen Verständnis von Werten beruhen. Es gibt ein und nur ein Heilmittel, und dieses Heilmittel besteht darin, wissenschaftliche Methoden auf das Studium des Themas anzuwenden. Sobald vernünftige Überlegungen eingeführt werden, werden sie die Menschheit überwältigen, wenn die Felder im Frühling grün werden. es wird die Energieverschwendung in Kontroversen beseitigen; es wird alle Kräfte zum Aufbau und zur Ausbeutung der Natur für das Gemeinwohl anziehen.

Es gibt Kapitalisten und Kapitalisten; Es gibt Sozialisten und Sozialisten. Unter den Kapitalisten gibt es diejenigen, die Reichtum – hauptsächlich die Frucht der Arbeit toter Männer – für sich selbst haben wollen. Unter den Sozialisten gibt es diejenigen – die orthodoxen Sozialisten –, die danach streben, sie zu zerstreuen. Erstere erkennen nicht, dass das Produkt der Arbeit der Toten selbst tot ist, wenn es nicht durch die Energie lebender Menschen belebt wird. Die orthodoxen Sozialisten erkennen nicht die enormen Vorteile , die der Menschheit aus der Anhäufung von Reichtum entstehen, wenn er *richtig genutzt wird* .

Ob wir nun Kapitalisten oder Sozialisten sind oder keiner von beiden, wir müssen lernen, dass die Ausbeutung der von den Toten hinterlassenen Schätze nicht das Leben eines Menschen, sondern das eines Ghuls *bedeutet* . Der legalistische Titel – urkundliches Eigentum – ändert nichts an der Tatsache. Auch die Lust auf das Gleiche gilt nicht.

Wenn wir uns die richtige Vorstellung davon angeeignet haben, was ein Mensch ist, werden wir uns von der römischen Vorstellung lösen, nach der der Mensch ein *Instrumentum Vocale ist* ; ein Tier, *instrumentum semivocale* : und ein Werkzeug, *instrumentum mutum* . Menschen als Werkzeuge – als Instrumente – für den Gebrauch anderer Menschen zu betrachten, ist nicht nur unwissenschaftlich, sondern auch abstoßend, dumm und kurzsichtig. Werkzeuge werden vom Menschen hergestellt, verfügen aber nicht über die Autonomie ihres Herstellers – sie verfügen nicht über die zeitbindende Fähigkeit des Menschen zur Initiierung, Selbststeuerung und Selbstverbesserung. Werkzeuge, Instrumente und Maschinen gehören ihrer Natur nach einer viel niedrigeren Dimension an als das des Menschen.

Die Rede von Dimensionen oder Dimensionalität ist keineswegs theoretischer Unsinn. Das richtige Verständnis der Dimensionen ist im praktischen Leben von entscheidender Bedeutung. Die Vermischung von Dimensionen führt zu falschen Schlussfolgerungen in unserem Denken und falsche Schlussfolgerungen führen zu Katastrophen.

Betrachten wir die Klassen des Lebens als drei Dimensionen darstellend (wie in einem früheren Kapitel erläutert), dann gehört die menschliche Produktion im Wesentlichen zur menschlichen oder, wie ich es nenne, dritten Dimension. Mit der Basis von (sagen wir) 5 erzeugen wir in der dritten Dimension ein Ergebnis von 125 Einheiten, und wenn den Menschen also gemäß den Standards der zweiten Dimension (dem der Tiere) nur 25 Einheiten bezahlt werden, wird der Menschheit das entzogen Vorteil von 100 Einheiten produziertem Vermögen. Das ist ein Beispiel dafür, welche Rolle Dimensionen im praktischen Leben spielen. Der nachdenkliche Leser kann selbst analysieren , welche Wirkung dieselben Regeln hätten, wenn sie in der menschlichen „zeitbindenden" Dimension ausgedrückt und angewendet würden, wobei die Zeit der höchste Test ist. Die folgende Tabelle gibt den visuellen Schock wieder:

1. Dimension	2. Dimension	3. Dimension
5	25	125
10	100	1.000
100	10.000	1.000.000
1.000	1.000.000	1.000.000.000

Dies erklärt, warum die Vermischung von Dimensionen die Quelle enormen Übels ist.

Wer kann nun behaupten, dass das Dimensionsproblem nur ein theoretisches Problem sei? Dabei handelt es sich nicht einmal um eine Einschränkung des Geistes, sondern vielmehr um eine Einschränkung des Sehvermögens, um die überwältigenden Unterschiede zwischen den Entwicklungsgesetzen der ersten, zweiten und dritten Dimension nicht erkennen zu können.

Dollar, Pfund Sterling oder andere Geldeinheiten folgen den gleichen Regeln: Die Stärke und tatsächlich die Quelle der Macht des modernen Kapitalismus liegt genau in diesem Unterschied in den Dimensionen – im Unterschied zwischen dem, was gegeben wird, und dem, was genommen wird. im Unterschied zwischen dem, was verdient wird, und dem, was „gemacht" wird. Das Problem der Dimensionen ist daher ein Schlüssel, der die

Geheimnisse der Macht des Kapitalismus entschlüsselt und die Tür zu einer neuen Zivilisation öffnet, in der das Verständnis der Dimensionen Ordnung aus dem Chaos schaffen wird.

Wir haben gesehen, dass kinetische und potentielle Gebrauchswerte, die hauptsächlich von den Toten produziert werden, im Reichtum verbunden sind, der durch Geld gemessen und symbolisiert wird. Wenn dies wahr ist, ist es offensichtlich, dass Geld ein Maß und ein Symbol für Macht, für geleistete Arbeit und für gebundene Zeit ist.

Der *raumbindende tierische* Standard der Fehlzivilisierung hat uns aus dem einfachen physikalischen Grund in eine Sackgasse – eine Sackgasse – geführt, weil es keinen Raum mehr zum „Binden" gibt. Praktisch das gesamte bewohnbare Land und praktisch alle natürlichen Ressourcen sind bereits unter privaten, legalistischen Eigentümern aufgeteilt. Welche Hoffnung gibt es für die ständig wachsende Bevölkerung?

Aber wir haben diese 1.600.000.000 lebenden Menschen; 10.000.000.000 lebende Menschenkräfte der Toten; und 1.600.000.000 Sonnen-Menschenkräfte: Das ist in der Tat eine enorme Kraft, um WOHLSTAND FÜR ALLE ZU SCHAFFEN, WENN SIE WEISE GELENKT WIRD , aber heute wird sie unwissentlich und schändlich fehlgeleitet, weil der Mensch nicht seiner Natur gemäß als zeitbindend behandelt wird Klasse des Lebens.

Durch die gezielte und ständige Ausbeutung der Natur unter vollständiger Mobilisierung unserer lebenden, toten und Sonnenkräfte kann viel mehr gewonnen werden, als durch die ständige Ausbeutung des Menschen und der Natur nur gelegentlich. Sind es Egoismus und Ignoranz, die eine vollständige Mobilisierung der produzierenden Kräfte der Welt verhindern?

Diejenigen, die am meisten zum menschlichen Fortschritt und zur menschlichen Erleuchtung beitragen – Männer wie Gutenberg, Kopernikus, Newton, Leibnitz, Watts, Franklin, Mendeleieff , Pasteur, Sklodowska -Curie, Edison, Steinmetz, Loeb, Dewey, Keyser, Whitehead, Russell, Poincaré , William Benjamin Smith, Gibbs, Einstein und viele andere – konsumieren nicht mehr Brot als die einfachsten ihrer Mitsterblichen. Tatsächlich sind solche Männer oft in Not. Wie viele Genies sind wortlos zugrunde gegangen, weil sie den Belastungen gesellschaftlicher Bedingungen nicht standgehalten haben, in denen tierische Standards vorherrschen und „Überleben des Stärksten" nicht das Überleben des „Stärksten in Bezug auf die Fähigkeit zur Zeitbindung" bedeutet, sondern das Überleben des Stärksten in Bezug auf Rücksichtslosigkeit und Rücksichtslosigkeit List – im raumbindenden Wettbewerb!

Reichtum wird von denen geschaffen, die mit der Hand oder dem Verstand arbeiten, und nicht von anderen. Der Großteil des Reichtums der Welt wurde auf diese Weise von vergangenen Generationen produziert. Wir wissen, dass die größten – unermesslich größten – Reichtumsproduzenten Wissenschaftler, Entdecker und Erfinder waren und sind. Wenn eine Erfindung im Laufe einiger Jahre nach ihrer Herstellung in öffentliches Eigentum übergehen muss, dann sollte auch der durch die *Nutzung der Erfindung* geschaffene Reichtum im Laufe eines ähnlichen Zeitraums von Jahren nach ihrer Herstellung in öffentliches Eigentum übergehen . Gegen diesen Vorschlag kann keine Sophistik helfen.

Eine der größten Mächte der Neuzeit ist die Presse; es beherrscht die Ressourcen von Raum und Zeit; es beeinflusst auf tausend subtile Weise die Form unserer Gedanken. Es steuert den Nachrichtenaustausch in der ganzen Welt. Leider wird die Presse oft von Ausbeutern der „lebenden Kräfte der Toten" kontrolliert, und so sind die als Nachrichten präsentierten Nachrichten häufig so begrenzt, gefärbt und durch egoistische Interessen verzerrt, dass sie als Lüge unter dem Deckmantel der Wahrheit erscheinen. Ehrliche, unabhängige Zeitungen werden häufig von egoistischen Verschwörern ausgehungert und zur Schließung gezwungen. So wird die Presse, die selbst das Produkt der Hauptarbeit der Toten ist, zu einem Mittel zur Täuschung und Ausbeutung der Lebenden gemacht. Tatsächlich scheinen die bitteren Worte Voltaires zu wahr zu sein: „Seit Gott den Menschen nach seinem eigenen Bild erschaffen hat, wie oft hat sich der Mensch bemüht, Gott einen ähnlichen Dienst zu erweisen." Diejenigen, die solche „gottähnlichen" Kräfte nutzen wollen, um die Welt zu regieren, sind moderne Neros , die sich in ihrer Bosheit und Torheit für göttlich halten. Zu täuschen und durch Täuschung lebende Männer und Frauen auszubeuten, zu berauben und zu unterwerfen und dies durch Prostitution der von den Toten geschaffenen lebenden Kräfte zu tun, ist das Werk, ich möchte nicht sagen, von Männern, sondern von verrückten, *gierigen* , unwissend und blind. Was ist das Heilmittel? Revolution? Revolution ist auch verrückt. Das einzige Heilmittel ist Aufklärung – Wissen, Wissen über die Natur, Wissen über die menschliche Natur, wissenschaftliche Bildung, Wissenschaft, die auf alle Angelegenheiten des Menschen angewendet wird – die Wissenschaft und Kunst der menschlichen Ingenieurskunst.

Kapitel VII
„Überleben des Stärksten".

Die Menschheit ist eine dynamische Angelegenheit, ja, die dynamischste, die es gibt, weil sie in der Lage ist, grundlegende Kräfte umzuwandeln und zu lenken. Wo Strom produziert wird, muss es ein Problem dafür geben. Macht muss sich zwangsläufig in irgendeiner Form ausdrücken. Der am Himmel erzeugte Strom fällt oft auf katastrophale Weise aus. Gezielt erzeugter Strom treibt unsere Eisenbahnen an; Deshalb muss die enorme Macht, die die Menschheit hervorbringt, gezielt und konstruktiv genutzt werden, sonst kommt es zu Aufständen, Revolutionen und Kriegen.

Bisher haben wir uns von jenen bodenlosen Wissenschaften leiten lassen, die nur mythologische Vorstellungen von Macht hatten – von Vorstellungen, die von persönlichen Ambitionen, persönlichen Interessen oder schlichter Unwissenheit geprägt waren . Von Zeit zu Zeit erlebten wir alle Übel des Fehlens eines gemeinsamen Ziels und einer wissenschaftlichen Anleitung. Die Macht wurde von den „Gottgegebenen" oder „Klügsten" gehalten ; Selten wurde die Macht dem „Stärksten" im Sinne des „Fähigsten" übertragen. Wer wie in der Darwinschen Tiertheorie vom „Überleben des Stärksten" spricht, spricht eine tierische Sprache. Diese Regel, die nur im Leben von Pflanzen und Tieren natürlich ist und nur für die niederen Formen des physischen Lebens gilt, kann nicht ohne eine Katastrophe auf die zeitbindende Klasse des Lebens angewendet werden, es sei denn mit einer tiefgreifenden Änderung der Bedeutung.

Die moderne enorme Anhäufung von Reichtum für private Zwecke rechtfertigt sich mit dem Argument des „Überlebens des Stärkeren". Nun gut, wo es ein „Überleben" gibt, muss es auch Opfer geben; Wo es Opfer gibt, wird gekämpft. Ist es das, was die Benutzer dieses Arguments meinen? Wie der Kaiser reden sie über Frieden und führen Krieg. Diese Vorgehensweise ist keineswegs neu. Die Welt ist schon sehr lange daran gewöhnt.

Persönlich glaube ich, dass die meisten Meister der spekulativen Halbwissenschaften wie Wirtschaft, Recht, Ethik, Politik und Regierung ehrlich in ihren Überzeugungen und Spekulationen sind. Der richtige Mann glaubt einfach an das Falsche; wenn ihm der richtige Weg aus der Schlamassel gezeigt wird, wird er den Fortschritt nicht mehr behindern; er wird für die neue Welt, die von menschlichen Ingenieuren geschaffen wurde, von größtem Wert sein, in der menschliche Fähigkeiten, exponentielle Funktionen der Zeit, auf natürliche Weise funktionieren werden; wo Wirtschaft, Recht, Ethik, Politik und Regierung *dynamisch* und nicht *statisch sein werden* . Zwischen diesen beiden Wörtern liegen Welten.

Das unmittelbare Ziel dieses Schreibens besteht darin, den Weg aufzuzeigen, wie die zeitbindenden Kräfte der Menschheit zum Wohle aller eingesetzt werden können. Die menschliche Technologie als Kunst und Wissenschaft existiert noch nicht; Als Grundlage für eine solche Wissenschaft waren einige Grundprinzipien erforderlich. Insbesondere war es notwendig, einen *menschlichen Standard* festzulegen und so sicher und deutlich zu machen, dass „Raumbinder" – die Mitglieder der *Tierwelt* – „außerhalb des menschlichen Gesetzes" – außerhalb der Naturgesetze für die menschliche Klasse des Lebens – stehen .

Die gegenwärtige Zivilisation ist eine sehr komplizierte Angelegenheit; Obwohl viele unserer sozialen Probleme sehr schlecht gelöst werden, könnten plötzliche Veränderungen nicht vorgenommen werden, ohne das Wohlergehen und das Leben aller Klassen der Gesellschaft zu gefährden. In der Zwischenzeit müssen Änderungen vorgenommen werden, da die Welt unter den Vorkriegsbedingungen nicht mehr lange weitermachen kann ; Sie wurden durch die Fakten zu gut entlarvt, als dass sich die Menschheit noch einmal blindlings leiten lassen könnte.

Im Weltkrieg durchlebte die Menschheit eine gewaltige Prüfung und stand in diesen Jahren unter der Belastung einer umfassenden Mobilisierungskampagne. Die Notwendigkeit einer Machtsteigerung war offensichtlich; Die Bedeutung einer gemeinsamen Basis oder eines gemeinsamen Ziels wurde gleichermaßen deutlich. In diesem Fall wurde die Basis, das gemeinsame Ziel im „Kriegspatriotismus" gefunden . Diese gemeinsame Basis ermöglichte es allen Staaten, individuelle Befugnisse zu bündeln und maximale Effizienz zu einer *kollektiven* Macht aufzubauen. Dieser Ausdruck wird nicht nur als soziale Wahrheit verwendet, sondern auch als bekannte mathematische Wahrheit. Diese hohen Ideale, denen „Urbi et orbi " in Tausenden von Reden und in Millionen von Propagandablättern verliehen wurde , hatten eine viel größere pädagogische Bedeutung und Wirkung, als den meisten Menschen bewusst ist. Die Menschen sind erwacht und haben den Geschmack für jene höheren Ziele entwickelt, die in der Vergangenheit nur wenigen zugänglich waren.

Viele alte, abgenutzte Idole, Ideen und Ideale sind gefallen; aber was wird an ihre Stelle treten? Wir sind Zeugen einer Unruhe, die nicht beseitigt werden kann, bis etwas Wesentliches getan wird, um sie zu regulieren. Ruhe deutet oft auf einen bevorstehenden Sturm hin. Der kommende Sturm ist nicht das Werk eines „bösen Mannes", sondern die unvermeidliche Folge eines „bösen Systems". Es ist gefährlich, wie ein Strauß den Kopf in den Sand zu stecken und sich einzubilden, in Sicherheit zu sein.

„Überleben des Stärkeren" im allgemein verwendeten tierischen Sinne ist keine Theorie oder ein Prinzip für ein „zeitgebundenes" Wesen. Diese

Theorie gilt nur für den physischen Körper von Tieren; seine Wirkung auf die Menschheit ist unheimlich und erniedrigend (siehe Anhang II). Überall um uns herum sehen wir das Prinzip der kriminellen Ausbeutung und Profitgier. Tatsächlich hat die jahrhundertelange Anwendung dieses tierischen Prinzips auf menschliche Angelegenheiten die gesamte menschliche Moral in unvorstellbar weitreichender Weise geschwächt. Persönliche Gier und Selbstsucht werden dreist als Verhaltensprinzipien anerkannt. Wir zucken nachgiebig mit den Schultern und verkünden, dass Gier und Egoismus der Kern der menschlichen Natur sind , halten das alles für selbstverständlich und lassen es dabei bewenden. Wir sind in unserer Erniedrigung so weit gegangen, dass der Prophet der kapitalistischen Prinzipien, Adam Smith, in seinem berühmten Werk „ *Wealth of Nations* " zu den Gesetzen des Reichtums gelangt, und zwar nicht aus den Phänomenen des Reichtums oder aus statistischen Aussagen, sondern aus den Phänomenen der Selbstsucht – Eine Tatsache, die zeigt, wie weitreichend die Theorie, dass Menschen „Tiere" seien, einen verheerenden Einfluss auf die gesamte Menschheit hat. Natürlich ist die Wirkung sehr verheerend. Die vorangegangenen Kapitel haben gezeigt, dass die Theorie falsch ist; Es ist falsch, nicht nur wegen seiner unglücklichen Auswirkungen, sondern es täuscht auch über die charakteristische Natur des Menschen hinweg. Die menschliche Natur, diese zeitbindende Kraft, verfügt nicht nur über die besondere Fähigkeit zum fortwährenden Fortschritt, sondern sie verfügt über alle tierischen Neigungen hinaus über bestimmte Eigenschaften, die sie zu einer besonderen Dimension oder Art von Leben machen. Nicht nur unser gesamtes gemeinsames Leben beweist die Liebe zu höheren Idealen, sondern auch unsere Toten *geben* uns das reiche Erbe all ihrer Mühen, materieller und spiritueller Natur. Daran ist nichts Mystisches; Eine SOLCHE Klasse eine *von Natur aus* egoistische Klasse zu nennen, ist nicht nur unsinnig, sondern ungeheuerlich.

Diese Fähigkeit zu höheren Idealen hat ihren Ursprung nicht in einem „ *übernatürlichen* " äußeren Faktor; es ist *nicht* fremden Ursprungs, es ist der Ausdruck des zeitbindenden Elements, das wir *inhärent* besitzen, unabhängig von unserem „Willen" ; es ist eine angeborene Fähigkeit – a *Geschenk* der Natur. Wir sind einfach so geschaffen und nicht anders. Es gibt tatsächlich einen guten Sinn, in dem wir, wenn wir wollen, den Ausdruck „Überleben des Stärkeren" auf die Aktivität der zeitbindenden Energien des Menschen anwenden können. Da wir die besondere Fähigkeit haben, in unseren Taten zu überleben, neigen wir dazu, sie zu nutzen, und wir überleben in den Taten unserer Schöpfung; und so kommt es zum „Überleben in der Zeit" immer höherer Ideale. In dem Moment, in dem wir den Menschen in seiner richtigen Dimension – aktiv in DER ZEIT – betrachten, werden diese Dinge einfach, erstaunlich und schön.

„Beachten Sie den radikalen Charakter der durchzuführenden Transformation . Die Welt soll nicht länger als etwas Fremdes betrachtet werden, mit Augen, die nicht die ihrigen sind. Die Vorstellung vom Ganzen und durch das Ganze soll *uns* als *Teil* einer fortschreitenden Abfolge von Entwicklungen umfassen, wirklich, wörtlich, bewusst, wie es sein mag, als Teil einer fortschreitenden Abfolge von Entwicklungen, die vielleicht den höchsten Rang in der immer weiter aufsteigenden Hierarchie des Seins einnehmen , aber auf jeden Fall als entstandene und immer noch entstehende *natura naturata* aus einer inneren Quelle. Ich gebe zu, dass es schwierig ist, die Sichtweise zu ändern – alte Gewohnheiten tendieren wie Felswände dazu, die Strömungen des Bewusstseins in ihren gewohnten Kanälen einzuschränken –, aber sie können durchgeführt werden, und zwar durch eifrige Anstrengung im Laufe der Zeit , gepflegt. Angenommen, es wäre erledigt. Durch diese Wiedervereinigung erlangt das Ganze das Bewusstsein zurück, während der Teil das Bewusstsein behält, das dieser entwendet hat ... Im gesamten Universum der Ereignisse gibt es nichts Wunderbareres als die Geburt des Wunders, nichts Kurioseres als die Entstehung der Neugier selbst, nichts zu vergleichen mit dem Aufdämmern des Bewusstseins in der alten Dunkelheit und der allmählichen Ausdehnung des psychischen Lebens und der Erleuchtung in einem Kosmos, der zuvor nur ... *existierte* . Eine Ewigkeit blind handelnder, sich verändernder, unbewusster Existenz, die schließlich durch die Geburt von Sinn und Intellekt, ohne Verlust oder Unterbrechung der Kontinuität, die bleibende Form der flüchtigen Zeit annimmt." (CJ Keyser, a.a.O.)

natürlichen Fähigkeit des Menschen beruht ; Der Impuls ist einfach ein zeitbindender Impuls. Wie wir bei der Analyse der Funktionen der verschiedenen Lebensklassen gesehen haben, hat jede Lebensklasse den Impuls, ihre besondere Fähigkeit oder Funktion auszuüben. Stickstoff widersteht Verbindungskombinationen, und wenn er in solchen Kombinationen vorkommt, löst er sich so schnell wie möglich auf. Vögel haben Flügel – sie fliegen. Tiere haben Füße – sie rennen. Der Mensch hat die Fähigkeit, Zeit zu binden – er bindet Zeit. Es spielt keine Rolle, ob wir das eigentliche „Wesen" des Phänomens verstehen oder nicht, genauso wenig wie wir das „Wesen" der Elektrizität oder eines anderen „Wesens" verstehen. Das Leben zeigt, dass der Mensch die Fähigkeit, Zeit zu binden, als natürliche Gabe besitzt und von Natur aus dazu getrieben ist, sie zu nutzen. Eines der besten Beispiele ist die Fortpflanzung. Die Empfängnis ist in ihrem „Wesen" ein völlig unverständliches Phänomen , dennoch nutzen wir sie, da wir die Fähigkeit zur Fortpflanzung haben, ohne uns um ihr „Wesen" zu kümmern. Tatsächlich kümmern sich weder das Leben noch die Wissenschaft um „Wesen" – sie überlassen „Wesen" der Metaphysik, die weder Leben noch Wissenschaft ist. Für unsere Zwecke reicht es aus , dass Idealisierung tatsächlich ein natürlicher Prozess zeitbindender menschlicher

Energie ist. Und wie unvollkommen die Ethik auch aufgrund der Vorherrschaft tierischer Standards war, so zeugen doch Verdienste wie unsere Ethik von der natürlichen Präsenz der „Idealisierung" im zeitgebundenen menschlichen Leben.

„Es ist also offensichtlich, dass Ideale nichts sind, über das man schwärmen oder worüber man seufzen und sentimentalisieren kann; Sie sind nicht das, was übrig bleiben würde, wenn das, was in Wirklichkeit hart ist, weggenommen würde; Ideale selbst sind der eigentliche Stein der Wirklichkeit, zweifellos schön und kostbar, ohne den es weder Würde noch Hoffnung noch Licht gäbe; aber ihr Aussehen ist nicht sentimental und sanft; es ist hart, kalt, intellektuell, logisch, streng. Idealisierung besteht in der Vorstellung oder Intuition von Idealen und in der Verfolgung dieser. Und es gibt zwei Arten von Idealen, wie ich bereits sagte. Lassen Sie uns die Unterscheidung klarer machen. Jede Art menschlicher Aktivität – das Beschlagen von Pferden, Bauchoperationen oder das Malen von Profilen – weist eine besondere Art von Exzellenz auf. Keine Aktivität kann sich ihrer eigenen Art entziehen, aber innerhalb ihrer Art lässt sie eine unbegrenzte Verbesserung zu. Für jeden Typ gibt es ein Ideal – einen Traum von Perfektion – eine unerreichbare Grenze einer endlosen Abfolge potenzieller Verbesserungen innerhalb des Typs und auf seiner Ebene. Die Träume von solch unerreichbarer Vollkommenheit sind so zahllos wie die Arten von Exzellenz, zu denen sie jeweils gehören, und sie bilden zusammen die vertraute Welt unserer menschlichen Ideale. Daran teilzuhaben – die Verlockung der Perfektion in einer oder mehreren Arten von Exzellenz, wie gering sie auch sein mag, zu spüren – bedeutet, menschlich zu sein; Es nicht zu fühlen bedeutet, untermenschlich zu sein. Aber diese allgemeine Art der Idealisierung, obwohl sie sehr wichtig und sehr wertvoll ist, führt nicht zu den großen Ereignissen im Leben der Menschheit. Diese werden durch die Art von Idealisierung erzeugt, die dem entspricht, was wir im mathematischen Prototyp, der grenzbezeugten Verallgemeinerung, genannt haben – eine Art Idealisierung , die dem kreativen Genie eigen ist und die, nicht zufrieden damit, Ideale innerhalb etablierter Arten von Exzellenz zu verfolgen, schafft neue Formen davon in der Wissenschaft, in der Kunst, in der Philosophie, in der Literatur, in der Ethik, in der Bildung, in der sozialen Ordnung, in allen Bereichen und Formen des spirituellen Lebens des Menschen." (Zitiert aus dem Manuskript des kommenden Buches *Mathematical Philosophy* von Cassius J. Keyser.)

„Survival of the Fittest" hat für verschiedene Lebensbereiche eine unterschiedliche Form. Die Anwendung tierischer Maßstäbe auf zeitbindende Lebewesen ist wie die Anwendung von Zollmaßstäben bei der Gewichtsmessung. Tatsächlich können wir eine Klasse nicht zu einer höheren Klasse erheben, es sei denn , wir fügen der ersteren eine völlig neue

Funktion hinzu; wir können ihren niedrigeren Status nur verbessern; aber wenn wir die umgekehrte Methode anwenden, können wir menschliche Standards zu tierischen Standards degradieren.

Tierstandards gehören zu einer Klasse von Leben, deren Kapazität *keine exponentielle* Funktion der *Zeit* ist . An dieser Tatsache ist nichts Theologisches oder Sentimentales; es ist eine rein mathematische Wahrheit.

„Überlebens des Stärkeren" im gleichen Sinne auf zwei völlig unterschiedliche Lebensklassen anzuwenden . Das „Überleben des Stärkeren" für Tiere – für *Raumbinder* – ist das Überleben *im Weltraum* , was Kämpfe und andere brutale Formen des Kampfes bedeutet; Andererseits ist das „Überleben des Stärkeren" für den Menschen *als solchen* – das heißt für *Zeitbinder* – ein Überleben *in der Zeit* , was intellektuellen oder spirituellen Wettbewerb, Kampf um Exzellenz, um das Schaffen des Guten bedeutet *am besten* überleben. Die Stärksten der Zeit – diejenigen, die die Besten überleben lassen – sind diejenigen, die am meisten dazu beitragen, Werte für die gesamte Menschheit einschließlich der *Nachwelt zu schaffen* . Dies ist die wissenschaftliche Grundlage der natürlichen Ethik und einer Ethik, von der es kein Umgehen oder Entrinnen gibt.

Daher können Zeitbinder keine „ *tierische* " Logik anwenden , ohne sich von ihrem eigentlichen Status als Menschen zu distanzieren – ihrem Status, wie er von der Natur festgelegt wurde. „Tier" -Logik führt zu „Tier" -Ethik und „Tier" -Ökonomie; es führt unweigerlich zu einem brutalisierten Industriesystem, in dem es durch List gelingt, den Lebenden die Früchte der Toten zu rauben.

Die menschliche Logik verweist auf menschliche Ethik und menschliche Ökonomie; Es wird zu einem humanisierten Industriesystem führen, in dem der Wettbewerb ein Wettbewerb in der Wissenschaft, in der Kunst und in der Gerechtigkeit sein wird: ein Wettbewerb und ein Kampf um die Erreichung von Spitzenleistungen im menschlichen Leben. Die Zeitbindungsfähigkeit, die sich darin manifestiert, aus der VERGANGENHEIT durch die GEGENWART für die ZUKUNFT ZU SCHÖPFEN , gibt dem Menschen die Möglichkeit, eine kostbare Art von Unsterblichkeit zu erlangen; Es ermöglicht ihnen, das Gesetz ihrer eigenen Lebensklasse zu erfüllen und ewig in den Früchten ihrer Arbeit zu überleben, ein ewiger Segen für endlose Generationen von Menschenkindern. Das ist die Wahrheit, die wir instinktiv erkennen, wenn wir einen großen Mann „unsterblich" nennen . Wir meinen, dass er Taten vollbracht hat , die zum ewigen Wohl der Menschheit *überleben* .

Die menschliche Logik – die mathematische Logik, die für den Menschen *natürliche Logik* – wird uns somit zeigen, dass die Bedeutung von „gut" , „gerecht" und „richtig" vollständig in Bezug auf die menschliche *Natur definiert und verstanden werden muss* . Die menschliche Natur – nicht die tierische Natur – soll die Grundlage und der Leitfaden der menschlichen Technik sein. Auf dieser Grundlage und unter Anleitung wird Human Engineering „wilde Intriganten", Spieler und „Politiker" eliminieren. Es wird der industriellen Gewalt, den Streiks, den Aufständen, dem Krieg und den Revolutionen ein Ende setzen.

Das gegenwärtige System des gesellschaftlichen Lebens basiert größtenteils auf falschen Vorstellungen oder falschen Darstellungen. Für jede Arbeit brauchen wir das menschliche Gehirn, die menschliche Zeitbindungskraft, dennoch nennen wir sie weiterhin „Handarbeit" und behandeln sie als solche. Selbst in der mechanischen Wissenschaft liegen wir mit der Verwendung des Begriffs „Pferdestärke" falsch. Wie sieht dieses „Pferd" in Wirklichkeit aus? Lassen Sie uns dieses „Pferd" analysieren . Alle Wissenschaft, alle mechanischen Geräte wurden vom „Menschen" und nur vom Menschen geschaffen. Alles, was wir besitzen, ist die Produktion toter oder lebender Menschen. Die Versklavung der solaren Arbeitskraft ist in Theorie und Praxis eine rein menschliche Erfindung. Alles, was wir haben, ist also offensichtlich ein zeitbindendes Produkt. Was für ein völliger Unsinn, eine rein menschliche Leistung als das Äquivalent von so viel zu bezeichnen „ Pferdestärke" ! Natürlich spielt es mathematisch keine Rolle, welchen Namen wir einer Leistungseinheit geben; wir können es einen Zeus oder ein Zebra nennen; Aber die Verwendung des Namens eines Tieres zur Bezeichnung eines rein menschlichen Produkts hat eine sehr bösartige Implikation. Alles in unserer Zivilisation wurde vom MENSCHEN geschaffen ; Es erscheint nur vernünftig, dass diese Krafteinheit, die das direkte Produkt der Arbeit des Menschen ist, korrekt nach ihm benannt werden sollte. Der erzieherische Effekt wäre heilsam und enorm. Der menschliche Wert in der Arbeit würde so immer wieder betont und der Respekt vor der menschlichen Arbeit von Anfang an in den Schulen gelehrt. Diese „Pferdestärke" -Einheit lässt uns den menschlichen Teil darin vergessen und degradiert menschliche Arbeit auf das Niveau einer Ware. Dies ist ein Beispiel für den erniedrigenden Einfluss falscher Vorstellungen und falscher Sprache. Ich habe „pädagogisch" gesagt , weil sogar unser Unterbewusstsein davon betroffen ist. (Siehe Anhang II .)

Human Engineering wird keine wissenschaftliche Forschung beeinträchtigen; im Gegenteil, es wird es in vielerlei Hinsicht fördern. Es bleibt zu hoffen, dass die Erwachsenen mit dem Unsinn der Vermischung von Dimensionen aufhören, für den wir Kinder tadeln. Es ist die gleiche Art von Fehler, wie wenn wir Phänomene vermischen – „Gott" nach menschlichen Maßstäben oder Menschen nach tierischen Maßstäben messen . Die Beziehung zwischen diesen Phänomenen oder der Überschneidung verschiedener Klassen ist interessant und wichtig; aber beim Studium solcher

Klassenverhältnisse ist es verhängnisvoll, die Klassen zu vermischen; Wenn wir beispielsweise die Beziehungen zwischen Oberflächen und Festkörpern untersuchen, ist es fatal, Festkörper mit Oberflächen zu verwechseln. genauso, wenn wir dummerweise Menschen mit Tieren verwechseln.

In der Realität des Lebens sind wir nur an den Werten der Funktion der Phänomene selbst interessiert und um zu richtigen Schlussfolgerungen zu gelangen, müssen wir für die Phänomene geeignete Einheiten verwenden. Die Vermischung von Einheiten gibt uns eine falsche Vorstellung von den Werten jedes Phänomens; Die Ergebnisse unserer Berechnungen sind falsch und das Ergebnis ist eine falsche Vorstellung vom Prozess des menschlichen Lebens. Sobald wir dies erkannt haben, werden wir aufhören, tierische Maßnahmen auf den Menschen anzuwenden; selbst die Theologie wird die monströse Gewohnheit aufgeben.

Tierische Maßstäbe und Maßstäbe sind auf Tiere anzuwenden, menschliche Maßstäbe auf den Menschen, „göttliche" Maßstäbe auf „Gott".

In den dunklen Zeiten, in denen die Wissenschaft völlig unschuldig war oder sie nicht verstanden, wurde das „Warum" der Dinge durch das „Wer" der Dinge erklärt ; darin gipfelte die Untersuchung; Der Mensch galt als *Homo Sapiens* und Homo Sapiens = Tier × Funke des *Übernatürlichen* ; Diese monströse Formel wurde als endgültige Wahrheit akzeptiert – als Antwort auf die Frage: Was ist der Mensch? Diese Art der Antwort wurde in den Händen von Kirche und Staat zu einem mächtigen Instrument, um das Volk unterwürfig zu halten.

Die Tendenz der Massen, andere für sich denken zu lassen, ist nicht wirklich eine *natürliche* Eigenschaft – ganz im Gegenteil. Die Angewohnheit, nicht selbst zu denken, ist das Ergebnis jahrtausendelanger Unterwerfung. Die Autoritäten nutzten im Allgemeinen ihren Einfallsreichtum, um die Menschen vom Denken abzuhalten. Der wichtigste Grund, warum viele Menschen als „dumm" erscheinen und oft als „dumm" bezeichnet werden, ist, dass mit ihnen in einer Sprache der Spekulation gesprochen wurde, die sie instinktiv nicht mögen und denen sie misstrauen; So entstand das Sprichwort, dass Reden dazu diente, die Wahrheit zu verbergen. Es ist kein Wunder, dass sie „dumm" erscheinen ; das Wunder ist, dass sie nicht „dummer" sind. Die Wahrheit ist, dass sie weitaus weniger dumm sind, wenn man sie in der natürlichen Sprache feststellbarer Tatsachen anspricht. Meine gesamte Theorie basiert auf den natürlichen Gefühlen des Menschen und steht im Einklang mit diesen. Die von mir vorgestellten Vorstellungen basieren auf der menschlichen *Natur* . Natürliche Sprache – so anders als die Sprache metaphysischer Spekulation – wird zu gegenseitigem Verständnis und zum Verschwinden verfeindeter Fraktionen führen.

„Diskriminierung ist, wie das Sprichwort zu Recht lehrt, der Anfang des Geistes. Das erste psychische Produkt dieses anfänglichen psychischen Aktes ist *numerisch* : Unterscheiden bedeutet, *zwei zu erzeugen* , das einfachste mögliche Beispiel für Vielfalt. Die Entdeckung, oder besser gesagt die Erfindung, noch besser die Produktion, am besten die Schöpfung, der Vielfalt mit ihrem Korrelat der Zahl , ist daher die primitivste Errungenschaft oder Manifestation des Geistes ... Vertrauen wir also darauf Rechnen Sie den Recheninstinkt als grundlegend an und begeben Sie sich sofort in den Bereich der Zahlen, um Denkinstrumente zu finden, die nicht versagen sollen." (CJ Keyser, Loc. Cit.)

„Denken" liegt ; sie wollten es haben und den Vorteil daraus für sich behalten; Zeuge der späten Einführung öffentlicher Schulen. Der Glaube an die Minderwertigkeit der Massen wurde zum ungeschriebenen Gesetz der „privilegierten Klassen" ; Es wurde von Kirche und Staat gleichermaßen in das Unterbewusstsein der Massen eingeprägt und von den „niederen Ständen" demütig und stumm als ihr „Schicksal" akzeptiert. Unwissenheit wurde als Glück verkündet.

Im Laufe der Zeit wurde dieser „Koeffizient der Unwissenheit" für einige Menschen und bestimmte Klassen von Menschen so nützlich, dass keine Mühen gescheut wurden, um die Welt in Unwissenheit zu halten. Es bot einen legalistischen Vorwand, Menschen einzusperren, zu verbrennen und zu hängen, weil sie eine Meinung geäußert hatten, die den herrschenden Klassen nicht gefiel. Der Ausschluss aus der Kirche, aus der Schule, von den Universitäten, von jedem Lehrer, jedem Professor oder jedem Geistlichen, der es wagte, furchtlose Forschung und Meinungsfreiheit zu verkörpern oder zu fördern, war weit verbreitet. In unserer Generation ist es weniger verbreitet, aber es gibt noch viel zu gewinnen auf dem Weg zur Freiheit.

Freiheit, richtig verstanden, ist das Ziel des Human Engineering . Aber Freiheit ist keine Zügellosigkeit, keine Zügellosigkeit. Freiheit besteht im *rechtmäßigen* Leben – im Leben im Einklang mit den Gesetzen der menschlichen *Natur* – im Einklang mit den *Naturgesetzen* des Menschen. Eine Pflanze ist frei, wenn sie nicht daran gehindert wird, gemäß den natürlichen Gesetzen des Pflanzenlebens zu leben und zu wachsen; Ein Tier ist frei, wenn es nicht daran gehindert wird, nach den natürlichen Gesetzen des tierischen Lebens zu leben. Der Mensch ist nur dann frei, wenn er nicht daran gehindert wird, im Einklang mit den Naturgesetzen des menschlichen Lebens zu leben. Ich sage „wenn nicht verhindert", denn der Mensch wird *auf natürliche Weise* und daher in Freiheit leben, wenn er nicht durch Unwissenheit darüber, was die menschliche Natur ist, und durch künstliche soziale Systeme, die durch diese Unwissenheit geschaffen, aufrechterhalten und geschützt werden, daran gehindert wird . Die menschliche Freiheit besteht darin, die zeitbindenden Energien des Menschen gemäß den Naturgesetzen dieser

natürlichen Energien auszuüben. Die Freiheit des Menschen ist daher das
Ziel des Human Engineering, denn Human Engineering soll die
Wissenschaft der menschlichen Natur und die Kunst sein, menschliche
Angelegenheiten im Einklang mit den Gesetzen der menschlichen Natur zu
führen. Das Überleben des Stärksten, wobei *Stärkster Stärkster* bedeutet , ist
ein *Naturgesetz* für Rohlinge, für Tiere, für die Klasse der bloßen
Weltraumbinder . Das Überleben des Stärksten, wobei „*Stärkster*" der Beste in
Wissenschaft, Kunst und Weisheit bedeutet , ist ein *Naturgesetz* für die Menschheit,
die zeitgebundene Klasse des Lebens.

Kapitel VIII
Elemente der Macht

Im Weltkrieg zeigte Deutschland eine enorme *Macht* . Indem wir unsere Emotionen so weit wie möglich zurückhalten, versuchen wir, diese Macht mit mathematischer Leidenschaftslosigkeit zu analysieren .

Warum zeigte Deutschland mehr Macht als jede andere Nation? Denn bei der Etablierung seiner „Ethik", seines politischen Systems und seiner Wirtschaftsstruktur hat sich Deutschland in größerem Maße als jede andere Nation wissenschaftlicher Errungenschaften und wissenschaftlicher Methoden bedient. Es ist eine sehr verbreitete, sehr falsche und sehr schädliche Annahme, dass der Krieg allein von einem „Kriegsherrn" geschaffen wurde. Jede Idee oder Bewegung hat zweifellos ihren Ursprung bei jemandem, aber hinter solchen „Ursprüngen" oder Einweihungen stehen begünstigende Bedingungen, Kräfte und Impulse. Die Bühne wird vom Leben und den Zeiten bestimmt; Der Schauspieler kommt herein und die Show beginnt. Im fraglichen Fall wurde die Bühne durch unser gesamtes modernes Zivilisationssystem bereitet. Die Kriegsherren waren der „Deus ex machina" – die Show war echt – eine Tragödie.

Der wahre Ursprung dieses Krieges muss im wirtschaftlichen Bereich gesucht werden. Unser Wirtschaftssystem ist das sehr komplizierte Ergebnis all unserer Glaubensbekenntnisse, Philosophien und sozialen Bräuche. Es ist daher unmöglich, die Wirkungsweise der wirtschaftlichen Kräfte zu verstehen, ohne die Grundlagen zu verstehen, auf denen dieses Kräftesystem basiert. Eine kurze Liste von Werken zu diesem Thema finden Sie am Ende dieses Buches. Eine einfache Aussage hier wird ausreichen.

Deutschland war einer Politik der unbegrenzten industriellen Expansion verpflichtet. Diese künstliche Erweiterung hatte ihre Grenzen erreicht. Deutschland stand am Rande des Bankrotts. Nur ein siegreicher Krieg konnte eine nationale Katastrophe verhindern; Sie spielte ihre letzte Karte aus und verlor trotz ihrer gigantischen Macht, der größten, die jemals eine Nation gezeigt hat. Die führenden europäischen Staaten konnten sie lange Zeit nicht überwältigen. Dieses Schreiben ist nicht als Entschuldigung für Deutschland gedacht, geschweige denn als Lob für Deutschland oder seine Kriegsherren. Die deutschen Absichten waren durch und durch national engstirnig und national egoistisch; Ihre Methoden waren unmenschlich, aber Deutschland zeigte Macht; Und ohne das Verständnis von Macht ist Human Engineering unmöglich.

Es ist möglicherweise ein Fehler der militärischen Ausbildung des Autors, aber es scheint ihm, dass der Standpunkt des „Generalstabs" genauso viel

Anspruch auf Berücksichtigung hat wie jede andere unter den vielen unterschiedlichen Interpretationen der Geschichte – vielleicht sogar mehr. Es ist nicht das primäre Ziel des Generalstabs, zu „kämpfen", ganz im Gegenteil. Ihr vorrangiges Ziel ist der „Sieg" , und umso besser, wenn der Sieg kampflos möglich ist. Strategie, Gehirnarbeit, Intelligenz, Sachkenntnis – das sind die wichtigsten Waffen; Brutale Kämpfe sind nur das letzte Mittel. Es ist äußerst wichtig, dies im Hinterkopf zu behalten. Soldaten und Ingenieure streiten nicht – sie handeln. Deutschland liefert das erste Beispiel einer Philosophie oder einer Gesellschaft, deren Hauptzweck darin besteht, Macht zu erzeugen, um „Dinge zu tun". Es erscheint nur vernünftig und intelligent, die Kriegsgeschichte aus der Sicht des Ingenieurs zu analysieren , die in diesem Fall zufällig mit der militärischen Sicht zusammenfällt. Es muss klar sein, dass der moderne Generalstabs- oder Militärstandpunkt sehr wenig oder gar nichts mit der Romantik oder Poesie des Krieges zu tun hat. Krieg ist heute eine düstere Angelegenheit – aber „Geschäft" vor allem. Es muss alle Ressourcen einer Nation mobilisieren und bis zur Grenze seiner Kapazität Strom erzeugen. Die heutige Kriegsführung ist eine technologische Angelegenheit – ihre Methoden müssen ingenieurwissenschaftliche Methoden sein. Um ein Hindernis zu zerschlagen, braucht man einen riesigen Hammer, und je mehr Masse man ihm geben kann und je größer die Kraft, die dahinter steckt, desto tödlicher wird der Schlag sein. Vor dem Ersten Weltkrieg war die Technologie weder in so großem Umfang mobilisiert noch mit einer so gigantischen Aufgabe konfrontiert worden. Die mobile Technologie hat gezeigt und gezeigt, dass es möglich ist, nahezu unbegrenzt Strom zu erzeugen, und hat den Weg aufgezeigt, dies zu erreichen. Gleichzeitig hat es die unermessliche Leistungsfähigkeit der Technik und unsere völlige Hilflosigkeit ohne sie demonstriert. Technologie ist vergleichsweise eine neue Wissenschaft; Manche bezeichnen sie als „Halbwissenschaft", da sie sich in erster Linie mit der Anwendung der Wissenschaft auf praktische Fragestellungen befasst. Aber wenn es notwendig wurde, „Dinge zu erledigen", musste ein Ingenieur gerufen werden; Der Generalstab musste seine Ansicht übernehmen, und alle anderen Praktiken und Traditionen orientierten sich an seinen Ideen.

Ich habe bereits mehrfach darauf hingewiesen, dass der Fortschritt der Technik nach einem Gesetz abläuft, das dem eines schnell zunehmenden geometrischen Fortschritts ähnelt, und ich habe die Gefahr betont, wenn man Phänomene, Kräfte oder Bewegungen, die einem solchen Gesetz entsprechen, nicht beachtet. Wir müssen uns nur an die Geschichte des einfachen, aber sehr habgierigen Bauern erinnern, der sehr gerne einen Vertrag mit einem Arbeiter über die Arbeit eines Monats abschloss und ihm am ersten Tag nur einen Cent, am zweiten das Doppelte und am dritten das Doppelte zahlte. und so weiter bis zum Ende. Erblicken! Die Rechnung für diesen Monat belief sich auf Millionen von Dollar und der Bauer war ruiniert.

Das ist das tödliche Geheimnis des geometrischen Fortschritts. Auf jede Gesellschaft, deren Ethik, Rechtsprechung und dergleichen nicht mit der Entwicklung der Technik Schritt halten, warten gewaltsame Umstellungen.

Ingenieure sind Zauberer, die mithilfe der Ergebnisse wissenschaftlicher Forschung die verborgenen Kräfte der Natur unterwerfen oder freisetzen können. Der wichtigste Faktor ist die Nutzung des Geistes – der exponentiellen Funktion der Zeit – der zeitbindenden Energie des Menschen. Davon müssen wir ausgehen, denn das ist die Quelle menschlicher Kraft.

Die deutsche Philosophie als Ganzes hat ihren bestimmten Platz in der Geschichte der Philosophie; und das erste, was man in Betracht ziehen sollte, sind jene philosophischen Schriftsteller, die direkt und indirekt zum Aufbau der deutschen Macht beigetragen haben. Hegel hatte großen Einfluss auf den Aufbau des deutschen Geistes – so seltsam es auch erscheinen mag; aber Hegel stand stark unter dem Einfluss der Arbeit von Fichte und Fichte wiederum unter dem von Spinoza. Sie alle waren in gewisser Weise in ihren Methoden und ihrer Philosophie Mathematiker, soweit sie zu ihrer Zeit nur sein konnten. Ich sagte „seltsam", weil es bezeichnend ist, dass der mathematische Teil ihrer Philosophie genau der Teil war, der die deutsche Macht aufbaute. Aber wenn wir es genauer betrachten, ist es nicht seltsam.

Das musste so sein, denn mathematische und mechanische Methoden sind die einzigen, mit denen Macht verstanden und aufgebaut werden kann. Hegel hielt 1805 Vorlesungen über Geschichte der Philosophie, reine Mathematik und Naturrecht. Eine bessere Kombination für eine Philosophie der Macht lässt sich kaum finden. Genau das war diese Philosophie. Es beeinflusste nicht nur die deutsche Philosophie , sondern sogar die deutsche Theologie und drang über diese Kanäle tief in das nationale Bewusstsein ein. Es betraf jede Phase des Lebens. Es entstand ein gewaltiger Jüngerkult. Jeder von ihnen trug etwas zu dieser Machtphilosophie bei. Einer der brillantesten Vertreter dieser Bewegung ist Professor Oswald, der in seinen *Monistenpredigten* den berühmten Rat gab: „Verschwenden Sie keine Energie, sondern geben Sie ihr einen Wert." Das deutsche Verständnis vom großen Wert der Technologie wandte dieses Prinzip direkt auf seine Philosophie, sein Recht, seine Ethik, seine Politik usw. an.

Mit zunehmender Bevölkerungszahl wird das Problem des Staates immer dringlicher. Es gibt viele Theorien über den Staat. Aus heutiger Sicht ist es wichtig zu erkennen, dass ein Staat das regierende Zentrum einer Ansammlung von Menschen – von zeitbindenden Kräften – ist, die exponentielle Funktionen der Zeit steigern. Diese Befugnisse sind zwar ihrer Art nach gleich, unterscheiden sich jedoch im Ausmaß und in der Individualität. Um sie zu einem Ganzen zu vereinen, muss ihnen ein gemeinsames Ziel gegeben werden; sie müssen sozusagen auf eine gemeinsame Basis reduziert werden; wenn sie jeweils X^m, Y^n, Z^p usw. sind, können wir sie nicht vereinen und das Ganze durch Addition der Exponenten berechnen; aber wenn wir ihnen eine gemeinsame Basis geben – ein gemeinsames Ziel oder einen gemeinsamen Zweck –, dann können wir die Größenordnung des von ihnen gebildeten Ganzen leicht darstellen; Wenn wir X als ihr gemeinsames Ziel oder ihre gemeinsame Basis annehmen, dann, wenn $Y = aX$, $Z = bX$ usw., erhalten wir:

$$X^m \times Y^n \times Z^p ... = X^m \times a^n \times X^n \times b^p \times X^p ... = (a^n \times b^p ...) X^{m+n+p} ...$$

Der letzte Ausdruck, bei dem der Klammerkoeffizient das Produkt der Individualitäten ist, dient dazu, die vereinten Kräfte aller in Bezug auf X, die gemeinsame Basis, den gemeinsamen Zweck oder das gemeinsame Ziel, darzustellen.

Betrachten wir die Sache einmal anders. Eine mechanische „Pferdestärke" ist weniger als die Leistung eines lebenden Pferdes. Ein lebendes Pferd kann mehr Arbeit leisten als eine mechanische Pferdestärke, aber wenn wir mehr als ein lebendes Pferd gleichzeitig verwenden, erhalten wir weniger Arbeit als wenn wir die gleiche Anzahl mechanischer Pferdestärken verwenden; Der Grund liegt auf der Hand. Die mechanischen Pferdestärken sind ihrer Art nach gleich, gleich und konstant, aber lebende Pferde unterscheiden sich in ihrem Charakter, sie sind nicht gleich und jedes einzelne ist eine Variable. Daher können mechanische Pferdestärken arithmetisch addiert oder multipliziert werden, die Kräfte lebender Pferde jedoch nicht , außer sehr grob; die lebenden Pferde eines Gespanns stören sich gegenseitig; Sie ziehen nicht zusammen, wie wir sagen, und es geht Energie verloren.

Die deutsche mathematische Philosophie oder Staatstheorie hat sich nicht gerade so ausgedrückt, aber das Vorstehende gibt einen Hinweis darauf. Deutschland vereinte die Kräfte lebender Männer, Frauen und Kinder; es gab ihnen eine gemeinsame Basis; es gab ihnen eine gemeinsame „soziale" Stimmung und ein gemeinsames Ziel; sie alle schlossen sich im Dienst dessen zusammen, was man Staat nennt; sie studierten und lehrten für den Staat; Sie arbeiteten, lebten und starben für den Staat: Der Staat war ihr Idol, König und Gott.

Dies war das Ziel der deutschen Philosophie, Theologie, Rechtswissenschaft und Wissenschaft. Ausschlaggebend war die Festlegung eines GEMEINSAMEN ZIELS FÜR ALLE. ES LIEGT AUF DER HAND, DASS, WENN WIR 60 Millionen Menschen für ein Ziel begeistern wollen , dieses Ziel weder privat noch persönlich sein darf. Es muss ein höheres Ziel sein, kollektiv, allgemein, unpersönlich, das in gewisser Weise alle persönlichen Ziele vereint und einschließt. Ich nenne es einfach ein *kollektives* Ziel. Aber kollektive Ziele können in ihrer Art sehr unterschiedlich sein; Aus persönlichen oder egoistischen Zielen erwächst eine Reihe kollektiver Ziele, die immer allgemeiner werden, wie zum Beispiel: (1) Familienziele; (2) Vereins-, Gemeinde-, Vereinsziele; (3) Klassen- oder Berufsziele; (4) nationale oder rassische Ziele; und schließlich (5) MENSCHLICHE ZIELE – die natürlichen Ziele für die zeitbindende Klasse des Lebens. Der fatale Fehler der deutschen politischen Philosophie war ein Zielfehler – ihr Ziel war zu niedrig, zu eng – das Wohl eines Staates statt das Wohl der Menschheit.

Im Falle Deutschlands war das nationale Ziel gleichbedeutend mit dem Staatsziel. Die deutsche Philosophie machte den „Staat" gleichbedeutend mit dem „Guten" und gleichbedeutend mit „Macht". Natürlich beeinflusste eine solche Philosophie das gesamte nationale Leben in allen Einzelheiten; Infolgedessen erklärte sich Deutschland zur ersten Nation der Welt, und daraus entwickelte sich bald ein Plan zur Eroberung der Welt. Der deutsche Generalstab als Institution hatte als Ziel und erstes Ziel schlechthin „Macht". „Machtkonzentration" und „Effizienz". Es übernahm die Führung in allen Bereichen des Lebens und der Industrie. Militarismus und Industrialismus sind aus mechanischer Sicht fast synonym; Sie sind beide Macht. Sie müssen beide die gleichen wissenschaftlichen Methoden anwenden und sind unter den *gegenwärtigen* Bedingungen der Welt voneinander abhängig, denn ohne starke Industrien kann kein Krieg geführt werden. Hier müssen wir uns der Tatsache stellen, dass die geometrisch fortschreitende Industrie nicht ohne neue Märkte leben kann, die unter den gegenwärtigen Bedingungen größtenteils direkt oder indirekt durch die Macht der Armee erobert wurden; und das war auch in Deutschland der Fall. Wenn wir Deutschland verfluchen, weil es eine „Militärnation" ist , können wir es mit nicht weniger Gerechtigkeit verfluchen, weil es eine *völlige Militärnation ist* „Industrienation". Wenn wir dazu noch ihre national egoistischen und engstirnigen nationalen Ziele hinzufügen, werden wir diesen „Weltpfirsich" leicht verstehen. Wer es probiert hat, weiß etwas über seine Süße.

Auf weitere Einzelheiten muss nicht eingegangen werden. Spezielle Bücher liefern uns alle Daten. Das Interessante ist die unpersönliche Tatsache, dass das, was die *Stärke war* Und *Die Macht* Deutschlands ist das bestmögliche Beispiel dafür, was Wissenschaft und eine Art mathematische Philosophie erreichen können, selbst wenn sie nicht auf das Wohl der Menschheit, sondern auf das einer relativ kleinen Gruppe von Menschen ausgerichtet sind. Die oben zitierten politischen Philosophien hatten einen sehr ausgeprägten Einfluss auf Marx. Einer der Zweige des Sozialismus ist der sogenannte Staatssozialismus. Staatssozialisten vertreten, wie der Name schon sagt, die Auffassung, dass der Staat die wichtigsten Funktionen in der Gesellschaft übernehmen sollte. Es ist offensichtlich, dass eine solche Theorie in monarchischen Ländern, in denen „ gottgegebene " Herrscher den Staat repräsentieren, nicht unwillkommen ist, da sie den Herrschern die

Möglichkeit gibt, eine Art „fortschrittlichen Liberalismus" zu zeigen, der der Stärkung ihrer Macht dient. Der scharfsinnige Bismarck kann nicht als Progressionist im modernen Sinne verdächtigt werden, aber als Produkt deutscher Kultur und Philosophie waren alle seine Ideale die eines starken Staates. Er war ein erklärter Verfechter des Staatssozialismus. Zumindest seit 1879 galt Bismarck geradezu als der führende Geist des väterlichen Staatssozialismus. Er war ein Verfechter und Befürworter der engen Verbindung von Staat und Eisenbahn und hatte stets eine umfassende Verstaatlichung im Auge, die er schließlich durchführte. Diese Tatsache beseitigte aus dem deutschen öffentlichen Leben all jene Phase der Korruption, die das Privateigentum an Eisenbahnen in jedem Land mit sich bringt, da die Eisenbahn das eigentliche Leben eines jeden Landes ist.

Um es zusammenzufassen: Deutschland hat die wissenschaftlichsten Methoden angewendet, um seine nationale Macht aufzubauen; Sie verstand die Elemente der „Macht", denn sie wurden ihr durch ihre Wissenschaft und ihre Philosophie offenbart. Sie wandte in jedem Bereich ihres bürgerlichen Lebens technologische Methoden an und baute so ihre gigantische Macht auf. Ihr industrielles Leben verlief militärisch; Ihre militärische Stärke beruhte auf industrieller Macht. Und so entsteht ein Teufelskreis. Deutschland verfolgte ein *kollektives* Ziel anstelle eines persönlichen, individualistischen Ziels, und aufgrund dieses umfassenderen Ziels war es in der Lage, alle seine moralischen, politischen und industriellen Kräfte lange Jahre vor dem Krieg zu mobilisieren und mobil zu halten. Die direkte Auswirkung dieses Systems der kontinuierlichen Mobilisierung war eine Überproduktion. Dafür brauchte sie dringend neue Märkte. Der billigste und schnellste Weg, sie zu erwerben, wenn man sie nicht anderweitig erobern wollte, bestand darin, sie durch einen siegreichen Krieg zu erobern. Ihre Pläne verliefen wie geplant, bis auf den Sieg auf den Schlachtfeldern.

Dieser Krieg war eine Katastrophe von beispiellosem Ausmaß für die Welt, und es ist unsere Pflicht, ihn leidenschaftslos zu studieren und die Lektion daraus zu lernen, wenn wir nicht moralische Komplizen dieses großen modernen Verbrechens sein wollen, indem wir die Welt ins Gleichgewicht geraten lassen schlimmere Katastrophe. Wir müssen uns aus unserer Trägheit befreien, diesem Problem auf den Grund gehen und es rücksichtslos analysieren , ganz gleich, ob die Analyse angenehm ist oder nicht. Wir müssen jeden unserer „zehn heiligen Toten" mindestens genauso wertschätzen wie ein in wissenschaftlichen Labors getötetes Kaninchen und uns die Lektion zu Herzen nehmen oder auf eine Wiederholung des weltweiten Massakers vorbereitet sein.

Wenn Human Engineering schon vor langer Zeit etabliert worden wäre, wäre unser Gesellschaftssystem anders gewesen, unsere Zivilisation wäre viel höher gewesen, und dieser Krieg wäre vermieden worden. Wir müssen uns nichts vormachen. Der Weltkrieg war das Ergebnis schlecht ausbalancierter sozialer und wirtschaftlicher Kräfte. Die Welt braucht andere „Machtverhältnisse" als solche, die von Anwälten und Politikern, von einzel- oder gruppenbezogenen Interessen ausgedacht werden. Die Menschheit strebt nach einer Wissenschaft und Kunst der menschlichen Führung, die auf einem richtigen Verständnis der menschlichen Natur basiert.

Kapitel IX
Männlichkeit der Menschheit

In einem früheren Kapitel habe ich gesagt, dass der Weltkrieg das Ende einer großen Periode im Leben der Menschheit und den Beginn einer neuen markiert. Es markiert das Ende der Kindheit der Menschheit und den Beginn der Menschheit.

Unsere menschliche Vergangenheit ist eine mächtige Tatsache unserer Welt. Viele Tatsachen sind instabil, vergänglich und vergänglich – sie sind heute da und morgen sind sie verschwunden. Nicht so ist es mit der großartigen Tatsache unserer menschlichen Vergangenheit. Unsere Vergangenheit bleibt.

„Es ist dauerhaft. Darauf kann man zählen. Als Menschengeschlecht ist es nahezu ewig. Aus dieser Vergangenheit sind wir hervorgegangen. In sie kehren wir immer wieder zurück. Mittlerweile ist es für unser Leben von größter Bedeutung. Es enthält die *Wurzeln* von allem, was wir sind und von allem, was wir an Weisheit, Wissenschaft, Philosophie, Kunst, Rechtswissenschaft, Bräuchen und Institutionen haben. Es enthält die Aufzeichnungen oder Ruinen aller Experimente, die der Mensch während einer Viertel- oder einer halben Million Jahre in der Lebenskunst dieser Welt durchgeführt hat." (Keyser, *Menschlicher Wert des rigorosen Denkens* .)

In unserer Beziehung zur Vergangenheit gibt es drei weitreichende Möglichkeiten, auf denen man ein Narr sein kann. Eine Möglichkeit besteht darin, die Vergangenheit zu ignorieren – die Art und Weise , völlig unwissend über die menschliche Vergangenheit zu bleiben , so wie die Tiere völlig unwissend über *ihre* Vergangenheit sind, und so durch das Leben zu treiben, wie es Tiere tun, ohne Rücksicht auf die Erfahrungen vergangener Generationen. Narren dieser Art können treibende Narren oder Drifter genannt werden. Eine andere Art, ein Narr zu sein – eine sehr verlockende Art – besteht darin, die Vergangenheit zu verfälschen, indem man sie *idealisiert* – indem man ihre Laster, ihr Elend, ihre Unwissenheit, Trägheit und Torheit dumm außer Acht lässt und ihre Tugenden, ihr Glück, ihr Wissen, ihre Errungenschaften und ihre Weisheit dumm verherrlicht ; Es ist der Weg der Selbstgefälligen – der Weg derer, die wohlhabend und wohlhabend sind und Veränderungen ablehnen; Die Vergangenheit, sagen sie, war weise, denn sie brachte die Gegenwart hervor, und die Gegenwart ist gut – lassen Sie uns in Ruhe. Narren dieser Art können als götzendienerische Narren bezeichnet werden, die die Vergangenheit verehren; oder statische Narren, zufrieden mit der Gegenwart; oder feige Narren, die Veränderungen ablehnend gegenüberstehen und Angst vor der Zukunft haben. Eine dritte Art, ein Narr zu sein – die ebenfalls verlockend ist – ist das Gegenteil des Vorstehenden; Es ist der Weg derer, die die Vergangenheit verfälschen, indem sie ihre

Tugenden, ihr Glück, ihr Wissen, ihre großen Errungenschaften und ihre Weisheit dumm und verächtlich missachten und ihre Laster, ihr Elend, ihre Unwissenheit und ihre große Trägheit dumm oder unehrlich verherrlichen und seine Torheit; Es ist wahrscheinlich der Weg der Bedauernswerten, der Unwohlhabenden, der Verzweifelten – insbesondere der Weg derer, die in den Aufregungen von Unruhe, Turbulenzen und Veränderungen der Langeweile des Alltagslebens entfliehen können; Sie sagen, die Vergangenheit sei völlig falsch gewesen, denn sie habe die Gegenwart hervorgebracht, und die Gegenwart sei durch und durch schlecht – zerstören wir sie mit allen Wurzeln. Narren dieser Art kann man als verächtliche Narren bezeichnen, als Verächter der Vergangenheit; oder zerstörende Narren, Zerstörer der Gegenwart; oder dynamische Narren, die in den Aufregungen des Wandels schwelgen.

Das sind die Kinder der Torheit: (1) Umherirrende Narren – Ignorierer der Vergangenheit – Missachtung der Rassenerfahrung – gedankenlose Schweifläufer auf den wechselnden Strömungen menschlicher Angelegenheiten; (2) Statische Narren – Idealisierer der Vergangenheit – selbstgefällige Liebhaber der Gegenwart – Feinde des Wandels – Angst vor der Zukunft; (3) Dynamische Narren – Verächter der Vergangenheit – Hasser der Gegenwart – Zerstörer der Werke der Toten – die bescheidensten *aller* Narren, von denen jeder sagt: „Was sein sollte, beginnt bei *Mir* ; Ich werde die Welt zu einem Paradies machen; aber mein Genie muss frei sein; *jetzt* wird es durch die bestehende „Ordnung“ behindert – das stümperhafte Werk der Vergangenheit; Ich werde es zerstören; Ich werde mit dem Chaos beginnen; wir brauchen Licht – die Sonne wirft Schatten – ich werde damit beginnen, die Sonne auszublenden; dann wird die Welt voller Herrlichkeit sein – das Licht meines Genies."

Im auffälligen Gegensatz zu dieser Dreiteilung der Torheit ist der Rat der Weisheit eins, und zwar eins mit dem nüchternen Rat des gesunden Menschenverstandes. Was ist das für ein Rat? Was ist der vereinte Rat von Weisheit und gesundem Menschenverstand in Bezug auf die Vergangenheit? Die Antwort ist einfach und leicht zu verstehen. Der Rat lautet: Ignorieren Sie die Vergangenheit nicht, sondern studieren Sie sie – studieren Sie sie fleißig als den mächtigsten Faktor unter den großen Faktoren unserer menschlichen Welt; Bemühen Sie sich, die Vergangenheit gerecht zu betrachten, sie so zu betrachten, wie sie war und ist, sie als *Ganzes* zu sehen – sie aus der wahren Perspektive zu sehen – ohne ihr Gutes oder ihr Böses, weder ihr Wissen noch ihre Unwissenheit, weder ihren Unternehmungsgeist noch ihre Trägheit zu verherrlichen. weder seine Erfolge noch seine Misserfolge; Wenn die wesentlichen Tatsachen ermittelt werden, bemühen Sie sich, sie zu erklären, ihre Ursachen und ihre günstigen Bedingungen zu finden, die Tatsachen zu erklären, um sie zu verstehen, und stellen Sie dabei immer die Frage „Warum?". Jahrhundertelanger grausamer Aberglaube – Warum? Jahrhundertelange fast völlige Unkenntnis des Naturrechts – Warum? Jahrhundertelange monströse Missverständnisse über die menschliche Natur – Warum? Unermessliche Schöpfungen, Verschwendung und Zerstörung von Reichtum – Warum? Endlose Zyklen von Unternehmertum, Stagnation und Verfall – Warum? Unendliche Wechsel von Frieden und Krieg, Versklavungen und Emanzipationen – Warum? Zeitalter um Zeitalter der weltweiten Verehrung menschengemachter Götter, albern, wild, inthronisiert durch Mythen und Magie, gefeiert und unterstützt durch Poesie und die eigensinnigen Spekulationen unwissender „Weisen" – Warum? Zeitalter um Zeitalter der weltweiten langsamen Entwicklung nützlicher Erfindungen, Handwerkskunst, Handel und Kunst – Warum? Zeitalter des dunklen, impulsiven Herumtastens vor der langsamen Entdeckung der Vernunft, gefolgt von Jahrhunderten des Glaubens an die Genügsamkeit von Überlegungen ohne die Hilfe systematischer Beobachtung und Experimente – Warum? Endlich der Beginn wissenschaftlicher Methoden und Wissenschaften, das Wachstum des Naturwissens, die unermessliche Ausdehnung des Universums *in Zeit* und *Raum*, der Glaube an die Gesetzmäßigkeit der Natur, die rasch zunehmende Unterwerfung der Naturkräfte unter menschliche Kontrolle, der wachsende Glaube an die grenzenlose Fortschrittlichkeit des menschlichen Wissens und in der grenzenlosen Vervollkommnbarkeit des menschlichen Wohlergehens – Warum? Die sehr unterschiedlichen Völker der Welt sind durch den wissenschaftlichen Fortschritt gezwungen, wie in einer Gemeinschaft auf einem stark geschrumpften und schnell schrumpfenden Planeten zusammenzuleben, die Unvorbereitetheit der bestehenden Ethik, des Rechts, der Philosophie, der Wirtschaft, der Politik und der Regierung, den sich daraus ergebenden Anforderungen gerecht zu werden – Warum ?

Ich halte das für den Rat der Weisheit – die einfache Weisheit des nüchternen gesunden Menschenverstandes. Die wichtigsten Fakten unserer riesigen menschlichen Vergangenheit zu ermitteln und sie dann anhand ihrer Ursachen und Bedingungen zu erklären, ist keine leichte Aufgabe. Es ist eine äußerst schwierige Aufgabe, die die Arbeit vieler Männer und vieler Generationen erfordert. aber es muss durchgeführt werden; Denn nur in dem Maße, wie wir die großen Tatsachen unserer menschlichen Vergangenheit und ihre Ursachen kennen lernen, sind wir in der Lage, unsere menschliche Gegenwart zu verstehen, denn die Gegenwart ist das Kind der Vergangenheit; Und nur in dem Maße , in dem wir lernen, die Gegenwart zu verstehen, können wir der Zukunft mit Zuversicht und Kompetenz entgegensehen. Vergangenheit, Gegenwart, Zukunft – diese können nicht einzeln und getrennt verstanden werden – sie sind unauflöslich zu *einer Einheit* verschweißt .

Die Kindheit der Menschheit dauerte lange – 300.000 bis 500.000 Jahre, wie aus menschlichen Relikten, Ruinen und Aufzeichnungen von Höhlen und Felsen hervorgeht – eine Zeitspanne, die zu groß ist, als dass unsere Vorstellungskraft sie erfassen könnte. Von dieser gewaltigen Abfolge von Zeitaltern haben wir, abgesehen von einem winzigen Bruchteil davon, einschließlich unserer eigenen Zeit, eigentlich keine Geschichte; wir haben nur einen groben, undeutlichen, gebrochenen Umriss. Herodot, den wir eigentlich „den Vater der Geschichte" nennen, lebte vor weniger als 2500 Jahren. Was sind 2500 Jahre im Vergleich zur gesamten Zeitspanne der Menschheit? Wir müssen sagen, dass der Vater der Menschheitsgeschichte erst gestern gelebt hat – praktisch ein Zeitgenosse der heute Lebenden. Unsere Menschheit tastete sich wahrscheinlich 400.000 Jahre lang auf diesem Globus herum, bevor das Schreiben dessen, was wir Geschichte nennen, überhaupt begonnen hatte. Wenn wir die Geschichte als eine Art *Rassengedächtnis betrachten* , was müssen wir dann über das Gedächtnis unserer Rasse sagen? Es ist wie das eines 20-jährigen Mannes, dessen Erinnerung weniger als drei Monate zurückreicht, oder wie das eines 60-jährigen Mannes, dessen Erinnerung an kein einziges Ereignis der ersten 59 Jahre seines Lebens zurückreicht. Dank der Arbeit von Geologen, Paläontologen, Ethnologen und ihren Mitarbeitern wird die Geschichte des prähistorischen Menschen wachsen, so wie wir heute mehr über das Leben der Menschheit zur Zeit Herodots wissen, als Herodot selbst wusste. In der Zwischenzeit müssen wir versuchen, das historische Wissen über den Menschen, über das wir jetzt verfügen, bestmöglich zu nutzen.

Selbst wenn die Geschichte der Kindheit der Menschheit vollständig in den Bibliotheken der Welt aufgezeichnet wäre, wäre es in diesem kurzen Text nicht möglich, die Geschichte auch nur in einer zusammenfassenden Weise wiederzugeben. Abgesehen von der Erzählung der letzten Jahre ist die Geschichte, wie ich bereits sagte, nur in groben Zügen bekannt, grob, düster und gebrochen, aber für den vorliegenden Zweck wird dies genügen. Unzählige Details gehen verloren – die meisten davon zweifellos für immer. Aber wir brauchen nicht zu verzweifeln. Die wirklich großartigen Tatsachen unserer rassischen Kindheit – die massiven, dominierenden, herausragenden Tatsachen – sind für uns als Orientierungshilfe für das gegenwärtige Unternehmen hinreichend klar. Und was wissen wir?

Wir wissen, dass die Zeit unserer menschlichen Kindheit unvorstellbar lang war; Wir wissen, dass in weit entfernter Zeit die ersten Exemplare der Menschheit – die ersten Mitglieder der zeitbindenden Menschheit – überhaupt kein menschliches Wissen über die feindliche Welt hatten, in der sie sich befanden; wir wissen, dass sie keine Vorstellung davon hatten, was sie selbst waren; wir wissen, dass sie weder Sprache noch Kunst noch Philosophie noch Religion noch Wissenschaft noch Werkzeuge noch menschliche Geschichte noch menschliche Tradition hatten; Wir wissen, auch wenn wir es uns heute kaum vorstellen können, dass ihre *einzige* Ausrüstung für den *Beginn* der Laufbahn des Menschengeschlechts jene besondere Fähigkeit war, die sie zu Menschen machte – die Fähigkeit des Menschen, Zeit zu binden; wir wissen, dass sie diese Initiationsarbeit tatsächlich durchgeführt haben, ohne Anleitung oder Beispiel, Maxime oder Präzedenzfall; und wir wissen, dass sie dazu in der Lage waren, nur weil die Kraft der Einweihung – die Kraft des Entstehens – eine zeitbindende Kraft ist.

Was wissen wir sonst noch über den frühesten Teil der Kindheit der Menschheit? Wir wissen, dass unsere Vorfahren – die keine Tiere, sondern menschliche Geschöpfe waren – in diesem weit entfernten Zeitalter nicht nur *begannen* , in der menschlichen Dimension des Lebens zu leben – für immer über der Ebene der Tiere –, sondern darin auch *weiterhin lebten* und nicht nur die erste annahmen Schritt, aber der zweite, der dritte und so weiter auf unbestimmte Zeit; Mit anderen Worten wissen wir, dass sie fortschrittliche Wesen waren, dass sie Fortschritte gemacht haben; Wir wissen, dass ihr Fortschritt für sie *selbstverständlich* war – so natürlich wie das Schwimmen für Fische oder das Fliegen für Vögel –, denn sowohl der Drang als auch die Fähigkeit, voranzukommen – sich zu verbessern – mit Hilfe der bereits erledigten Dinge Größeres zu erreichen – sind es von der Natur der Zeitbindungsfähigkeit, die den Menschen zum Menschen macht.

Wir wissen, dass die Fähigkeit, Zeit zu binden – die Fähigkeit, rassische Erfahrungen zu sammeln, sie zu erweitern und für zukünftige Erweiterungen weiterzugeben – die besondere Kraft, die charakteristische Energie, die endgültige Natur, das definierende Merkmal des Menschen ist; Wir wissen, dass die geistige Kraft, die Zeitbindungsfähigkeit unserer prähistorischen Vorfahren, der *Art nach* , wenn nicht sogar im Grad, mit unserer eigenen übereinstimmte; Wir wissen, dass es für diese Fähigkeit, die höchste bekannte Kraft der Natur, ganz natürlich ist, Ideen, Erfindungen, Einsichten, Lehren, Wissen und andere Formen des Reichtums hervorzubringen; Wir wissen, dass Fortschritte in dem, was wir Zivilisation nennen, was nichts anderes ist als Fortschritte bei der Produktion und richtigen Nutzung von materiellem und spirituellem Reichtum, einfach und einzig deshalb möglich und tatsächlich war, weil die Produkte zeitbindender Arbeit nicht nur *überleben* , sondern auf natürliche Weise wachsen um ihre Art zu verbreiten – Ideen, die Ideen hervorbringen, Erfindungen, die zu anderen Erfindungen führen, Wissen, das Wissen hervorbringt; Wir wissen daher, dass das Ausmaß des Fortschritts, den eine einzelne Generation machen kann, wenn sie über eine ausreichende Versorgung mit Rohstoffen verfügt und nicht durch feindliche Umstände behindert wird, nicht nur von ihrer natürlichen Fähigkeit abhängt, Zeit zu binden, sondern auch – und das ist es von größter Bedeutung –

hinsichtlich des Gesamtfortschritts der vorangegangenen Generationen – hinsichtlich der geerbten Frucht, das heißt der zeitbindenden Arbeit der Toten; Dementsprechend wissen wir, dass der Umfang des Fortschritts, den eine einzelne Generation auf diese Weise machen kann, das ist, was Mathematiker eine zunehmende Funktion der Zeit nennen, und zwar nicht nur eine zunehmende Funktion, sondern eine zunehmende *exponentielle* Funktion der Zeit – eine Funktion wie PR^T, wie bereits erklärt; Wir wissen auch, dass der *Gesamtfortschritt*, den T aufeinanderfolgende Generationen auf diese Weise machen können, ist:

$$R/R\text{-}1\ (PR^{TP})$$

was ebenfalls eine zunehmende exponentielle Funktion der Zeit ist; Aus der Differentialrechnung wissen wir, dass diese Funktionen – die Naturgesetze, Gesetze der menschlichen *Natur*, Gesetze der zeitbindenden Energien des Menschen darstellen – sehr bemerkenswerte Funktionen sind – sie nehmen nicht nur mit der Zeit zu, sondern ihre Steigerungsraten *sind* auch exponentiell Funktionen der Zeit und so wachsen die Steigerungsraten selbst mit Raten, die wiederum Exponentialfunktionen sind, und so weiter und so fort ohne Grenzen; Das, sage ich, ist eine wunderbare Tatsache, und es ist für uns eine Tatsache von unermesslicher Bedeutung; denn es bedeutet, dass die zeitbindende Kraft des Menschen so groß ist, dass die Zivilisation – die Produktion und richtige Nutzung von materiellem und spirituellem Reichtum –, wenn man ihr erlaubt, auf natürliche Weise zu funktionieren, nicht nur ins Unendliche wächst (wie Mathematiker sagen), sondern auch So wächst es mit einer *Geschwindigkeit*, die nicht konstant ist, sondern die ihrerseits mit einer Geschwindigkeit ins Unendliche wächst, die wiederum nicht konstant ist, sondern nach demselben Gesetz zunimmt, und so weiter ins Unendliche. Wir sehen also, wenn wir uns nur in unsere Klöster zurückziehen und darüber nachdenken, dass das eigentliche Leben des Menschen *als Mensch* nicht ein Leben im Raum ist wie das der Tiere, sondern ein Leben in der Zeit; Wir sehen also, dass im spezifisch menschlichen Leben, im Leben des Menschen als Mensch, die Vergangenheit gegenwärtig ist und die Toten überleben und dazu bestimmt sind, die ungeborenen Generationen zu begrüßen und zu segnen: Zeit, gebundene Zeit, ist buchstäblich der Kern und die Substanz von Zivilisation. So ist es seit Anbeginn der Menschheit.

Wir wissen, dass der Gesamtfortschritt, der im Laufe der langen Kindheit der Menschheit gemacht wurde, zwar absolut groß, aber relativ gering ist; Wir wissen, dass unsere gegenwärtige Zivilisation im Vergleich zur Nicht-Zivilisation in vielerlei Hinsicht riesig und reich ist. Wir wissen jedoch, dass, wenn es den zeitbindenden Energien der Menschheit immer gestattet worden wäre, ungehindert durch feindliche Umstände zu wirken, sie längst einen Zustand der Zivilisation hervorgebracht hätten, im Vergleich zu dem unser gegenwärtiger Zustand gemein, dürftig und wild erscheinen würde . Denn wir wissen, dass es diesen besonderen Energien – den zivilisationserzeugenden Energien des Menschen – keineswegs immer erlaubt war, gemäß den Gesetzen ihrer Natur zu wirken, sondern dass es ihnen auch nie gestattet wurde, zu wirken, sondern dass sie schon immer behindert wurden *und* auch heute noch behindert werden durch feindliche Umstände. Und wenn wir darüber nachdenken, wissen wir vielleicht gut genug, was die Feinde – die feindseligen Umstände – waren und sind. Wir wissen, dass es zu Beginn der Kindheit der Menschheit – sozusagen in ihrer Babyzeit –, wie bereits gesagt, überhaupt kein *Kapital* , keinen materiellen Reichtum, keinen spirituellen Reichtum in Form von Welt- oder Naturwissen gab des Menschen – keine existierende Frucht der Arbeit toter Menschen – keine gebundene Zeit – nichts als wildes und rohes Material, dessen eigentlicher Standort, seine Eigenschaften und Kräfte alle entdeckt werden mussten; Selbst jetzt können wir uns die tatsächlichen Bedingungen dieser fernen Zeit in der Kindheit der Menschheit kaum vorstellen, weil wir so viel gebundene Zeit geerbt haben und weil unsere Vorstellungskraft so wenig diszipliniert ist, um die Realitäten zu verstehen. Noch weniger ist uns bewusst, dass die heutige Zivilisation noch kaum die Zivilisation aufgeklärter Menschen ist. Darüber hinaus wissen wir, dass die zeitbindenden Energien unserer entfernten Vorfahren durch gewaltige geologische und klimatische Veränderungen, sowohl plötzliche als auch weltliche, unvorhergesehene und unaufhaltsame – durch Erdbeben und Stürme – in einem für unsere Vorstellungskraft zu großen Ausmaß behindert und behindert wurden. durch jahrhundertelange Perioden von Überschwemmungen, Frost, Hitze und Dürre, die nicht nur die natürlichen Ressourcen und die langsam angesammelten Produkte vergangener Generationen zerstören, sondern oft auch die Menschen selbst als Zentren und Wohnstätten einer kämpfenden Zivilisation auslöschen.

Von allen feindseligen Umständen, von allen Ursachen, die während der langen Zeit der Kindheit der Menschheit dazu beigetragen haben, dass die Zivilisation und das menschliche Wohlergehen nicht in voller Übereinstimmung mit den Naturgesetzen der zeitbindenden Energien des Menschen voranschreiten, ist sie die stärkste und stärkste Ursache katastrophal, eine Ursache, die immer noch überall am Werk ist, bleibt zu erwähnen. Ich meine menschliche Unwissenheit. Damit meine ich nicht Unwissenheit über physikalische Tatsachen und die Gesetze der physikalischen Natur, denn diese letztere Unwissenheit ist zu einem großen Teil die Wirkung der Ursache, die ich im Sinn habe. Die Unwissenheit, die ich meine, ist weitaus grundlegender und weitaus wirkungsvoller. Ich meine die Unwissenheit des Menschen über *die menschliche Natur* – ich meine die Unwissenheit des Menschen darüber, was der Mensch ist – ich meine falsche Vorstellungen vom rechtmäßigen Platz des Menschen im Lebensplan und in der Weltordnung. Auf welche falschen Vorstellungen habe ich bereits hingewiesen. Es sind zwei. Eine davon ist die Vorstellung, dass der Mensch ein Tier sei. Die andere ist die Auffassung, dass der Mensch keinen Platz in der Natur hat, sondern eine Mischung aus natürlichem und übernatürlichem Tier ist , kombiniert mit etwas „Göttlichem". Beide sind charakteristisch für die Kindheit der Menschheit; Beide sind falsch, und beide haben auf tausend Arten unendlichen Schaden angerichtet. Wer ist schuld? Im Grunde genommen ist es die Schuld von niemandem. Der Mensch begann ohne Kapital – mit Wissen – mit nichts außer seiner körperlichen Stärke und der natürlichen Bewegung in der Fähigkeit, Zeit zu binden; und so musste er herumtasten. Es ist nicht verwunderlich, dass er selbst verwirrt war. Es ist nicht verwunderlich, dass er sich für ein Tier hielt; denn er hat tierische Neigungen, so wie ein Würfel Oberflächen hat, und seine tierischen Neigungen waren so aufdringlich, so offensichtlich für den physischen Sinn – er wurde geboren, wuchs auf, hatte Beine und Haare, aß, rannte, schlief, starb – alles genau wie Tiere – während sein unverwechselbares Merkmal, seine Fähigkeit, Zeit zu binden, subtil war; es war spirituell; es war kein *sichtbares Organ* , sondern eine *unsichtbare Funktion* ; es war die Energie namens Intellekt oder Geist, die die physischen Sinne nicht wahrnehmen; und deshalb sage ich, es ist nicht seltsam – es ist in der Tat sehr traurig und sehr erbärmlich –, aber es ist nicht verwunderlich, dass Menschen fälschlicherweise geglaubt haben, sie seien Tiere. Das gilt auch für den rivalisierenden Glauben – den Glauben, dass Menschen weder natürlich noch übernatürlich seien, sondern beides gleichzeitig, brutal und göttlich, hybride Nachkommen von Tier und Gott . Der Glaube ist ungeheuerlich, er ist sehr erbärmlich und sehr traurig, aber sein Ursprung ist leicht zu verstehen; einmal erfunden, wurde es zu einem mächtigen Instrument für böse Menschen, für Betrüger, aber es wurde nicht von ihnen erfunden; es war nur ein fehlerhaftes Ergebnis einer ehrlichen Anstrengung, es zu verstehen und zu erklären. Denn die offensichtlichen Tatsachen stellten ein echtes Rätsel dar, das es zu erklären galt: Einerseits ähnelten Männer, Frauen und Kinder – Tierjäger und von Tieren gejagte Menschen – physisch auf hundert unverwechselbare Weise den Tieren; Andererseits wurde es immer offensichtlicher, dass dieselben tierähnlichen Menschen viele Dinge tun konnten, die Tiere niemals taten und nicht tun konnten. Hier war ein Rätsel, ein Mysterium. Zeitgebundene Neugier verlangte nach einer Erklärung. Was sollte es sein? Die Naturwissenschaft war noch nicht entstanden; Die kritische Konzeption – eine Konzeption, die die Vermischung von Dimensionen vermeidet – steckte noch in den Kinderschuhen. Es ist leicht zu verstehen, was die Antwort sein musste – kindisch und mythisch; Und so war es auch – Menschen sind weder Tiere noch Götter, weder natürlich noch *übernatürlich* , sie sind beides zugleich, eine Mischung, eine geheimnisvolle Vereinigung von Tier und etwas „Göttlichem".

Das sind also die beiden rivalisierenden Antworten, die die Menschen im langen, dunklen, tastenden Verlauf der Kindheit der Menschheit auf die wichtigste aller Fragen gegeben haben – die Frage: Was ist der Mensch? Ich habe gesagt, dass die Antworten, egal wie aufrichtig, egal wie ehrlich sie sind, falsch, falsch und monströs sind. Ich habe gesagt und wiederhole, dass die damit verbundenen Missverständnisse in den vergangenen Jahrhunderten mehr als alle anderen hinderlichen Ursachen dazu beigetragen haben und auch heute noch mehr dazu beigetragen haben, die natürliche Aktivität der Zeitbindung zu behindern und *zu* vereiteln Energien des Menschen zu zerstören und so den *natürlichen Fortschritt der Zivilisation* zu verzögern . Es ist nicht nur unser Privileg, es ist unsere hohe und feierliche Pflicht, sie zu prüfen. Die große Pflicht zu erfüllen ist keine leichte Aufgabe. Die fraglichen Missverständnisse stammen aus der Antike; sie sind nicht einzeln, getrennt, klar, klar und wohldefiniert niedergelegt; Sie haben sich in das komplizierte Geflecht traditioneller Meinungen und Glaubensbekenntnisse *verstrickt , das die vulgäre* „Philosophie" – den mentalen Nebel – unserer Zeit ausmacht . Wenn wir die Pflicht erfüllen wollen, sie zu untersuchen, müssen wir sie zunächst hervorheben, sie aus unserem ererbten Gewirr von Überzeugungen lösen und sie in passende Worte fassen; Als nächstes müssen wir uns klar und deutlich darüber im Klaren sein, dass die so entwirrten und formulierten Vorstellungen tatsächlich, ob wahr oder falsch, den Kern der Sozialphilosophie der Welt bilden; Drittens müssen wir den grundlegenden Charakter des darin enthaltenen Fehlers erkennen – klar und kalt erkennen, worin sie falsch sind und warum sie ruinös sind; Wir müssen schließlich, wenn wir können, ihre tödlichen Auswirkungen sowohl im Verlauf der Menschheitsgeschichte als auch im gegenwärtigen Zustand unserer menschlichen Welt nachverfolgen.

Die Aufgabe, die beiden monströsen Missverständnisse aus dem Wirrwarr überkommener Überzeugungen zu lösen und in Worte zu fassen, habe ich bereits mehrfach durchgeführt. Behalten wir die Ergebnisse im Auge. Hier sind sie in ihrer Nacktheit: (1) Menschen – Männer, Frauen und Kinder – sind Tiere (und daher natürlich): (2) Menschen sind weder natürlich noch übernatürlich, weder vollständig tierisch noch vollständig „ *göttlich* " ." aber sind *beides* natürlich und *übernatürlich zugleich* – eine Art mysteriöse Hybridverbindung aus Tier und Göttern .

Der zweite Teil unserer Aufgabe – der ebenso die Aufgabe des Lesers wie meine ist – ist nicht so einfach; und der Grund ist offensichtlich. Es ist folgendes: Die fraglichen falschen Glaubensbekenntnisse – die fatalen Missverständnisse, die sie mit sich bringen – sind uns so *vertraut* – sie sind so lange und so tief in unserem Denken, Sprechen und unserer Lebensweise verankert – wir wurden so gründlich in ihnen *erzogen* Zuhause, in der Schule, in der Kirche und im Staat – dass wir sie *gewohnheitsmäßig* und *unbewusst als selbstverständlich betrachten und uns geradezu bewusst werden* müssen, dass wir sie tatsächlich haben und dass sie heute tatsächlich auf der ganzen Welt herrschen und dies auch tun regierte seit undenklichen Zeiten. Deshalb müssen wir uns selbst wachrütteln und uns der Erkenntnis der Wahrheit bewusst *werden* .

Ich gehe davon aus, dass der Leser gleichzeitig nüchtern und rational ist und sich für das Wohlergehen der Menschheit interessiert. Wenn nicht, wird er kein „Leser" dieses Buches sein. Er weiß daher, dass die dritte Aufgabe – die Aufgabe, den grundlegenden Irrtum der betreffenden Missverständnisse aufzudecken und aufzudecken – eine Aufgabe von größter Bedeutung ist. Was ist das für ein Fehler? Es handelt sich, wie ich bereits sagte, um einen Fehler in der Logik. Aber logische Fehler sind nicht alle gleich – es gibt viele Arten. *Was* ist die „Art" davon ? Es ist die Art , die in dem besteht, was Mathematiker „Typenverwirrung " oder „ Dimensionsvermischung" nennen . Die Antwort kann weder zu klar noch zu nachdrücklich formuliert werden, denn ihre Bedeutung für die Kritik unseres *gesamten* Denkens ist unermesslich groß. Es gibt Millionen von Beispielen, die helfen, die Sache zu verdeutlichen. Ich werde noch einmal die einfachste davon verwenden – eine, die so einfach ist, dass ein Kind sie verstehen kann. Es ist ein mathematisches Beispiel, wie es sein sollte, denn die gesamte Frage nach logischen Typen oder Dimensionen ist eine mathematische. Ich bitte den Leser, sich nicht vor dem bloßen Wort „Mathematik" zu scheuen oder davor wegzulaufen, denn obwohl die meisten von uns nur über geringe mathematische *Kenntnisse verfügen* , haben wir alle den mathematischen *Geist* , denn sonst wären wir keine Menschen – wir sind es *Im Herzen sind* wir alle Mathematiker . Gehen wir also zuversichtlich und sofort zu unserem einfachen Beispiel über. Hier handelt es sich um eine *Fläche* , beispielsweise eine *ebene* Fläche. Es hat Länge und Breite – und daher hat es, wie wir sagen, *zwei* Dimensionen; Als nächstes betrachten wir einen *Körper* , beispielsweise einen *Würfel* . Es hat Länge, Breite und Dicke – und daher hat *es , wie wir sagen, drei* Dimensionen. Nun stellen wir fest, dass der Würfel Oberflächen *hat* und daher *bestimmte Oberflächeneigenschaften hat* . Sagen wir also, dass ein Festkörper eine Oberfläche *ist* ? Dass der Würfel zur Klasse der Flächen gehört? Wenn wir das täten, wären wir Dummköpfe – typverwirrende Dummköpfe – dimensionvermischende Dummköpfe. Das ist offensichtlich. Oder nehmen wir an, wir bemerken, dass Festkörper bestimmte *Oberflächeneigenschaften haben* und bestimmte Eigenschaften, die Oberflächen *nicht* haben; und nehmen wir an, wir sagen das *Oberflächeneigenschaften* von Festkörpern sind *natürlich* , aber die anderen Eigenschaften sind so mysteriös, dass sie „ *übernatürlich* " oder irgendwie „göttlich" sein müssen ; Und nehmen wir an, wir sagen dann, dass Festkörper Vereinigungen, Mischungen, Verbindungen oder Hybriden von Oberflächen und etwas Göttlichem oder *Übernatürlichem sind* ; Ist es nicht offensichtlich, dass wir, wenn wir das täten, erneut Fehler machen würden wie Narren? Typverwirrende Dummköpfe? Dimensionsvermischende Dummköpfe? Dass dies der Fall wäre, kann jeder sehen. Betrachten wir nun Tiere und Menschen und schauen wir uns die Fakten direkt und offen an. Denken Sie zunächst einmal an Pflanzen. Pflanzen sind Lebewesen; Sie nehmen die Energien der Sonne, des Bodens und der Luft auf, wandeln sie um und eignen sie sich an, verfügen aber *nicht über* die *autonome* Kraft, sich im Raum zu bewegen. Wir können sagen, dass Pflanzen die unterste Ordnung oder Klasse oder Art oder Dimension des Lebens darstellen – die *erste Dimension* ; Wir sehen Pflanzen als Bindemittel der *Grundenergien* der Welt. Was ist mit Tieren? Wie die Pflanzen nehmen auch Tiere die Energien der Sonne, des Bodens und der Luft auf, wandeln sie um und eignen sie sich an, allerdings nehmen sie sie zum großen Teil in bereits von den Pflanzen selbst vorbereiteten Formen auf; aber *im Gegensatz zu* den Pflanzen besitzen Tiere die *autonome* Fähigkeit, sich im Raum zu bewegen – zu kriechen oder zu kriechen oder zu rennen oder zu schwimmen oder zu fliegen – es ist daher offensichtlich, dass Tiere im Vergleich zu Pflanzen einer höheren Ordnung oder einer höheren Klasse angehören höherer Typ oder höhere Dimension des Lebens; Wir können daher sagen, dass der Typus des tierischen Lebens ein *zweidimensionaler Typus ist* – ein zweidimensionaler Typus; Ich habe sie Raumbinder genannt, weil sie sich durch ihre autonome Fähigkeit auszeichnen oder auszeichnen, sich im Raum zu bewegen, einen Ort zu verlassen und einen anderen zu besetzen und sich so die natürlichen Früchte vieler Orte anzueignen; Das Leben der Tiere ist somit ein Leben im Raum in einem Sinne, der offensichtlich nicht auf Pflanzen anwendbar ist. Und was sollen wir nun über *den Menschen sagen* ? Wie die Tiere verfügen auch Menschen über die Fähigkeit zur Mobilität – die autonome Fähigkeit, sich zu bewegen – und über die Fähigkeit, Räume zu binden, und es ist offensichtlich, dass Männer, Frauen und Kinder tatsächlich Tiere wären, wenn sie keine Fähigkeit höherer Ordnung besäßen. Aber was sind die Fakten? Wenn wir sie nur zur Kenntnis nehmen und darüber nachdenken, werden die Tatsachen uns zeigen, dass die Kluft, die die menschliche Natur von der tierischen Natur trennt, noch größer und tiefer ist als die Kluft zwischen tierischem und pflanzlichem Leben. Denn der Mensch verbessert sich, Tiere nicht; Der Mensch macht Fortschritte, Tiere nicht; Der Mensch erfindet immer kompliziertere Werkzeuge, Tiere nicht; Der Mensch ist ein Schöpfer materiellen und spirituellen Reichtums, Tiere nicht; Der Mensch ist ein Erbauer der Zivilisation, Tiere nicht; Der Mensch lässt die *Vergangenheit in der Gegenwart und die Gegenwart in der Zukunft leben* , Tiere tun dies nicht; Der Mensch ist also ein *Zeitbinder* , Tiere nicht. Wenn wir uns im Lichte solcher Überlegungen nur auf ihre überwältigende Bedeutung konzentrieren, ist es so klar, wie es nur sein kann oder werden kann, dass das Leben des Menschen – der Zeitbinder – sich radikal von dem der Tiere – bloßer Tiere – unterscheidet Raumbinder – wie sich das tierische Leben von dem der

Pflanzen unterscheidet oder wie sich die Natur eines Festkörpers von der einer Oberfläche oder die einer Oberfläche von der einer Linie unterscheidet. Es ist daher völlig offensichtlich, dass wir, wenn wir Menschen als Tiere oder als eine Mischung aus tierischer Natur und etwas geheimnisvoll Übernatürlichem betrachten, *den gleichen Irrtum* begehen, als wenn wir Tiere als Pflanzen oder als Pflanzen betrachten würden, die von „berührt " werden. Göttlichkeit" – die gleiche *Art* von Fehler wie die, einen Festkörper als Oberfläche oder als eine Oberfläche zu betrachten, die auf wundersame Weise durch einen mysteriösen Einfluss von außerhalb des Weltraumuniversums verwandelt wurde. Es ist also offensichtlich, dass unsere Schuld in dieser Angelegenheit die Schuld eines *grundlegenden Fehlers ist* – einer Verwechslung von Typen, einer Vermischung von Dimensionen.

Nichts kann katastrophaler sein. Denn welche Folgen hat ein solcher Fehler? Lassen Sie den Leser nachdenken. Er weiß, dass es heute keine Wissenschaft der Geometrie gäbe, wenn unsere Vorfahren einen solchen Fehler in Bezug auf Linien, Flächen und Körper begangen hätten; und er weiß, dass es ohne Geometrie keine Architektur auf der Welt gäbe, keine Vermessung, keine Eisenbahnen, keine Astronomie, keine Kartierung der Meere, keine Dampfschiffe, keine Technik, überhaupt nichts von dem, was jetzt weltweit bekannt ist Angelegenheiten , die durch die wissenschaftliche Eroberung des Weltraums ermöglicht wurden. Ich sage es noch einmal: Lassen Sie den Leser nachdenken; denn wenn er es nicht tut, wird ihm hier die Bedeutung einer äußerst bedeutsamen Wahrheit entgehen. Er sieht in dem angenommenen Fall sofort, wie schrecklich die Folgen gewesen wären, wenn es während der gesamten Kindheit der Menschheit zu einer gewissen Verwirrung der Typen, einer gewissen Vermischung der Dimensionen gekommen wäre, und er ist in der Lage, dies gerade deshalb *zu* erkennen Glücklicherweise wurde der Fehler *nicht* begangen oder, falls er begangen wurde, nicht beharrt, denn wenn er begangen worden wäre und beharrt worden wäre, dann gäbe es die großen und jetzt vertrauten Dinge, deren er die Welt beraubt hätte, nicht hier; Wir wären jetzt nicht einmal in der Lage, sie uns vorzustellen, und daher könnten wir jetzt auch nicht einmal annähernd das ungeheure Ausmaß der katastrophalen Folgen dieses Fehlers abschätzen. Lassen Sie den Leser hier nicht abschweifen, noch zögern oder taumeln; Lass ihn die Last des mächtigen Arguments auf sich nehmen und es bis zum Ziel tragen. Er erkennt leicht die wirklich entsetzlichen Konsequenzen, die sich unweigerlich aus dem Fehler der Typenverwechslung – dem Fehler der Vermischung von Dimensionen – in Bezug auf Linien, Flächen und Körper ergeben hätten, *wenn dieser* Fehler über die Jahrhunderte hinweg begangen und beharrt worden wäre; Er *kann* diese Konsequenzen erkennen, nur weil der Fehler *nicht* begangen wurde, und daher sind die großartigen Dinge, die (wenn der Fehler begangen worden wäre) der Welt vorenthalten worden, hier, so dass er sagen kann: „Sehen Sie, diese großartigen Dinge – die Wissenschaft von

Die Geometrie und ihre vielfältigen Anwendungen, die überall in menschlichen Angelegenheiten zum Vorschein kommen – stellen Sie sich vor, dass sie alle verschwunden wären, stellen Sie sich die Welt vor, wenn es sie nie gegeben hätte, und Sie werden eine Vorstellung von den Konsequenzen haben, die eine Verletzung des Gesetzes der Typen und des Gesetzes der Dimensionen nach sich gezogen hätte , in Sachen Linien, Flächen und Körper." Was nun aber den genau ähnlichen Irrtum über die Natur des Menschen betrifft, ist die Situation umgekehrt; denn dieser Fehler ist, anders als der andere, nicht nur hypothetisch; wir haben gesehen, dass es tatsächlich begangen wurde und seit undenklichen Zeiten tatsächlich beharrt wurde; Nicht nur jahrelang, jahrzehntelang oder jahrhundertelang, sondern jahrhundertelang, *einschließlich unserer* Tage , hat es den Lauf des menschlichen Fortschritts behindert; Zeitalter für Zeitalter hat es die natürliche Aktivität der zeitbindenden Energien – der zivilisationserzeugenden Energien – der Menschheit behindert und behindert. Wie sind die Folgen abzuschätzen? Der Leser sollte bedenken, dass der Fehler grundlegend ist – ein typverwirrender Fehler (wie er bei geometrischen Einheiten vermutet wird); Lassen Sie ihn darüber hinaus darüber nachdenken, dass es nicht nur eines unserer menschlichen Anliegen betrifft, sondern *alle* , da es sich um einen Fehler in Bezug auf den *Kern* von allem handelt – was die eigentliche *Natur* des Menschen selbst betrifft; und er wird so gut es geht wissen, dass die Folgen des jahrhundertealten Fehlers sehr bedeutsam und sehr schrecklich waren und sind. Ihr Maß liegt tatsächlich außerhalb unserer Macht; wir können sie nicht angemessen beschreiben, wir können ihre Proportionen nicht beschreiben, weil wir sie uns nicht wirklich vorstellen können; Und der Grund liegt auf der Hand: Diese Fortschritte der Zivilisation, diese Steigerung des materiellen und geistigen Reichtums, all die glorreichen Errungenschaften, die der Welt durch den tragischen Fehler vorenthalten wurden, sind hier nichts davon; sie wurden nicht produziert; und deshalb können wir nicht wie im anderen Fall sagen: „Schauen Sie sich diese herrlichen Schätze der gebundenen Zeit an, stellen Sie sich vor, sie würden weggenommen, und Ihr Gefühl für den entsetzlichen Verlust wird Ihnen das erforderliche Maß geben." Es ist offensichtlich, dass die Herrlichkeiten, die der Menschheit durch falsche Vorstellungen von der menschlichen Natur genommen wurden, lange, vielleicht für immer, im traurigen Reich der Träume über große und edle Dinge verbleiben müssen, die hätten sein können.

Ich habe gesagt, dass die Pflicht, die Missverständnisse zu untersuchen, uns vier Verpflichtungen auferlegt. Drei davon haben wir durchgeführt: Wir haben die fraglichen Überzeugungen aus dem komplizierten Gewirr von Meinungen gelöst, in dem sie uns aus der fernen Antike überliefert sind; Wir haben die Notwendigkeit und die Pflicht erkannt, uns geradezu bewusst zu machen, dass wir sie tatsächlich für wahr gehalten haben und dass sie seit jeher ihr Virus in die Herzen von Ethik, Wirtschaft, Politik und Regierung auf der ganzen Welt gegossen haben ; Wir haben nicht nur gesehen, dass die Überzeugungen falsch sind, sondern dass ihre Falschheit auf einen Fehler der grundlegendsten Art zurückzuführen ist – den Fehler, Dimensionen zu vermischen oder Typen zu verwirren. Wie bereits gesagt, besteht die vierte der genannten Aufgaben darin, möglichst die tödlichen Auswirkungen des Fehlers sowohl auf die Menschheitsgeschichte als auch auf den gegenwärtigen Zustand der Welt aufzuspüren. Wir sind gerade zu dem Schluss gekommen, dass diese Aufgabe nicht *vollständig* erfüllt werden kann; Denn wie wir gesehen haben, besteht kein Zweifel daran, dass die Welt, wenn der Fehler nicht begangen und nicht beharrt worden wäre, jetzt eine so weit fortgeschrittene Zivilisation besitzen würde, die so reich an den spirituellen Früchten der Zeit und der Mühe ist, wie sie wäre völlig außerhalb unserer gegenwärtigen Fähigkeit, es sich vorzustellen oder vorzustellen.

Aber auch wenn wir die Aufgabe nicht vollständig erfüllen können, ist unsere Lage alles andere als hoffnungslos. Der Weltkrieg hat uns zu einem Denken angeregt, das wir nie zuvor gedacht hätten. Es hat uns gezwungen, an Realitäten zu denken und insbesondere an die höchste Realität – die Realität des Menschen. Deshalb markiert die große Katastrophe das Ende der Kindheit der Menschheit. Die Periode war lang und die Art und Weise ihres Endes wird für immer in Erinnerung bleiben – eine plötzliche, flammende, weltweite katastrophale Demonstration grundlegender Ignoranz – menschlicher Ignoranz gegenüber der menschlichen Natur. Es ist genau diese tragische *Demonstration* , brutal wie ein Erdbeben, erbarmungslos wie Schicksal oder Hungersnot, die uns den Grund für zukünftige Hoffnung gibt. Es hat uns gezwungen, an die Realitäten zu denken, und es ist der Gedanke an die Realität, der die Welt heilen wird. Und deshalb sage ich, dass diese Tage trotz ihrer Angst und Düsternis der Beginn einer neuen Ordnung in den menschlichen Angelegenheiten sind – der Ordnung des dauerhaften Friedens und der raschen Weiterentwicklung des menschlichen Wohlergehens. Denn wir wissen ausführlich, was Menschen sind, und dieses Wissen kann Männern, Frauen und Kindern zu Hause, in der Schule, in der Kirche und in der Presse auf der ganzen Welt vermittelt werden. wir wissen ausführlich und können die Welt lehren, dass der Mensch weder ein Tier noch eine wundersame Mischung aus Engel und Tier ist; Wir wissen ausführlich und können lehren, dass diese monströsen Missverständnisse im Laufe der Jahrhunderte unzählige Millionen Menschen zum Trauern gebracht haben und dass sie dies auch heute noch tun, denn wir können zwar nicht berechnen, welches Wohl sie der Menschheit vorenthalten *haben* , aber *wir* können die dunklen Auswirkungen ihres positiven *Übels* auf tausend Arten verfolgen; Wir wissen ausführlich und können es auch lehren, dass der Mensch, obwohl er kein Tier ist, ein natürliches Wesen ist, das einen bestimmten Platz, einen eigenen Rang in der Hierarchie des natürlichen

Lebens einnimmt; Wir wissen ausführlich und können die Welt lehren, dass das, was für die menschliche Klasse des Lebens *charakteristisch ist* – das, was uns zu *Menschen macht* – die Fähigkeit ist, materiellen und spirituellen Reichtum zu schaffen – das Licht des vernünftigen Verständnisses zu erzeugen – um Zivilisation hervorzubringen – es ist die einzigartige Fähigkeit des Menschen, die Zeit zu binden und Vergangenheit, Gegenwart und Zukunft in einer *einzigen wachsenden Realität zu vereinen*, die gleichzeitig mit den überlebenden Schöpfungen der Toten, mit der produktiven Arbeit der Lebenden, mit den Rechten und Hoffnungen des Nochigen aufgeladen ist ungeboren; Wir wissen ausführlich und können lehren, dass die *natürliche* Geschwindigkeit des menschlichen Fortschritts die Geschwindigkeit einer schnell zunehmenden exponentiellen Funktion der Zeit ist; Wir wissen und können lehren, dass das Gute in der *gegenwärtigen* Zivilisation – alles, was in ihr kostbar, heilig und heilig ist – die Frucht der zeitbindenden Mühe ist, die im Laufe der Jahrhunderte blind gegen die ständige Barriere menschlicher Unwissenheit über den Menschen gekämpft hat Natur; Wir wissen ausführlich, wir können lehren und die Welt wird verstehen, dass die zeitbindenden Energien der Menschheit die Zivilisation in Übereinstimmung mit ihrem Naturgesetz *PR vorantreiben werden, je mehr wir* unsere Ethik und Sozialphilosophie von monströsen Fehldarstellungen der menschlichen Natur befreien ^{T}, die Vorwärtssprungfunktion der Zeit.

Dieses Wissen und diese Lehre werden die Periode der Menschheit einläuten. Es kann zu einer endlosen Periode rasanter Entwicklungen in der wahren Zivilisation werden. Alle Entwicklungen müssen aus der wahren Vorstellung hervorgehen, dass der Mensch die zeitbestimmende Klasse des Lebens darstellt, und daher muss die Arbeit mit einer Bildungskampagne beginnen, die weit genug reicht, um die ganze Welt zu umfassen. Die Zusammenarbeit aller Bildungseinrichtungen – Elternhaus, Schule, Kirche, Presse – muss in Anspruch genommen werden, um die grundlegende Wahrheit über die Natur des Menschen bekannt zu machen, damit sie zum *Leitlicht* und *zur Gewohnheit* von Männern, Frauen und Kindern wird überall. Zwar werden die Veränderungen in allen Belangen der Menschheit allmählich, aber tiefgreifend sein, vor allem aber und vor allem in den sogenannten Künsten und Wissenschaften der Ethik, der Wirtschaft, der Politik und der Regierung.

Die Ethik der Menschheit wird weder eine „Tierethik" noch eine „ *übernatürliche* " Ethik sein. Es wird eine natürliche Ethik sein, die auf der Kenntnis der Gesetze der menschlichen Natur basiert. Es wird kein Zweig der Zoologie sein, der Ethik der Zähne und Klauen, der Ethik des Profits, der Ethik der raumbindenden Tiere, die um „einen Platz an der Sonne" kämpfen. Es wird ein Zweig der Humanologie sein , ein Zweig der Humantechnik; Es wird eine zeitbindende Ethik sein, die Ethik der völlig natürlichen, zivilisationserzeugenden Energien der Menschheit. Alles, was mit der natürlichen Aktivität dieser Energien übereinstimmt, wird *richtig* und *gut sein* ; Was nicht, wird *falsch* und *schlecht sein* . „Survival of the fittest" im Sinne des *Stärksten* ist ein raumbindender Maßstab, der ethische Maßstab der Bestien; In der Ethik der Menschheit bedeutet das Überleben des Stärksten das Überleben des *Besten* im Wettbewerb um Exzellenz, und Exzellenz bedeutet zeitbindende Exzellenz – Exzellenz in der Produktion und richtigen Nutzung materiellen und spirituellen Reichtums – Exzellenz in Wissenschaft, Kunst, in Weisheit, in Gerechtigkeit, in der Förderung des Wohlergehens und im Schutz der Rechte sowohl der Lebenden als auch der Ungeborenen. Die Ethik, die in der dunklen Zeit der Kindheit der Menschheit aus der Vorstellung von Menschen als geheimnisvollen Vereinigungen von Tieren und Göttlichkeit entstand, brachte zwei abstoßende Arten des Handels hervor: den Handel mit Menschen, die als Tiere angesehen wurden und als Sklaven geeignet waren, und den Handel mit „ übernatürlich", im Verkauf von Ablässen in der einen oder anderen Form und der „göttlichen Weisheit" unwissender Priester. Es erübrigt sich zu erwähnen, dass diese Art des Handels in der natürlichen Ethik der menschlichen Männlichkeit nicht zu finden ist.

Und was sollen wir insbesondere zur Wirtschaft, zur „Industrie" sagen? „Business as Usual" und die „Finanzen" der „Normalität" ? Vor mir liegt ein bewährtes Handbuch zur *Unternehmensfinanzierung* von Herrn ES Mead, Ph.D. (Appleton, NY), dessen Zweck nicht darin besteht, negative Kritik zu üben, sondern darin, die allgemein anerkannten „soliden" Grundlagen für erfolgreiche Geschäfte aufzuzeigen. Ich kann kaum etwas Besseres tun, als den Leser zu bitten, über einige Auszüge aus diesem Werk nachzudenken, die die etablierten und erstaunlichen Theorien zeigen, denn dann muss ich nur sagen, dass in der Zeit der Menschheit die moralische Blindheit solcher „Prinzipien " Ihr raumgreifender Geist der berechnenden Selbstsucht und Gier wird mit völligem Abscheu betrachtet werden, so wie man heute die Sklaverei betrachtet. Schauen Sie sich das Bild an:

„Da der Anleihegläubiger ausschließlich an der Sicherheit seines Kapitals und der regelmäßigen Zahlung seiner Zinsen interessiert ist und sowohl Sicherheit als auch Zinsen von der Beständigkeit des Einkommens abhängen, sind unter sonst gleichen Bedingungen die Unternehmen mit den stabilsten Erträgen oder ein Markt ..." .bieten die beste Sicherheit für Anleihen. Die Ertragsstabilität hängt von (1) dem Besitz eines Monopols ab.... *Monopol ist die ausschließliche oder beherrschende Kontrolle über einen Markt. Je vollständiger diese Kontrolle ist, desto wertvoller ist das Monopol. Der Vorteil des Monopols liegt in der Tatsache, dass die Preise für Dienstleistungen oder Waren von den Produzenten (d. h. Eigentümern – Urhebern) und nicht vom Verbraucher kontrolliert werden* . Monopole können unterschiedlichen Ursprungs sein. Am bekanntesten sind (1) Franchises, das Recht, *öffentliches Eigentum* für *private Zwecke zu nutzen* , beispielsweise die Bereitstellung von Licht, Wasser und Transportmitteln, (2) die *Kontrolle über Rohstoffquellen* ... , (3) Patente, ... (4) hohe Kosten für die Vervielfältigung von Anlagen.... In der verarbeitenden Industrie beispielsweise haben diejenigen Unternehmen, die *Rohstoffe* und *lebensnotwendige Güter produzieren* , eine stabilere Nachfrage... . Eisenbahnen bieten möglicherweise die beste Grundlage für die Emission von Anleihen, da die Nachfrage nach Transportdiensten stabil ist ... die hohen Kosten für die Vervielfältigung des Eisenbahnwerks ... ermöglichen es ihnen, ihre Tarife für den Güter- und Personenverkehr festzulegen ... Die Sicherheit der Gläubiger ist hier die Rentabilität des Geschäftes, *das in der Fabrik betrieben wird* . Darüber hinaus ist ein Unternehmen keine Ansammlung von physischem Eigentum, sondern besteht aus physischem Eigentum – Gebäuden, Kesseln, Werkzeugmaschinen – plus einer industriellen Chance sowie der Organisation und Fähigkeit, ein Unternehmen zu betreiben." (Kursivschrift vom Autor angegeben.)

Dort sehen wir die Tierstandards in ihrer studierten Perfektion. Kommentar wäre überflüssig.

In der Periode der Menschheitsreife wird die sogenannte „Wissenschaft" der Ökonomie, die „düstere Wissenschaft" der politischen Ökonomie, zu einer echten Wissenschaft werden, die auf den Gesetzen der zeitbindenden Energien der Menschheit basiert ; Es wird zum Licht der menschlichen Technik – Förderer, Hüter und Führer des menschlichen Wohlergehens. Denn es wird entdecken und lehren, dass ein *menschliches* Leben, ein zeitgebundenes Leben, nicht nur ein *zivilisiertes* Leben, sondern ein *zivilisierendes* Leben ist; es wird wissen und lehren, dass ein zivilisiertes Leben ein Leben ist, das der Produktion potenzieller und kinetischer Gebrauchswerte gewidmet ist – also der Schaffung von materiellem und spirituellem Reichtum; Es wird wissen und lehren, dass Reichtum – sowohl materieller als auch spiritueller Reichtum – ein natürliches Phänomen ist – ein Ergebnis der Verbindung von Zeit und menschlicher Mühe; es wird wissen und lehren, dass der Reichtum in der Welt zu jedem Zeitpunkt fast ausschließlich die *ererbte* Frucht der Zeit und die Arbeit der Toten ist; und so wird gefragt: Wem gehört das Erbe rechtmäßig? Gehört es zu Recht Smith und Brown? Wenn ja *warum* ? Oder gehört es von Rechts wegen dem Menschen – der Menschheit? Wenn ja *warum* ? Und was beinhaltet „Menschlichkeit" ? Nur die Lebenden, von denen es relativ wenige gibt? Oder sowohl die Lebenden als auch die Ungeborenen? Die Ökonomie der Menschheit wird diese Fragen nicht nur stellen, sondern sie wird sie auch richtig beantworten. Auf der Suche nach Antworten wird es einige offensichtliche Wahrheiten entdecken und viele alte Wörter werden neue Bedeutungen erhalten, die mit der zeitbindenden Natur des Menschen übereinstimmen. Es wird entdecken und lehren, dass die Zeitbinder einer

bestimmten Generation *Nachkommen* und *Vorfahren* zugleich sind –
Nachkommen der Toten, Vorfahren aller kommenden Generationen; es wird
entdecken und lehren, dass in dieser zeitbindenden Doppelbeziehung, die
Vergangenheit und Zukunft in einer einzigen lebendigen, wachsenden
Realität vereint, die Verpflichtungen der zeitbindenden Ethik und der Sitz
ihrer Autorität liegen; Die Wirtschaftswissenschaften werden wissen und
lehren, dass *die menschliche* Nachwelt – die zeitbindende Nachwelt – nicht die
Früchte der Zeit und die Arbeit toter Menschen erben kann , *wie Tiere die
wilden Früchte der Erde erben, um sie zu kämpfen und sie zu verschlingen* , sondern
nur als *Treuhänder* dafür die kommenden Generationen; Es wird wissen und
lehren, dass die „kapitalistische“ Lust, für SICH SELBST ZU *behalten* , und die
„proletarische“ Lust, für SICH SELBST ZU *bekommen* , beide *raumbindende* Lust
– tierische Lust – unterhalb der Ebene des zeitbindenden Lebens sind. Die
Ökonomie der Menschheit wird wissen und lehren, dass die
charakteristischen Energien des Menschen als Mensch von *Natur* aus
zivilisierende Energien, wohlstandschaffende Energien, zeitbindende
Energien, die friedlichen Energien des erfinderischen Geistes, des
wachsenden Wissens und Verständnisses sowie der Fähigkeit und des Lichts
sind ; Es wird wissen und lehren, dass diese Energien der existierenden
Menschen mit einer Milliarde sechshundert Millionen verfügbaren
„Sonnenmenschen“ -Kräften vereint sind mit den zehn Milliarden lebenden
„Menschenkräften der Toten“, wenn sie nicht durch Unwissenheit und
Selbstsucht verschwendet werden , durch Konflikte und Konkurrenz, die für
Tiere charakteristisch sind, sind mehr als ausreichend, um überall auf der
Welt einen hohen Grad an zunehmendem Wohlstand zu schaffen ; In der
Periode ihrer Männlichkeit wird die Ökonomie entdecken und lehren, dass
für die Schaffung von Weltwohlstand Zusammenarbeit – nicht der Kampf
von Menschen gegen Menschen –, sondern die friedliche Zusammenarbeit
aller sowohl notwendig als auch ausreichend *ist* ; es wird wissen und lehren,
dass eine solche Zusammenarbeit *wissenschaftliche* Führung und ein
gemeinsames *Ziel erfordert* ; Es wird jedoch wissen und lehren, denn die
Lektion Deutschlands ist klar, dass wissenschaftliche Erkenntnisse und ein
gemeinsames Ziel allein nicht ausreichen; es wird wissen und lehren und alle
werden verstehen, dass das gemeinsame Ziel, das einigende Prinzip, die
Grundlage der Zusammenarbeit nicht das Wohl einer Familie, noch einer
Provinz, eines Staates oder einer Rasse sein kann, sondern das Wohl der
gesamten Menschheit *sein* muss , der Wohlstand der Menschheit, das Wohl
der Welt – die friedliche Produktion von Reichtum ohne die Zerstörung
durch Krieg.

In der Männlichkeit der Menschheit wird der Patriotismus – die Liebe zum
Vaterland – nicht untergehen – ganz im Gegenteil – er wird wachsen und die
Welt umfassen, denn Ihr und mein Land werden die Welt sein. Ihr und
meiner „Staat“ wird der menschliche Staat sein – ein kooperatives

Gemeinwesen – eine Demokratie in der Tat und nicht nur dem Namen nach. Es wird eine natürliche organische Verkörperung der zivilisierenden Energien sein – der Wohlstand erzeugenden Energien –, die für die menschliche Lebensklasse charakteristisch sind. Seine größeren Angelegenheiten werden von der Wissenschaft und Kunst der Human Engineering geleitet – nicht von unwissenden und aufdringlichen „Politikern" – sondern von wissenschaftlichen Männern, von ehrlichen Männern, die *wissen* .

Ist es ein Traum? Es *ist* ein Traum, aber der Traum wird wahr. Es ist ein wissenschaftlicher Traum und die Wissenschaft wird ihn in die Realität umsetzen.

Wie soll die Sache gemacht werden? Niemand kann alle Details vorhersehen, aber im Großen und Ganzen ist der Prozess klar. Gewalt ist zu vermeiden. Es muss eine Übergangsphase geben – eine Anpassungsphase. Ein natürlicher erster Schritt wäre wahrscheinlich die Gründung einer neuen Institution, die man als dynamische Abteilung bezeichnen könnte – Abteilung für Koordination oder Abteilung für Zusammenarbeit – der Name ist von geringer Bedeutung, aber sie wäre der Kern der neuen *Zivilisation* . Seine Aufgaben wären die Förderung, Unterstützung und der Schutz der Menschen in Genossenschaftsunternehmen wie Landwirtschaft, Produktion, Finanzen und Vertrieb.

Die Abteilung für Zusammenarbeit sollte verschiedene Abschnitte umfassen, die wie folgt aussehen könnten:

(1) *Die Abteilung für Mathematische Soziologie* oder *Humanologie* : bestehend aus mindestens einem Soziologen, einem Biologen, einem Maschinenbauingenieur und einem Mathematiker. Ihre Arbeit wäre die Entwicklung der Humantechnik und der mathematischen Soziologie oder Humanologie ; Förderung des Fortschritts der Wissenschaft; Bereitstellung und Überwachung des Unterrichts in der Wertetheorie und den Grundlagen der Humanologie für Grundschulen und die breite Öffentlichkeit. *Die Mitglieder der Sektion würden von den entsprechenden wissenschaftlichen Gesellschaften für eine von den Wählern festgelegte Amtszeit ausgewählt.*

(2) *Die Abteilung für mathematische Gesetzgebung* : bestehend aus beispielsweise einem Anwalt, einem Mathematiker und einem Maschinenbauingenieur, ausgewählt wie oben. Ihre Aufgabe wäre es, Gesetze zu empfehlen, Mittel zur Beseitigung des „Legalismus" aus der Theorie und Praxis des Rechts bereitzustellen und die Rechtsprechung mit den Gesetzen der zeitgebundenen menschlichen Natur und den sich ändernden Bedürfnissen der menschlichen Gesellschaft in Einklang zu bringen. Ihre Gesetzgebungsvorschläge würden dann, wenn sie in einer gemeinsamen

Sitzung der Abschnitte (1) und (2) ratifiziert würden, den zuständigen gesetzgebenden Körperschaften empfohlen.

(3) *Die Bildungsabteilung* : bestehend aus zwei oder drei Lehrern, einem Soziologen, einem Maschinenbauingenieur und einem Mathematiker, ausgewählt wie oben. Sie würden Bildungsprojekte ausarbeiten und Schulmethoden und Bücher überarbeiten; Ihre Entscheidungen unterliegen der Zustimmung der gemeinsamen Sitzung der Abschnitte (1), (2) und (3).

(4) *Die Genossenschaftsabteilung* : bestehend aus Maschinenbauingenieuren, Chemieingenieuren, Produktionsingenieuren, Buchhaltern, Buchhaltern, Geschäftsführern, Rechtsanwälten und anderen Spezialisten in ihren jeweiligen Bereichen. Diese Abteilung wäre ein „ Industrielles Rotes Kreuz" (Charles Ferguson), das auf Anfrage einer Genossenschaft fachkundigen Rat gibt.

(5) *Die Genossenschaftsbankabteilung* : bestehend aus Finanzexperten, Soziologen und Mathematikern; Ihre Aufgabe besteht darin, neue genossenschaftliche Volksbanken mit kompetenter Beratung zu unterstützen.

(6) *Die Projektträgerabteilung* : bestehend aus Ingenieuren, deren Aufgabe es wäre, alle neuesten wissenschaftlichen Fakten zu studieren, Daten zu sammeln und Pläne auszuarbeiten. Diese Pläne würden veröffentlicht, und keine Privatperson, sondern nur Genossenschaften dürften gesetzlich dazu berechtigt sein, sie zu nutzen. Die Abteilung würde auch die allgemeinen Marktbedingungen und die Bedürfnisse in den verschiedenen Produktionszweigen untersuchen und beraten. Dieser Abschnitt würde die Verdoppelung der Produktion regeln.

(7) *Die Landwirtschaftsabteilung* : bestehend aus Spezialisten für wissenschaftliche und kooperative Landwirtschaft.

(8) *Die Auslandsabteilung* : für interkooperative Außenbeziehungen.

(9) *Der kommerzielle Teil* .

(10) *Die Nachrichtenabteilung* : Herausgabe einer großen Tageszeitung mit *echten , ungefärbten* Nachrichten mit einer Sonderbeilage zum Fortschritt in der Arbeit der Human Engineering. Diese Zeitung würde täglich Neuigkeiten über die gesamte Genossenschaftsbewegung, Märkte usw. usw. enthalten.

Alle Männer, die für diese Arbeit ausgewählt werden, sollten die besten Männer der Nation sein. Sie sollten gut bezahlt werden, damit sie ihre volle Energie und Zeit für ihre Aufgaben aufwenden können. Alle Auswahlen für dieses Werk sollten auf die gleiche Weise wie oben erwähnt getroffen werden

– auf der Grundlage nachgewiesener Verdienste, nicht auf der Grundlage geschickter Redekunst. Solche Ernennungen sollten als die höchste Ehre betrachtet werden, die ein Land seinen Bürgern anbieten kann. Jede Auswahl sollte ein Beweis dafür sein, dass es sich bei der ausgewählten Person um eine Person mit den höchsten Leistungen auf dem Gebiet ihrer Arbeit handelt.

Der Umriss dieses Plans ist vage; es zielt lediglich darauf ab, suggestiv zu sein. Sein Hauptzweck besteht darin, die zwingende Notwendigkeit der Einrichtung einer nationalen zeitbindenden Agentur hervorzuheben – einer dynamischen Abteilung zur Stimulierung, Führung und Bewachung der zivilisierenden Energien, der wohlstandserzeugenden Energien, der zeitbindenden Energien, aufgrund derer Menschen Menschen sind . Denn dann und nur dann wird das menschliche Wohlergehen, ungebremst durch monströse Missverständnisse über die menschliche Natur, durch bösartige Ethik, bösartige Wirtschaft und bösartige Politik, unter der Führung menschlicher Ingenieurskunst, glücklich und ohne Angst, im Einklang mit friedlich, kontinuierlich und schnell voranschreiten das Exponentialgesetz – das *Naturgesetz* – der zeitbindenden Energien des Menschen.

Kapitel X
Fazit

„In Europa wissen wir, dass ein Zeitalter stirbt. Hier kann man die Anzeichen kommender Veränderungen leicht übersehen, aber ich habe kaum Zweifel daran, dass sie kommen werden. Die Erkenntnis, dass das Leben voller Arbeit und Sterben ziellos ist und nichts anderes erreicht hat, als dem Hungertod und der Geburt von Kindern zu entgehen, die ebenfalls dazu verdammt sind, auf der mühsamen Tretmühle zu arbeiten, hat den Geist von Millionen erfasst. *"Sir Auckland Geddes, britischer Botschafter in den USA 1920.*

Lassen Sie mich abschließend ganz kurz sagen, wie ich bereits zu Beginn sagte, dass dieses kleine Buch nur eine Skizze sein sollte. Das Problem des Lebens ist alt. Ich habe versucht, neu an die Sache heranzugehen, mit einer neuen Methode, in einem neuen Geist, aus einem neuen Blickwinkel. Die Literatur zu diesem Thema ist umfangreich. Es zeugt von großem Wissen und Können. Vieles davon dient dazu, diejenigen zu informieren und zu inspirieren, die wirklich lesen und einen echten Wunsch haben, etwas zu verstehen. Seine Schwäche beruht auf dem Fehlen einer wahren Vorstellung davon, was der Mensch ist. Das ist es, was mir darin fehlt, und es ist dieser Mangel an grundlegendem und zentralem Gedanken, den ich zu vermitteln versucht habe. Wenn mir das gelungen ist, habe ich keine Angst – alles andere wird sich schnell, unausweichlich und selbstverständlich ergeben. Denn eine grundlegende Vorstellung hat, wenn sie erst einmal formuliert und zum Ausdruck gebracht wird, eine seltsame Kraft – die Kraft, das Denken und die Zusammenarbeit vieler Geister zu gewinnen. Und keine Vorstellung kann in unserer menschlichen Welt eine größere Macht haben als eine *wahre* Vorstellung von der Natur des Menschen. Für diese wichtigste Wahrheit sind die Zeiten reif; Die Welt ist voller traurigster Erinnerungen, voller Trübsinn, Vorahnungen und Angst. Ohne die Wahrheit in dieser Angelegenheit kann es keine vernünftige Hoffnung geben – die Geschichte muss in ihrem düsteren Verlauf weitergehen; Aber *mit* der Wahrheit gibt es nicht nur Hoffnung, sondern auch die Gewissheit, dass die alte Ordnung vorbei ist und dass die Menschheit bis in die Gegenwart zurückreicht. Dass ich hier die Wahrheit in dieser Angelegenheit dargelegt habe – die wahre Vorstellung von der menschlichen Klasse des Lebens –, daran habe ich persönlich keinen Zweifel; und ich habe keinen Zweifel daran, dass diese Vorstellung die Grundlage, der Leitfaden, die Lichtquelle einer neuen Zivilisation sein wird. Ob ich mich irre oder nicht, wird die Zeit entscheiden. Mir geht es wie Buckle, als er seine *Geschichte der Zivilisation* schrieb :

„Ob ich etwas von wirklichem Wert bewirkt habe oder nicht ... ist eine Frage, die kompetente Richter entscheiden müssen. Zumindest bin ich mir sicher, dass, welche Unvollkommenheiten auch immer beobachtet werden mögen, der Fehler nicht in der vorgeschlagenen Methode liegt, sondern in der extremen Schwierigkeit für einen einzelnen Mann, alle Teile eines so umfangreichen Plans vollständig in die Tat umzusetzen. Gerade in diesem Punkt, und nur in diesem Punkt, verspüre ich das Bedürfnis nach großer Nachsicht. Aber was den Plan selbst betrifft, habe ich keine Bedenken. Über Mängel in der Ausführung bin ich mir nicht im Klaren. Ich kann mich nur auf die Unermesslichkeit des Themas, die Kürze eines einzelnen Lebens und die Unvollkommenheit jedes einzelnen Unternehmens berufen. Ich möchte daher, dass dieses Werk nicht nach der Vollendung seiner einzelnen Teile bewertet wird, sondern nach der Art und Weise, wie diese Teile zu einem vollständigen und symmetrischen Ganzen verschmolzen sind. Bei einem Unterfangen dieser Neuheit und Größenordnung habe ich das Recht zu erwarten, und ich möchte darüber hinaus hinzufügen, dass der Leser, wenn er auf Meinungen gestoßen ist, die seiner eigenen widersprechen, daran denken sollte, dass seine Ansichten vielleicht die sind dieselben wie diejenigen, die auch ich einst vertrat und die ich aufgegeben habe, weil ich nach einem umfassenderen Studium feststellte, dass sie nicht durch handfeste Beweise gestützt wurden, das Interesse des Menschen untergruben und für den Fortschritt seines Wissens fatal waren. Die Anschauungen, in denen wir erzogen wurden, zu prüfen und uns von denen abzuwenden, die der Prüfung nicht standhalten, ist eine so schmerzhafte Aufgabe, dass diejenigen, die vor den Leiden zurückschrecken, innehalten sollten, bevor sie denen Vorwürfe machen, denen die Leiden widerfahren sind. ... Auf diese Weise gelangte Schlussfolgerungen dürfen nicht dadurch umgeworfen werden, dass sie andere Schlussfolgerungen gefährden; noch können sie von Vorwürfen gegen ihre vermeintliche Tendenz überhaupt berührt werden. Die Grundsätze, die ich befürworte, basieren auf eindeutigen Argumenten, die durch gut gesicherte Fakten gestützt werden. Die einzigen zu klärenden Punkte sind daher, ob die Argumente berechtigt sind und ob die Fakten sicher sind. Wenn diese beiden Bedingungen erfüllt sind, ergeben sich daraus zwangsläufig die Prinzipien."

Und warum habe ich stets versucht, dem Geist der Mathematik zu folgen? Weil ich mich mit Ideen beschäftigt habe und vor allem den Wunsch verspürte, richtig und klar zu sein. Ideen haben ihren eigenen Charakter – sie sind richtig oder falsch, unabhängig von unseren Hoffnungen, Leidenschaften und unserem Willen. In der Verbindung der Ideen liegt ein unzerreißbarer Schicksalsfaden. Deshalb hat Professor Keyser in seiner *Mathematischen Philosophie* wirklich gesagt:

„Mathematik ist das Studium des Schicksals – nicht Schicksal im physischen Sinne, sondern im Sinne des verbindenden Fadens, der Gedanken mit

Gedanken und Schlussfolgerungen mit ihren Prämissen verbindet. Wo ist dann unsere Freiheit? Was liebst du? Malerei? Poesie? Musik? Die Musen sind *ihr* Schicksal. Wer sie liebt, ist frei. Logik ist die Muse des Denkens."

Zweifellos ist die Mathematik methodisch wirklich unpersönlich; vielleicht zu unpersönlich, um den Sentimentalisten zu gefallen, bevor sie sich die Zeit zum Nachdenken nehmen; Die mathematische Analyse von Lebensphänomenen erhebt unseren Standpunkt über Leidenschaft, über Egoismus in jeglicher Form und ist daher die einzige Methode, die uns echte Wahrheiten über uns selbst sagen kann. Spinosa hatte diese Tatsache bereits im 17. Jahrhundert erkannt, und obwohl er in vielerlei Hinsicht unvollkommen war, war er ein Versuch in die richtige Richtung, und diese zitierte Schlussfolgerung könnte durchaus eine Schlussfolgerung für uns selbst im 20. Jahrhundert sein:

„Die Wahrheit wäre der Menschheit vielleicht für immer verborgen geblieben, wenn die Mathematik, die nicht auf die endgültige Ursache von Zahlen, sondern auf ihre wesentliche Natur und die damit verbundenen Eigenschaften schaut, ihr nicht eine andere Art von Wissen vorgelegt hätte ... . Als ich mich diesem Thema zuwandte, habe ich mir kein neues oder seltsames Ziel gesetzt, sondern lediglich mit sicherer und unzweifelhafter Vernunft die Dinge demonstriert, die mit der Praxis am besten übereinstimmen. Und damit ich die Fragen der Wissenschaft mit der gleichen Geistesfreiheit untersuchen kann, mit der wir es gewohnt sind, Linien und Flächen in der Mathematik zu behandeln; Ich beschloss, nicht über die Taten der Menschen zu lachen oder zu weinen, sondern sie einfach zu verstehen; und ihre Neigungen und Leidenschaften, wie Liebe, Hass, Zorn, Neid, Arroganz, Mitleid und alle anderen Störungen der Seele, nicht als Laster der menschlichen Natur zu betrachten, sondern als Eigenschaften, die ihr in gleicher Weise zugehören wie Hitze, Kälte, Sturm , Donner gehören zur Natur der Atmosphäre. Denn diese sind zwar mühsam, aber dennoch notwendig und haben bestimmte Ursachen, durch die wir sie verstehen können und so, indem wir sie in ihrer Wahrheit betrachten, unserem Geist viel Freude bereiten, wie durch die Erkenntnis von Dingen, die dem Menschen gefallen Sinne."

Wenn nur dieses kleine Buch die wissenschaftliche Erforschung des Menschen *in Gang setzt* , werde ich glücklich sein; denn dann können wir zuversichtlich eine Wissenschaft und Kunst erwarten, die es versteht, die Energien des Menschen auf die Förderung des menschlichen Wohlergehens zu lenken.

Was sonst? Viele Themen wurden gar nicht erst angesprochen. Zeitbindende Energie – was könnte sie in den kommenden Äonen nicht erreichen? Welches Licht könnte es noch nicht auf so grundlegende Phänomene wie

Raum , *Zeit* , *Unendlichkeit* usw. werfen? Wo liegen ggf. die Grenzen der Zeitbindung? Daran sind irgendwie alle höheren Funktionen des Geistes beteiligt. Ist Zeit identisch mit Intelligenz? Ist einer von beiden die Ursache des anderen? Liegt die Zeit *im* Kosmos oder ist letztere im ersteren? Ist der Kosmos intelligent? Zweifellos sind die Gebiete, die die wissenschaftliche Erforschung des Menschen für die Forschung eröffnen wird, zahlreich und wunderbar.

Anhang I. Mathematik und Zeitbindung

Der Zweck dieses Anhangs besteht darin, einige neue Ideen zum Ausdruck zu bringen, die sich direkt aus der Tatsache ergeben, dass Menschen Zeitbinder sind, und die als Vorschläge für die Grundlagen der wissenschaftlichen Psychologie dienen *können* . Es ist außerordentlich schwierig, das Problem in irgendeiner Form zum Ausdruck zu bringen, und daher ist es viel schwieriger, es in irgendeiner exakten oder korrekten Form auszudrücken, und deshalb bitte ich den Leser um Geduld in Bezug auf die Sprache, da einige der Ideen an sich und manchmal richtig sind trotz der verwendeten Sprache sehr suggestiv. Ich bin besonders daran interessiert, dass Mathematiker, Physiker und Metaphysiker es sorgfältig lesen, mir die Form verzeihen und sich mit den Vorschlägen befassen, denn wenn es eine solche Wissenschaft geben soll, müsste die wissenschaftliche Psychologie zwangsläufig ein Zweig der Physik sein. Ich bitte insbesondere die Mathematiker und Physiker, diesen Anhang nicht mit dem voreiligen Urteil „Oh!" zu verwerfen. Metaphysik", und auch die Metaphysiker, nicht mit einem ebenso voreiligen Urteil „Oh!" dasselbe zu tun. Mathematik." Ich hoffe, dass Mathematiker und Physiker, wenn man diesen Anhang mit Verständnis versteht, dazu bewegt werden, das Problem zu untersuchen. Wenn Mathematiker und Physiker gegenüber der Metaphysik toleranter wären und Metaphysiker dazu bewegt würden, Mathematik zu studieren, würden beide großartige Arbeitsfelder vorfinden.

Manche Wissenschaftler sind sehr pedantisch und daher in ihrer Pedanterie intolerant und sagen vielleicht: „Der Mensch sollte zuerst lernen, sich auszudrücken, und dann unsere Aufmerksamkeit erbitten." Meine Antwort ist, dass die damit verbundenen Probleme zu dringend, zu lebenswichtig und zu grundlegend für die Menschheit sind, als dass ich vielleicht lange Jahre warten könnte, bis ich in der Lage bin, das Thema in einer korrekten und zufriedenstellenden Form darzustellen, und dass die damit verbundenen Probleme auch so sind Sie decken ein zu großes Feld ab, als dass ein einzelner Mann es abschließend bearbeiten könnte. Es scheint am besten, die neuen Ideen der Öffentlichkeit in einer suggestiven Form zu vermitteln, damit viele Menschen dazu angeregt werden, sich intensiver mit ihnen zu beschäftigen.

Das alte Wort „Metaphysik" ist ein uneheliches Kind der Unwissenheit und ein unnötiges Wort in der wissenschaftlichen Erforschung der Natur. Jedes Naturphänomen kann in der Physik, Chemie oder Mathematik klassifiziert und untersucht werden; Das Problem ist also keineswegs *übernatürlich* oder *überphysikalisch* , sondern gehört zu einem unbekannten oder unentwickelten Zweig der Physik. Das Problem ist daher möglicherweise nicht das einer *neuen*

Wissenschaft, sondern vielmehr das eines neuen Zweigs der Mathematik, der Physik, der Chemie usw. oder alles zusammen.

Es ist erbärmlich, dass die Dimensionalität des Menschen erst nach vielen Äonen menschlicher Existenz entdeckt und sein richtiger Status in der *Natur durch die Definition des* „Zeitbinders" verliehen wurde . Die alte Metaphysik hat, obwohl sie alles andere als exakt ist, viel erreicht. Was die Metaphysik daran hinderte, mehr zu erreichen, war die Verwendung einer unmathematischen Methode oder, um es genauer auszudrücken, ihr Unvermögen, die Bedeutung von Dimensionen zu verstehen. Die Metaphysik verwendete Wörter und Vorstellungen von mehrdimensionaler Bedeutung, die zwangsläufig zu hoffnungsloser Verwirrung, zu einem „Reden" über Wörter, zu bloßem Verbalismus führten. Ein Beispiel soll dies verdeutlichen. Was würde passieren, wenn wir von einer Kuh, einem Mann, einem Automobil und einer Lokomotive als „Ziehkräfte" sprechen würden und keine anderen Namen dafür verwenden würden? Wenn wir diese Dinge oder Wesen durch ein gemeinsames Merkmal charakterisieren würden, nämlich „ziehen", würde das Chaos in unsere Vorstellungen und in das praktische Leben bringen; Wir würden versuchen, ein Auto zu melken, oder wir würden versuchen, Benzin aus einer Kuh zu gewinnen, oder wir würden nach einer Schraube in einem Mann suchen, oder wir würden über einige oder alle dieser Dinge spekulieren. Zu offensichtlich unsinnig – aber genau das Gleiche passiert, auf viel subtilere Weise, wenn wir Wörter wie „Leben in einem Kristall" oder „Erinnerung bei Tieren" verwenden ; Damit begehen wir mental einen Fehler, der nicht weniger unsinnig ist, als es das Gerede vom „Melken eines Automobils" wäre. Laien sind von der Wortdimension verwirrt. Sie glauben, dass Dimensionen nur auf den dreidimensionalen Raum anwendbar sind, aber sie irren sich; Ein sich bewegendes Objekt ist vierdimensional – das heißt, es hat drei Dimensionen wie jedes ruhende Objekt, aber wenn sich das Objekt bewegt, ist eine vierte Dimension erforderlich, um seine Position zu jedem Zeitpunkt *anzugeben* . Wir sehen also, dass ein sich bewegender Körper vier Dimensionen hat und so weiter. Tatsächlich wird die wissenschaftliche Psychologie unbedingt Mathematik brauchen, aber eine besondere *humanisierte* Mathematik. Kann das produziert werden? Es scheint mir, dass es möglich ist.

Es ist eine wohlbekannte Tatsache, dass die experimentellen Wissenschaften uns mit Tatsachen konfrontiert machen, die einer weiteren theoretischen Ausarbeitung bedürfen; Auf diese Weise sind die experimentellen Wissenschaften eine ständige Inspirationsquelle für Mathematiker, da neue Fakten die Notwendigkeit neuer Analysemethoden mit sich bringen.

In diesem Buch wurde eine neue und experimentelle Tatsache enthüllt und analysiert . Es ist die Tatsache, dass die Menschheit eine zeitbindende Lebensklasse ist, in der die zeitbindende Fähigkeit oder die zeitbindende

ENERGIE die höchste Funktion der Menschheit ist, einschließlich aller sogenannten mentalen, spirituellen, Willens- usw. Kräfte. Wenn ich die Wörter „mental", „spirituell" und „Willenskräfte" verwende, akzeptiere und verwende ich sie bewusst im populären, gewöhnlichen Sinne, ohne sie weiter zu analysieren .

Sobald das Wort und der Begriff „*Zeit*" Einzug halten, wird der Boden für Analyse und Argumentation sofort sehr rutschig. Mathematiker, Physiker usw. denken möglicherweise, dass der Ausdruck nur „gut angepasst" ist, und sie sind möglicherweise nicht sehr geneigt, sich näher damit zu befassen oder ihn aufmerksam zu analysieren . Theologen und Metaphysiker werden wahrscheinlich viel vage darüber spekulieren, mit undefinierten Begriffen und inkohärenten Ideen mit inkohärenten Ergebnissen; was uns nicht zu einer wissenschaftlichen oder wahren Lösung führen wird, sondern uns von der Entdeckung der Wahrheit fernhalten wird.

In der Zwischenzeit bleiben zwei Tatsachen Tatsachen: Mathematiker und Physiker sind nämlich fast alle mit Minkowski einer Meinung, „dass der Raum an sich und die Zeit an sich bloße Schatten sind und nur eine Art Mischung aus beiden für sich existiert." Die andere Tatsache – eine psychologische Tatsache – ist, dass die *Zeit* psychologisch für sich selbst existiert, undefiniert und nicht verstanden. Eine Hauptschwierigkeit besteht immer darin, dass Menschen über ihren eigenen Fall urteilen müssen. Die psychologische Zeit als solche ist unsere eigene menschliche Zeit; Die wissenschaftliche Zeit als solche ist auch unsere eigene menschliche Zeit. Welches davon ist das beste Konzept – welches entspricht eher der Wahrheit über „Zeit" ? Was ist überhaupt Zeit (falls überhaupt)? Bisher sind wir vom „Kosmos" zum „Bios", vom „Bios" zum „Logos" übergegangen, jetzt werden wir mit der Tatsache konfrontiert, dass „Logos" – Intelligenz – und Zeitbindung gefährlich nahe beieinander liegen . oder identisch sein können. Nähern wir uns auf diese Weise dem „Kosmos" oder kehren wir zurück ? Das sind die entscheidenden Fragen, die sich aus diesem neuen Menschenbild ergeben. Eine Tatsache muss berücksichtigt werden: „Die Prinzipien der Dynamik erschienen uns zuerst als experimentelle Wahrheiten; aber wir waren gezwungen, sie als Definitionen zu verwenden. Per Definition ist Kraft gleich dem Produkt aus Masse und Beschleunigung, oder Aktion ist gleich Reaktion." (*Die Grundlage der Wissenschaft* , von Henri Poincaré); und auch die Mathematik hat ihre gesamte Grundlage in einigen Axiomen, die „ selbstverständlich ", aber *psychologische Tatsachen sind* . Es muss beachtet werden, dass die zeitbindende Energie – die höheren oder höchsten Energien des Menschen (zumindest einer ihrer Zweige, der Unterscheidung halber nennen wir ihn „M"), wenn *sie* richtig , das heißt mathematisch gesehen, funktioniert, funktioniert *nicht psychologisch,* sondern wirkt ABSTRAKT : Je höher die Abstraktion, desto weniger psychologisches Element und sozusagen mehr reine, unpersönliche zeitbindende Energie (M) . Die Definition eines Mannes als Zeitbinder – eine Definition, die auf Fakten basiert – legt viele Überlegungen nahe. Eine davon ist die Möglichkeit, dass eine der Funktionen der zeitbindenden Energie in ihrer reinen Form, in der höchsten Abstraktion (M), automatisch arbeitet – sozusagen maschinenartig, das Produkt ihrer Aktivität *richtig formend, aber* ob *wirklich,* ist eine andere Sache. Die Mathematik geht nicht davon aus, dass ihre Schlussfolgerungen wahr sind, sie behauptet jedoch, dass ihre Schlussfolgerungen richtig sind; Das ist der unschätzbare Wert der Mathematik. Dies wird zu einer sehr umfassenden Tatsache, wenn wir die mathematischen Prozesse als einen Zweig (M) des zeitbindenden Prozesses betrachten und analysieren , der sie sind; dann wird dieser Prozess aufgrund der damit verbundenen Zeitbindung sofort unpersönlich und kosmisch, unabhängig von der *Zeit* (falls es so etwas wie Zeit gibt).

Führt uns die Abfolge von Kosmos, Bios, Logos und Zeitbindung direkt wieder zurück zum Kosmos? Wenn wir nun *psychologische* Axiome in den zeitbindenden Apparat einbauen, wird dieser die Ergebnisse *korrekt auswerten* , aber ob die Ergebnisse *wahr sind* , ist eine andere Frage.

Um über diese Probleme sprechen zu können, muss ich drei neue Definitionen einführen, die nur aus praktischen Gründen eingeführt werden. Es kann vorkommen, dass diese Definitionen nach einiger Umformulierung wissenschaftlich werden.

„Wahrheit" zu definieren und zu diesem Zweck werde ich den Begriff „Wahrheit" in drei Typen unterteilen:

(1) Psychologische oder private oder relative Wahrheit, womit ich solche Vorstellungen von der Wahrheit meine, die jeder einzelne Mensch besitzt, die sich jedoch von anderen Arten von Wahrheit unterscheiden (α 1 , α 2 , ... α n)

(2) Wissenschaftliche Wahrheit (α s), womit ich eine psychologische Wahrheit meine, wenn sie von den zeitbindenden Fähigkeiten oder Apparaten im gegenwärtigen Stadium unserer Entwicklung bestätigt wird. Diese wissenschaftliche Wahrheit repräsentiert die „gebundene Zeit" in unserem gegenwärtigen Wissen; und schlussendlich,

endgültige Definition eines Phänomens sein wird, basierend auf dem endgültigen Wissen über *die Urkausalität, das in der Unendlichkeit gültig ist* .

Der Einfachheit halber verwende ich für das „Psychologische" die Zeichen α 1 , α 2 , ... α n „private" oder „relative" Wahrheiten, zwischen denen ich im Moment keinen Unterschied machen werde.

α_{s1} , α_{s2} , ... α_{sn} werden für wissenschaftliche Wahrheiten verwendet, und schließlich $\alpha_{infinity}$ für die im Unendlichen gültige absolute Wahrheit.

Um die Erklärung zu erleichtern, werde ich die Vorschläge anhand eines Beispiels veranschaulichen. Nehmen wir an, dass die menschlichen Zeitbindungsfähigkeiten oder -energien in der *organischen Chemie dem Radium in der anorganischen Chemie* entsprechen ; natürlich von unterschiedlicher Größe und völlig unterschiedlichem Charakter. Es kann vorkommen, denn wahrscheinlich ist es so, dass die komplexe zeitbindende Energie viele verschiedene Entwicklungsstadien und verschiedene Arten von „Strahlen" aufweist. A , B , C , ... M ....

Nehmen wir an, dass die sogenannten geistigen Fähigkeiten die M- Strahlen der zeitbindenden Energie sind; die „spirituellen" Fähigkeiten, die A-Strahlen; die „Willens" -Kräfte, die B -Strahlen; und so weiter. Psychologische Wahrheiten werden dann eine Funktion aller Strahlen zusammen sein, nämlich $A\ B\ C\ ...\ M\ ...$ oder $f\ (\ A\ B\ C\ ...\ M\ ...)$ wird der Charakter jeder fraglichen „Wahrheit" weitgehend davon abhängen, welche dieser Elemente vorherrschen.

„mentalen" Prozess – den „Logos" – die M- *Strahlen* – vollständig von den anderen Strahlen zu isolieren und eine vollständige Abstraktion zu haben (was in der Gegenwart nur in der Mathematik möglich wäre), dann könnte dies die Arbeit von M *sein* im Vergleich zur Arbeit einer unpersönlichen Maschine, die immer das gleiche, *korrekt* geformte Produkt liefert , *egal welches* Material in sie eingefüllt wird.

Es ist eine Tatsache, dass Mathematik richtig – unpersönlich – leidenschaftslos ist. Auch hier gilt: Tatsächlich sind alle grundlegenden Axiome, die der Mathematik zugrunde liegen, „psychologische Axiome"; daher kann es vorkommen, dass diese „Axiome" nicht vom Typ $\alpha_{infinity\ sind}$, sondern vom Typ $f\ (\ A\ B\ C\ ...)$ persönlicher Typ und dies könnte der Grund sein, warum die Mathematik psychologische Fakten nicht erklären kann. Wenn die Psychologie eine *exakte Wissenschaft* sein soll, muss sie im Prinzip mathematisch sein. Und deshalb muss die Mathematik einen Weg finden, die Psychologie zu integrieren. Hier werde ich versuchen, einen Weg zu skizzieren, wie dies geschehen kann. Es richtig auszudrücken ist mehr als schwierig: Ich bitte den mathematischen Leser, die Form zu tolerieren und nach dem Sinn oder sogar den Gefühlen in dem zu suchen, was ich auszudrücken versuche. Um es für den reinen Mathematiker weniger schockierend zu machen, werde ich für die „Infinitesimalen" die Wörter „sehr kleine Zahlen", für die „Endlichen" die Wörter „normale Zahlen" und für die „Transfiniten" die Wörter „sehr" verwenden tolle Zahlen." Anstelle des Wortes „Zahl" verwende ich manchmal das Wort „Größe" und unter dem Wort „Unendlichkeit" verstehe ich die Bedeutung „grenzenlos". Die

Grundlage der gesamten Mathematik bzw. der Ausgangspunkt der Mathematik waren „psychologische Wahrheiten", Axiome über Normalzahlen und sinnlich erfahrbare Größen. Meiner Meinung nach liegt hier der Kern des ganzen Problems. Die *Basis* der Mathematik war $f(A\,B\,CM\ldots)$; die *Arbeit* oder die Entwicklung der Mathematik ist $f(M)$; Dies ist der Grund für die „Geister" im Hintergrund der Mathematik. Das $f(M)$ entwickelte sich aus diesem $f(A\,B\,C\ldots M\ldots)$ *begründen* eine wunderbare abstrakte Theorie, die für die normalen, die sehr kleinen und die sehr großen Zahlen absolut korrekt ist. Aber die Regeln, die für die kleinen Zahlen, die normalen oder psychologischen Zahlen und die großen Zahlen gelten, sind nicht dieselben. Tatsächlich besteht die physische Welt, die psychologische Welt, mittlerweile ausschließlich aus sehr großen Zahlen und sehr kleinen Größen (Atome, Elektronen usw.). Mir scheint, wenn wir die Welt und den Menschen wirklich verstehen wollen, müssen wir von vorne beginnen, bei 0, und dann die nächste sehr kleine Zahl als erste endliche oder „normale *Zahl* " nehmen ; dann würden die alten endlichen oder normalen Zahlen zu sehr großen Zahlen werden und die alten sehr großen Zahlen würden zu den sehr großen Zahlen zweiter Ordnung und so weiter. Eine solche transponierte Mathematik würde zur psychologischen und philosophischen Mathematik werden, und die mathematische Philosophie würde zur philosophischen Mathematik. Der unmittelbare und lebenswichtigste Effekt wäre, dass der *Anfang* nicht irgendwo in der Mitte der Größen gemacht würde, sondern vom Anfang, oder von der Grenze „Null", von der „0" – vom intrinsischen „Sein oder Nichtsein". sein" – und daneben wäre die allererste kleine Größe, das physische und damit psychologische Kontinuum (ich verwende die Worte physisches Kontinuum so, wie Poincaré sie verwendet hat) würde in dieser neuen philosophischen Mathematik zu einem mathematischen Kontinuum werden. Dieser neue Zweig der philosophischen, psychologischen Mathematik wäre absolut streng, richtig und *wahr* und würde darüber hinaus vielleicht das Konzept der Zahlen, des Kontinuums, der Unendlichkeit, des Raums, der Zeit usw. verändern oder erweitern und für den Laien menschlich greifbar machen An. Eine solche Mathematik wäre die Mathematik für die zeitbindende Psychologie. Die mathematische Philosophie ist die höchste Philosophie, die es gibt; Dennoch könnte es auf die hier angedeutete Weise in eine noch höhere Ordnung umgewandelt werden und zu philosophischer oder psychologischer Mathematik werden. Diese neue Wissenschaft würde die gewöhnliche Mathematik für gewöhnliche Zwecke natürlich nicht verändern. Es wäre eine spezielle Mathematik für das Studium des Menschen, die sich nur mit den „natürlichen Endlichkeiten" (den alten Infinitesimalen) und großen Zahlen unterschiedlicher Ordnung (einschließlich der Normalzahlen) befassen würde, aber von einer reellen, gemeinsamen Basis ausgehen würde – von 0 und daneben eine sehr kleine Zahl, die eine gemeinsame *greifbare* Grundlage für *psychologische* sowie *analytische* Wahrheiten darstellt.

Diese neue philosophische Mathematik würde das Konzept der „Infinitesimalen" als solches beseitigen, das ein *künstliches* Konzept und als *Konzept kein* Element der Natur ist. Die sogenannten *Infinitesimalen sind die realen, natürlichen Endlichkeiten der Natur* . In der Mathematik waren die Infinitesimalzahlen aufgrund unseres Ausgangspunkts eine analytische – eine „ *M* " – zeitbindende – Notwendigkeit . Ich wiederhole noch einmal, dass diese Verlagerung unseres Ausgangspunkts die normale Mathematik für normale Zwecke nicht beeinträchtigen würde; Vielmehr würde es eine neue, streng korrekte philosophische Mathematik aufbauen, in der analytische Fakten auch psychologische Fakten wären. Diese neue Mathematik würde nicht nur korrekte, sondern auch *wahre* Ergebnisse liefern. Wenn wir uns *beide Vorstellungen von Zeit, der wissenschaftlichen Zeit und der psychologischen Zeit,* vor Augen halten , können wir erkennen, dass die menschliche Fähigkeit zur „Zeitbindung" eine sehr praktische Fähigkeit ist und dass diese Zeitbindungsfähigkeit ein *funktionaler* Name und eine Definition für das ist, was wir tun im weitesten Sinne mit menschlicher „Intelligenz" gemeint ; Das macht deutlich, dass Zeit (in jedem Verständnis des Begriffs) irgendwie sehr eng mit der Intelligenz – den mentalen und spirituellen Aktivitäten des Menschen – verbunden ist. *Alles, was wir über „Zeit" wissen , wird uns viel über den Menschen erklären, und alles, was wir über den Menschen wissen, wird uns viel über die Zeit erklären* , wenn wir nur *die Fakten berücksichtigen.* Die „Geister" im Hintergrund werden schnell verschwinden und für die philosophische Mathematik zu verständlichen Fakten werden. Das Wichtigste ist jedoch, dass wir durch die Annahme der Null als Grenze und der daneben sehr kleinen Größe als realen Ausgangspunkt eine mathematische Wissenschaft auf natürlicher Grundlage erhalten, in der korrekte Formeln auch wahre Formeln sind *und* übereinstimmen zu psychologischen Wahrheiten.

Wir haben herausgefunden, dass der Mensch eine Exponentialfunktion ist, bei der die Zeit als Exponent eingeht. Wenn wir die Formel für organisches Wachstum $y == e^{kt}$ mit der Formel „ PR^{T} " vergleichen, sehen wir, dass sie vom gleichen Typ sind und das *Gesetz des organischen Wachstums* für die menschliche *zeitbindende Energie gilt* . Wir sehen auch, dass die zeitbindende Energie auch in immer größeren Familien „ *lebendig* " ist und sich vermehrt. Die Formel für die Zersetzung von Radium ist dieselbe – nur der Exponent ist negativ statt positiv. Diese Tatsache ist in der Tat sehr merkwürdig und suggestiv. Auch die Fortpflanzung, das organische Wachstum, ist eine Funktion der Zeit. Der Differenz halber nenne ich es „Zeitverknüpfung" . Ob die Energie der Fortpflanzung oder die der „Zeitverknüpfung" in Einheiten der in der Nahrung aufgenommenen chemischen Energie erklärt werden kann, weiß ich nicht. Nicht so beim Geist – dieser „zeitbindenden", höheren exponentiellen Energie, „in der Lage, grundlegende Kräfte zu lenken". Wenn wir diese Energie frei von Spekulationen analysieren , werden wir feststellen, dass diese höhere Energie, die irgendwie direkt mit „Zeit" verbunden ist – egal welche Zeit sie ist – durch Transformation oder durch Rückgriff auf andere Energiequellen Folgendes *erzeugen* kann : neue Energien, die der Natur unbekannt sind. So wird die in Kohle umgewandelte Sonnenenergie beispielsweise in die Energie des Kolbenantriebs oder die Rotationsenergie einer Dampfmaschine usw. umgewandelt. Es ist offensichtlich, dass keine *chemische* Energiemenge in der Nahrung eine solche Energie wie die zeitbindende Energie erklären kann. Es bleibt nur noch eine Vermutung übrig, nämlich dass der zeitbindende Apparat eine Quelle für seine enorme Energie in der *Transformation organischer Atome hat* und – was sehr charakteristisch ist – die Ergebnisse *zeitbindende* Energien sind.

Diese Annahme ist nahezu sicher, da sie die einzig mögliche Annahme zur Erklärung dieser Energie zu sein scheint. Diese Annahme, die die einzige zu sein scheint, würde uns auffallende Tatsachen vor Augen führen, nämlich die Umwandlung organischer Atome, was eine direkte Inanspruchnahme der kosmischen Energie bedeutet; und diese kosmische Energie – Zeit – und Intelligenz sind irgendwie miteinander verbunden – wenn nicht sogar gleichwertig. Glücklicherweise können diese Dinge in wissenschaftlichen Labors überprüft werden. Radium wurde erst vor wenigen Jahren entdeckt und ist immer noch sehr selten, aber die Ergebnisse für Wissenschaft und Leben sind bereits jetzt enorm, da bei der Erforschung und Nutzung wissenschaftlicher Methoden zum Einsatz kam. Wir haben keine zoologischen oder theologischen Methoden angewendet, sondern nur direkte, korrekte und wissenschaftliche Methoden. Es gibt keinen Mangel an „menschlichem Radium", aber meines Wissens haben Physiker nie versucht, diese Energie unter diesem Gesichtspunkt zu untersuchen. Ich bin zuversichtlich, dass es, wenn sie erst einmal beginnen, Ergebnisse geben wird, bei denen alle sogenannten „ übernatürliche, spirituelle, übersinnliche" Phänomene, die keine Fälschungen sind, werden wissenschaftlich verstanden und bewusst genutzt. Mittlerweile sind sie größtenteils verschwendet oder werden nur noch damit gespielt. Es kann vorkommen, dass die Wissenschaft des Menschen – als Wissenschaft der Zeitbindung – uns die inneren und letzten Geheimnisse – die letzte Wahrheit – der Natur offenbart, die bis in die Unendlichkeit gültig ist.

Es ist sehr schwierig, in einem solchen Buch eine angemessene Liste der Literatur zu geben, die dabei helfen kann, den Leser allgemein über die großen Fortschritte zu informieren, die die Wissenschaft in den letzten Jahren gemacht hat. Dieses Buch ist auf seine Weise ein Pionierbuch, und daher gibt es keine Bücher, die sich direkt mit diesem Thema befassen. Es gibt zwei Zweige der Wissenschaft und eine Kunst, die für die

Weiterentwicklung des Faches von grundlegender Bedeutung sind; Diese beiden Wissenschaften sind (1) Mathematische Philosophie und (2) Wissenschaftliche Biologie. Die Kunst ist die Kunst des kreativen Ingenieurwesens.

In der mathematischen Philosophie gibt es meines Wissens nur vier große mathematische Autoren, die das Thema als eigenständige Wissenschaft behandeln. Es handelt sich um zwei englische Wissenschaftler, Bertrand Russell und AN Whitehead; ein Franzose, Henri Poincaré (verstorben); und ein Amerikaner, Professor CJ Keyser. Die Herren Russell und Whitehead nähern sich den Problemen aus rein logischer Sicht, und darin liegt der besondere Wert ihrer Arbeit. Henri Poincaré war Physiker (sowie Mathematiker) und nähert sich den Problemen daher in gewisser Weise aus der Sicht eines Physikers, ein Umstand, der seiner Philosophie ihren besonderen Wert verleiht. Professor Keyser geht die Probleme sowohl aus logischer als auch aus menschlicher Sicht an; Darin liegt der große menschliche und praktische Wert seiner Arbeit.

Diese vier Wissenschaftler sind einzigartig in ihren jeweiligen Ausarbeitungen und Erläuterungen der mathematischen Philosophie. Es ist nicht meine Aufgabe, dem Leser Ratschläge zu geben, welche Auswahl er treffen soll, denn wenn eine gründliche Kenntnis des Themas gewünscht wird, sollte der Leser alle diese Bücher lesen, aber nicht alle Leser sind bereit, diese Anstrengung zu unternehmen, um klares Denken zu erreichen (was inzwischen der Fall ist) . wird in der Wissenschaft weiterhin von *höchster* Bedeutung sein). Einige Leser möchten vielleicht selbst eine Auswahl treffen, und um ihnen die Auswahl zu erleichtern, werde ich ein „Menü" dieses intellektuellen Festes zusammenstellen, indem ich in einigen Fällen die Kapitelüberschriften nenne.

Aus vielen temporären Gründen war ich vor der Veröffentlichung nicht in der Lage, eine vollständigere Liste der Schriften dieser vier einzigartigen Männer zu geben; aber es gibt keinen Strich aus ihrer Feder, der aber mit großer Aufmerksamkeit gelesen werden sollte — außerdem gibt es eine sehr wertvolle Literatur über ihre Arbeit.

(1) Die rein mathematische Grundlage:

RUSSELL, BERTRAND.

„Die Prinzipien der Mathematik." Universität Cambridge, 1903.

(Ich gebe keine Auswahl aus dem Inhalt dieses Buches, da dieses Buch ohne Zweifel von jedem gelesen werden sollte, der sich für mathematische Philosophie interessiert.)

„Die Probleme der Philosophie." H. Holt & Co., NY, 1912.

„Unser Wissen über die Außenwelt als Feld für wissenschaftliche Methoden in der Philosophie." Chicago, 1914.

„Einführung in die mathematische Philosophie." Macmillan, NY

Auswahl aus dem Inhalt: Definition der Zahl. Die Definition von Ordnung. Arten von Beziehungen. Unendliche Kardinalzahlen. Unendliche Reihen und Ordnungszahlen. Grenzen und Kontinuität. Das Axiom der Unendlichkeit und logische Typen. Klassen. Mathematik und Logik.

„Mystik und Logik." Longmans Green & Co. 1919. NY

Auswahl aus Inhalten: Mathematik und die Metaphysiker. Zur wissenschaftlichen Methode in der Philosophie. Die ultimativen Bestandteile der Materie. Zum Begriff der Ursache.

WHITEHEAD, ALFRED N.

„Eine Einführung in die Mathematik." Henry Holt & Co. 1911. NY

„Die Organisation des pädagogischen und wissenschaftlichen Denkens." London, 1917.

Auszüge aus dem Inhalt: Die Grundlagen der Mathematik in Bezug auf den Grundschulunterricht. Die Organisation des Denkens. Die Anatomie einiger wissenschaftlicher Ideen. Raum, Zeit und Relativität.

„Eine Untersuchung über die Prinzipien des Naturwissens." Cambridge, 1919.

Auswahl aus Inhalten: Die Traditionen der Wissenschaft. Die Daten der Wissenschaft. Die Methode der umfangreichen Abstraktion. Die Theorie der Objekte.

„Der Begriff der Natur." Cambridge, 1920.

Auswahl aus Inhalten: Natur und Denken. Zeit. Die Methode der umfangreichen Abstraktion. Raum und Bewegung. Objekte. Die ultimativen physikalischen Konzepte.

„Principia Mathematica." Von AN Whitehead und Bertrand Russell. Cambridge, 1910-1913.

Dieses monumentale Werk steht für sich allein. „Als Werk der konstruktiven Kritik wurde es nie übertroffen. Für jeden und insbesondere für Philosophen und Naturwissenschaftler ist es eine erstaunliche Offenbarung, wie die vertrauten Begriffe, mit denen sie sich befassen, ihre Wurzeln tief in die Dunkelheit unter der Oberfläche des gesunden Menschenverstandes stecken.

Es ist ein erhabenes Denkmal für den kritischen Geist der Wissenschaft und den Idealismus unserer Zeit."

„Menschlicher Wert des rigorosen Denkens." CJ Keyser.

(2) Der Standpunkt des Physikers:

POINCARÉ , HENRI.

„Die Grundlagen der Wissenschaft." The Science Press, NY, 1913.

Auswahl aus Inhalten: Wissenschaft und Hypothese. Anzahl und Größe. Raum. Gewalt. Natur. II. Der Wert der Wissenschaft. Die mathematischen Wissenschaften. Die physikalischen Wissenschaften. Der objektive Wert der Wissenschaft. III. Wissenschaft und Methode. Wissenschaft und der Wissenschaftler. Mathematische Argumentation. Die neue Mechanik. Astronomische Wissenschaft.

(3) Der menschliche, zivilisatorische, praktische Lebens-Standpunkt:

KEYSER, CASSIUS J.

„Wissenschaft und Religion: Das Rationale und das Überrationale." Die Yale University Press.

„Die neue Unendlichkeit und die alte Theologie." Die Yale University Press.

„Der menschliche Wert rigorosen Denkens." Essays und Adressen. Columbia University Press, 1916.

Auswahl aus dem Inhalt: Der menschliche Wert rigorosen Denkens. Die menschliche Bedeutung der Mathematik. Die Mauern der Welt; oder über die Gestalt und die Dimensionen des Weltraumuniversums. Das Universum und darüber hinaus. Die Existenz des Hyperkosmischen . Das Axiom der Unendlichkeit: Eine neue Voraussetzung des Denkens. Forschung an amerikanischen Universitäten. Mathematische Produktivität in den Vereinigten Staaten.

„Mathematische Philosophie, das Studium von Schicksal und Freiheit. Vorträge für gebildete Laien." Kommendes Buch.

Auswahl aus Inhalten von allgemeinem Interesse: Die mathematischen Verpflichtungen der Philosophie. Humanistische und industrielle Ausbildung. Logik, die Muse des Denkens. Strahlende Aspekte einer Überwelt . – Verifizierer und Falsifizierer. Bedeutung und Unsinn. – Unterscheidung von logisch und psychologisch. Ein Diamanttest der Harmonie. – Unterscheidung von Lehre und Methode. – Theoretischer und praktischer Zweifel. – Mathematische Philosophie in der Rolle des Kritikers. Eine Welt ohne Kritik – der Garten des Teufels. „ Supersimische " Weisheit. Autonome Wahrheit und autonome Lüge. Andere Arten von Wahrheit und

Unwahrheit. Mathematik als Lehre von Schicksal und Freiheit. Der Prototyp eines begründeten Diskurses, oft getarnt als in der Unabhängigkeitserklärung, der Verfassung der Vereinigten Staaten , der Entstehung der Arten, der Bergpredigt. – Natur der mathematischen Transformation. Keine Transformation, kein Denken. Transformationsgesetz im Wesentlichen psychologisch, Beziehungsfunktion und Transformation als drei Aspekte einer Sache. Sein Studium, das gemeinsame Unterfangen der Wissenschaft. Die statische und die dynamische Welt. Das Problem der Zeit und verwandte Probleme. Zeitimport und Zeitunterdrückung als klassische Mittel der Wissenschaften . – Die Natur der Invarianz. Das uralte Problem der Beständigkeit und Veränderung. Die Suche nach dem, was in einer sich verändernden Welt als roter Faden der Menschheitsgeschichte bestehen bleibt. Das Band der Kameradschaft zwischen den Unternehmungen des menschlichen Geistes . – Der Begriff einer Gruppe. Der in vielen Bereichen einfach verkörperte Begriff ist „Geist" , eine Gruppe. Die Philosophie des kosmischen Jahres . – Grenzen und Grenzprozesse, allgegenwärtig als Ideale und Idealisierung, in allem Denken und menschlichen Streben. Ideale sind der Feuerstein der Realität. – Mathematische Unendlichkeit, ihre dynamischen und statischen Aspekte. Notwendigkeit der Geschichte des Imperious-Konzepts. Die Rolle der Unendlichkeit in einem mächtigen Gedicht . – Bedeutung der Dimensionalität. Unterscheidung von Vorstellungskraft und Vorstellung. Logische Existenz und sinnliche Existenz. Offene Wege zu unvorstellbaren Welten . – Die Theorie der logischen Typen. Eine überragende Anwendung davon auf die Definition des Menschen und die Wissenschaft vom menschlichen Wohlergehen . – Die Psychologie der Mathematik und die Mathematik der Psychologie. Beide noch in den Kinderschuhen. Konsequente Verzögerung der Wissenschaft. Die Symmetrie des Denkens. Die Asymmetrie der Vorstellungskraft. – Wissenschaft und Technik. Wissenschaft als Ingenieurwesen in Vorbereitung. Ingenieurwesen als Wissenschaft in Aktion. Mathematik der Leitfaden des Ingenieurs. Ingenieurwesen, der Führer der Menschheit. Die Menschheit ist die zivilisierende oder zeitbindende Klasse des Lebens. Eigenschaften, die für die technische Führung unerlässlich sind. Die Ethik der Kunst. Der Ingenieur als Pädagoge, als Wissenschaftler, als Philosoph, als Psychologe, als Ökonom, als Staatsmann, als mathematischer Denker – als Mann.

Anhang II. Biologie und Zeitbindung

Das Leben eines einzelnen Menschen ist kurz und nur sehr wenigen ist es gegeben, in seinem Leben viel zu erreichen. Umfangreiche Erfolge werden fast ausschließlich dadurch erzielt, dass viele Männer die Arbeit eines Entdeckers übernehmen. In einem solchen Fall kommen wir zu einem *vollständigen Ergebnis* „Wahrheit" nicht durch die Produktion eines einzelnen Mannes, sondern durch eine Kette von Männern, aber die ursprüngliche Entdeckung muss nicht nur produziert, sondern auch korrekt definiert werden, bevor sie verwendet werden kann, und das ist der wichtige Punkt, der angesprochen werden muss. Was wir nicht erkennen, ist die enorme Menge an geistiger Arbeit, die durch die falsche Verwendung von Wörtern verloren geht.

Das menschliche Denken – dieses einzigartige, subtile und dennoch energischste Phänomen der Natur – wird größtenteils mutwillig verschwendet, weil wir keine geeignete Sprache verwenden oder uns nicht darum bemühen; Gleichzeitig führen falsche Definitionen zu Konsequenzen, die nicht nur verschwenderisch, sondern geradezu schädlich sind. Wenn Ideen und Fakten falsch definiert werden, neigen sie dazu, uns zu falschen Schlussfolgerungen zu führen, und falsche Schlussfolgerungen führen uns in falsche Richtungen, und das Leben und das Wissen werden dadurch stark beeinträchtigt. Unser Fortschritt ist kein wohlgeordnetes Streben nach der Wahrheit, da der reine Zufall dabei eine zu große Rolle spielt.

Bis vor Kurzem galt Logik als die Wissenschaft des richtigen Denkens, aber das moderne Denken ist so weit fortgeschritten, dass die alte Logik nicht in der Lage ist, mit der großen angesammelten Menge – der großen komplizierten Masse bestehender Ideen und Fakten – umzugehen, und so sind wir dazu gezwungen nach einem anderen Instrument zu suchen, das viel zweckmäßiger und leistungsfähiger ist. Es besteht keine Notwendigkeit, eine neue Wissenschaft zu etablieren, um die Logik zu ersetzen. Wir müssen uns einfach genauer mit den jeweiligen Wissenschaften befassen und uns der Tatsache bewusst werden, die uns die ganze Zeit begleitet hat, nämlich dass Mathematik und mathematisches Denken nichts anderes sind als die wahre Logik der Natur – die universelle Sprache der Natur – das einzige Ausdrucksmittel das ist für alle Völker gleich. Das ist kein Wortspiel, sondern eine Tatsache, die nach einer Untersuchung jeder zugeben muss. Jeder, der logisch denken will, muss mathematisch denken oder den Anspruch auf korrektes Denken aufgeben – es gibt kein Entrinnen, und alle, die sich weigern, die Richtigkeit dieser Aussage zu untersuchen, stellen sich außerhalb der Gruppe logisch denkender Menschen. Die Anwendung strengen Denkens auf das Leben wird durch die Einführung richtiger Definitionen, korrekter Klassifikationen und gerechter Sprache sogar die wissenschaftlichen Methoden revolutionieren und so zu vertrauenswürdigen Ergebnissen führen. Sehr wahrscheinlich müssen alle unsere Lehren und Glaubensbekenntnisse überarbeitet werden; einige wurden abgelehnt, andere korrigiert, andere erweitert; die Einstimmigkeit aller Wissenschaften herbeizuführen und so ihre Wirksamkeit bei der Suche nach der Wahrheit erheblich zu steigern. Diese Anwendung der Mathematik auf das Leben wird sogar die Mathematik selbst revolutionieren. In App. Es wird vorläufig vorgeschlagen, wie dies erreicht werden kann.

Da die scheinbar ultimative und höchste experimentell bekannte Energie die zeitbindende Energie des Menschen ist, könnte dieses neue Konzept zu einer Veränderung unserer gegenwärtigen Vorstellungen von Materie, Raum und Zeit führen, ähnlich wie die Entdeckung des Radiums sie beeinflusst hat. Dieses Problem kann nur durch *wissenschaftliche* Experimente mit der *zeitbindenden Energie* gelöst werden .

In vielen, sogar in den meisten Fällen stellt die Analyse dieser Phänomene große technische Schwierigkeiten dar, aber warum sollten wir unseren Geist verwirren, indem wir Angst vor Worten haben oder ein Sklave von ihnen sind? Wenn wir *Wein* nicht Wein , sondern nach seiner chemischen Formel nennen würden, würde dies dann in irgendeiner Weise die Qualität des Weins verändern? Natürlich nicht. Alle „Eigenschaften" bleiben bestehen, weil sie Tatsachen sind und nicht durch Worte verändert werden können.

Ein äußerst erbärmliches Bild der Verwüstung und des Chaos , die der falsche Gebrauch von Wörtern in das Leben und die Wissenschaft bringt, zeigt sich in allen Bereichen des Denkens durch den endlosen und erbitterten Kampf um nicht genau definierte Wörter. Die Mathematik konnte ihre größten Erfolge aufgrund ihrer Methode der exakten Analyse des Kontinuums, der Dimensionen, Klassen, Beziehungen, Funktionen, transfiniten Zahlen usw. sowie von Raum und Zeit erzielen. Bisher hatten nicht alle dieser Vorstellungen in ihrer scharf definierten Form direkte Anwendung auf unser tägliches Leben oder auf unsere Weltanschauung. Die in App ausgedrückten Gedanken. Ich könnte dieses „fehlende Glied" vorschlagen – die Mathematik enger mit dem Leben zu verbinden.

Die moderne Wissenschaft weiß, dass alle Energien irgendwie von einer Art in eine andere umgewandelt werden können und dass sie alle eine Art von Energiephänomenen darstellen, unabhängig davon, woher sie stammen. Beispielsweise erzeugt eine galvanische oder chemische Batterie die gleiche Art von Elektrizität wie der mechanische Prozess der Reibung oder das Zusammenspiel kosmischer Gesetze wie im Dynamo. In einigen Fällen sind die Umwandlungen bei entsprechender Anpassung unserer Systeme reversibel, das heißt, die Energie führt zu einem chemischen Prozess – einem

Akkumulator; der chemische Prozess führt zu Elektrizität – der galvanischen Batterie; Bewegung führt zu Elektrizität – dem Dynamo; Elektrizität führt zu Bewegung – dem Elektromotor; usw. Wir wissen, dass alle Energien irgendwie miteinander verbunden sind, sodass ihre Transformation möglich ist. Die Wirkungen ein und derselben Energieart sind absolut gleich – unabhängig von ihrer Herkunft. Das Wunder einer elektrischen Lampe ist dasselbe Wunder wie beim Dynamo, unabhängig davon, ob der Ursprung der Elektrizität chemisch, mechanisch oder kosmisch ist. Die Experimente in der wissenschaftlichen Biologie haben bewiesen, dass dies bei lebenden Organismen der Fall ist, und gerade darin liegt die enorme Bedeutung der Entdeckungen in der wissenschaftlichen Biologie. Licht und andere Energien reagieren auf Organismen auf die gleiche Weise wie chemische Reaktionen und diese Phänomene sind reversibel. Darüber hinaus wurden lebende komplexe Organismen hervorgebracht, die durch eine chemische oder mechanische Behandlung des Eies zur Reife heranwuchsen, und dies wurde in den Kinderschuhen der wissenschaftlichen Biologie erreicht! (Siehe „*Die Organismen als Ganzes*" von Jacques Loeb.)

Alle Phänomene *in der Natur* sind *natürlich* und sollten als *solche betrachtet werden* . Der menschliche Geist ist zumindest eine Energie, die andere Energien lenken kann; Es ist falsch und irreführend, es *als supernatürlich* zu bezeichnen . Es ist natürlich wahr, dass wir die Natur des menschlichen Geistes nicht vollständig verstehen und wir werden lernen, ihn zu verstehen, wenn wir genug Verstand haben, um ihn als *natürlich zu erkennen* . Wenn wir weiterhin sagen und glauben, dass „spirituelle Beweise nicht auf einer materiellen Grundlage erklärt werden können", sollte diese Aussage gleichermaßen auf Elektrizität oder Radium anwendbar sein. Wenn diese Aussage für diese Phänomene falsch ist, ist sie ebenso falsch für den Geist oder die sogenannten Geistes- und Willenskräfte. Das wissenschaftliche Verständnis dieser Phänomene wird diese Phänomene nicht „degradieren" , *denn das ist nicht möglich. Tatsachen bleiben Tatsachen und keine wissenschaftliche Erklärung eines Phänomens kann das, was eine Tatsache ist, herabsetzen oder herabwürdigen.* Elektrizität ist Elektrizität und nichts anderes, egal woher sie kommt; Die menschlichen zeitbindenden Energien (die alle Fähigkeiten umfassen) sind die höchsten der bekannten Energien – gleichermaßen großartig und erstaunlich – unabhängig von ihrer Basis; und das wissenschaftliche Verständnis von ihnen wird unseren Respekt vor ihnen und vor uns selbst nur *vergrößern* ; Es wird uns zweifellos helfen, sie durch mathematische Analyse auf unbestimmte Zeit weiterzuentwickeln. Die *Base* ist nicht das Phänomen – Schwefelsäure und Zink *sind keine* Elektrizität; zeitbindende Energien *sind kein* Pfund Beefsteak, obwohl ein Pfund Beefsteak helfen kann, Leben zu retten und daher von *entscheidender Bedeutung* für die Entstehung eines Gedichts oder einer Sonate sein kann; aber für keines von beiden kann ein Beefsteak gelten.

Ich habe versucht, mit einigem Erfolg, wie ich vertraue, diese Probleme in Wissenschaft und Leben zu lösen; Die Ergebnisse sind erstaunlich, da sie uns zu einer viel höheren und umfassenderen Ethik führen, als die Gesellschaft jemals zuvor hatte. Durch diese Analyse beweise ich , dass das Verständnis dieses erstaunlichsten, aber NATÜRLICHEN Phänomens des menschlichen Lebens uns zur wissenschaftlichen Quelle der Ethik führt, und ich beweise, dass die sogenannten „höchsten Ideale der Menschheit" nichts von „Sentimentalismus" oder „Sentimentalismus " enthalten. *„übernatürlich "* in ihnen, sondern sind ausschließlich die *Erfüllung* der *Naturgesetze* für die *menschliche Lebensklasse* . Die Anerkennung der Tatsache, dass die Phänomene des menschlichen Geistes natürlich sind und als solche dem Naturgesetz entsprechen, hat gegenüber der „übernatürlichen" Einstellung den weiteren Vorteil, dass wir einem Gesetz der menschlichen Natur genauso wenig entgehen können wie dem Gesetz der Schwerkraft; mit anderen Worten: Die menschliche Ethik wird die Gültigkeit des Naturrechts haben. Mit der übernatürlichen Einstellung war es einfach genug, den Problemen des Lebens durch eine einfache Aussage – „ Ich glaube nicht" – aus dem Weg zu gehen, und das reichte aus, um alle Bindungen zu lösen und von der „übernatürlichen Moral" frei zu werden – aber um davonzukommen von der „natürlichen Moral" und *bleiben* MENSCHLICH ist UNMÖGLICH . Dagegen war es bei einer künstlich formulierten Moral leicht genug, sich durch eine einfache mentale Spekulation zu lösen und vollkommen zufrieden zu sein, solange man dem Gefängnis entkam; Mit einer Moral, die deutlich macht, dass es sich um ein NATURGESETZ FÜR DIE MENSCHLICHE KLASSE DES LEBENS HANDELT, WIRD DER VORHANG DER SOPHISTIK UND SPEKULATION ENTFERNT UND JEDER, DER SICH VON DEN NATURGESETZEN FÜR MENSCHEN löst, wird selbst wissen, dass er außerhalb des Gesetzes steht – FÜR DEN MENSCHEN .

Ingenieure sind keine Metaphysiker, ihr Fachgebiet besteht nicht aus klugen Argumenten, sondern aus bewiesenen Tatsachen; Ihre Arbeit besteht nicht darin, die Luft mit trüben Gesichtsausdrücken oder Sophistik zu vernebeln, sondern zu erschaffen; Ihre Methode ist wissenschaftlich und ihr Werkzeug ist die Mathematik. Es ist bekannt, dass in einigen Tempeln bereits in der Antike elektrische Phänomene bekannt waren und dazu dienten, die unwissenden Massen in Ehrfurcht und Gehorsam zu versetzen. Sollen wir den Methoden dieser Zauberer folgen oder sollen wir den Tatsachen direkt ins Auge sehen? Sollen wir das Leben und die üblicherweise sogenannten mentalen, spirituellen Phänomene usw. als *übernatürlich betrachten* , nur weil wir sie nicht verstehen? Es scheint offensichtlich , dass alles , was *in der Natur existiert, natürlich ist* , egal wie einfach oder kompliziert das Phänomen ist; und in keinem Fall kann das sogenannte „ *Übernatürliche* " etwas anderes als ein völlig natürliches Gesetz sein, auch wenn es im Moment über oder jenseits unseres gegenwärtigen Verständnisses liegt. Die Geisteshaltung, die das

Übernatürliche zulässt, *verblendet* und vereitelt jede Analyse oder jeden Analyseversuch. Die unvoreingenommene Analyse des sogenannten „Übernatürlichen" *ändert* nichts an seinen seltsamen und hohen Funktionen. Die Phänomene der menschlichen zeitbindenden Energie sind und bleiben die kostbarste, subtilste und höchste bekannte Funktion, unabhängig von ihrem Ursprung. *Tatsachen* dürfen nicht *geleugnet* oder *verfälscht werden* , wenn die Analyse zu korrekten Schlussfolgerungen führen soll. Die hohe Dimensionalität des menschlichen Geistes, die sogenannten Geistes- und Willenskräfte, *sind Tatsachen* und müssen als solche *akzeptiert werden*. Es ist an der Zeit, eine exakte Wissenschaft zu etablieren, die sich mit ihnen befasst. Die Probleme des Tierlebens wurden ohne Vorurteile angegangen, kein übernatürlicher „Funke" störte uns in unserer Analyse – ein Tier war ein Tier und nichts anderes – wir vermischten keine Dimensionen, daher sehen wir, dass die „ soziale Struktur" der Tiere auf Eine Farm bricht nie zusammen, da sie auf wissenschaftlicher Grundlage und mit Verständnis für *die* richtigen Standards geführt wird. Tiere leben heute glücklicher als der Mensch. Wir lassen nicht zu, dass Tiere das „Überleben des Stärkeren" oder den „Wettbewerb" praktizieren , was viel zu destruktiv ist. Unser gegenwärtiges Gesellschaftssystem zwingt diese verheerenden Methoden allein dem Menschen auf, und das Ergebnis ist, dass das abscheuliche Sprichwort „Homo homini lupus" wahr geworden ist.

In der modernen Wissenschaft mangelt es nicht an Fakten, wir müssen sie zunächst einmal kennen. Wenn wir zum Beispiel Schwefelsäure und Zink nehmen und eine sogenannte galvanische Batterie herstellen, sehen wir, dass aus zwei chemischen Substanzen eine dritte – ein Salz – hergestellt wird, zusätzlich zu der wir eine besondere Energie erzeugen, die Elektrizität genannt wird. Wer kennt nicht die wunderbaren Eigenschaften dieses Phänomens?

Die wissenschaftliche Biologie hat in letzter Zeit enorme Fortschritte gemacht; Ingenieure können es sich nicht leisten, die in Laboruntersuchungen festgestellten Fakten zu ignorieren. Das Problem des „Lebens" und anderer Energien, das bisher als „ *übernatürlich* " galt, ist gut im Griff und erweist sich dennoch als erstaunlich, wenn auch völlig natürlich. Eine Reihe von Wissenschaftlern auf der ganzen Welt beschäftigen sich mit diesem Problem, und die wissenschaftlichen Tatsachen, die sie festgestellt haben und die heute nicht mehr geleugnet werden können, gehören heute zum Bereich des praktischen Lebens. Ingenieure müssen diese Fakten natürlich kennen; Mathematiker müssen beim Studium aller Wissenschaften die richtigen Dimensionen festlegen, und die Menschen müssen mathematische Philosophie studieren. Nur dann kann der Integrationsprozess in jeder Phase des Denkens fehlerfrei erfolgen. Da gibt es kein Entrinnen, wenn *die Wahrheit* das ist, was wir wirklich wollen. Aber hier kann ein Einwand erhoben werden, ein Einwand, der für einige tatsächlich schwerwiegend ist; nämlich, was wird an die Stelle der alten Philosophie, des Rechts und der Ethik treten, wenn das menschliche Leben nichts anderes als ein physikalisch -chemischer Prozess ist? Um Doktor Jacques Loeb aus seinem *Werk „Mechanistische Lebensauffassung" zu zitieren* : „Wenn auf der Grundlage einer ernsthaften Untersuchung diese Frage (*dass alle Lebensphänomene eindeutig in physikalisch -chemischen Begriffen erklärt werden können* – Autor) mit Ja beantwortet werden kann, ist unser soziales und das ethische Leben muss auf eine wissenschaftliche Grundlage gestellt werden und unsere Verhaltensregeln müssen mit den Ergebnissen der wissenschaftlichen Biologie in Einklang gebracht werden. Die mechanistische Lebensauffassung ist nicht nur mit der Ethik vereinbar, sie scheint auch die einzige Lebensauffassung zu sein, die zum Verständnis der Quelle der Ethik führen kann."

Ich hoffe, mit diesem Buch bewiesen zu haben, dass die *wissenschaftliche* Ethik auf Naturgesetzen für die menschliche Lebensklasse basiert; dass es auf der experimentell nachgewiesenen Tatsache beruht, dass der Mensch ein Zeitbinder ist, der als solcher von Natur aus in der Zeit aktiv ist; und dass dieses Konzept oder diese Definition des Menschen streng wissenschaftlich ist und die höchsten Funktionen des Menschen – die höchste geistige und spirituelle Vollkommenheit – erklärt, ohne dass es einer „ *übernatürlichen* " Hypothese bedarf .

Die wissenschaftliche Biologie beweist die Tatsache, dass das Leben und alle seine Phänomene das Ergebnis besonderer physikalisch -chemischer Prozesse sind, die sich in besonderen Energien manifestieren, deren höchste bekannte Form der menschliche Geist ist. Es ist bekannt, dass diese Prozesse reversibel sind, da einige dieser besonderen Energien physikalisch - chemische Veränderungen in ihrer eigenen Basis verursachen; Ich schlage vor, den damit verbundenen Prozess Biolyse zu nennen, so wie ich vorschlage, die produzierten Substanzen Biolyt zu nennen . Diese Phänomene haben eine parallele Analogie in der anorganischen Chemie – in der Elektrizität –, wobei der Unterschied nur im Maßstab oder in der Dimension besteht. Wenn ein elektrischer Strom durch eine spezielle Batterie geleitet wird, die Akkumulator oder reversible Batterie genannt wird, kommt es zu chemischen Veränderungen, indem neue Verbindungen gebildet werden, die eine reversible Kapazität besitzen; nämlich bei der Reproduktion der früheren Materialien – also Strom wird erzeugt. Dieser Prozess der Bildung chemischer Substanzen durch Durchleiten eines elektrischen Stroms wird Elektrolyse genannt, und das dabei entstehende Produkt wird Elektrolyt genannt. Gleichzeitig ist es eine bekannte Tatsache, dass die organische Chemie unendlich komplizierter und vielfältiger ist als die anorganische

Chemie. Die durch die Reaktionen einiger organischer chemischer Gruppen erzeugte Energie ist daher komplizierter und hat eine andere Dimension. Eine dieser Energien der organischen Chemie, die in letzter Zeit in den Bereich der wissenschaftlichen Analyse gelangt ist, wird Leben genannt – ihre physikalisch -chemische Basis ist das Protoplasma, dessen *Ergebnis ich die* „zeitverknüpfende" Kapazität oder Energie nenne . Dieser Name ist wichtig für die Konsequenzen, die er später mit sich bringt. Die Fähigkeit oder Energie des Menschen, Zeit zu binden (egal welche Zeit es ist – wenn es eine gibt), die einzigartig für den Menschen ist, ist ein höchst subtiler Komplex; Es ist die höchste bekannte Energie und hat wahrscheinlich viele Unterteilungen. Ohren reagieren empfindlich auf die Vibrationen der Luft. Die Augen reagieren empfindlich auf die subtileren Schwingungen des Lichts . In ähnlicher Weise reagiert der zeitbindende Apparat auf die subtilsten Energien. Darüber hinaus verfügt es über die Fähigkeit, nicht nur alle unsere Empfindungen, sondern auch die zeitbindenden Energien anderer Menschen zu registrieren. und es hat offenbar die Fähigkeit, die Energien des Universums zu registrieren.

Auch hier sehen wir die gleiche Kontinuität der Phänomene; das Protoplasma als komplexe organische physikalisch -chemische Einheit, die die Besonderheit hat, „ autonom " zu „leben", zu wachsen und sich zu vermehren, und diese gleiche autonome Besonderheit *gilt auch* für die *zeitbindende Energie* ; es wächst und vermehrt sich „autonom" in seiner eigenen Dimension. Die zeitbindende Energie ist eine komplexe Strahlungsenergie, die den Emanationen von Radium ähnelt und wahrscheinlich auch viele verschiedene Unterteilungen aufweist. *Beachten Sie, dass die Umwandlung des Atoms* oder die Umwandlung *radioaktiver Substanzen nach Durchlaufen verschiedener Stufen nicht vollständig ist, sondern wahrscheinlich im Blei endet, wohingegen die Umwandlung, die bei der Produktion der zeitbindenden Energie stattfindet, wahrscheinlich vollständig oder nahezu vollständig ist ist das, was ich die zeitbindende Energie nenne. (Siehe* <u>Anhang I. </u>*)* Alle höheren Eigenschaften des Menschen, die üblicherweise als „mentale, spirituelle und Willenskräfte" usw. bezeichnet werden, sind in dieser genauen Definition von Energie enthalten – in der Fähigkeit, Zeit zu binden. Ein Diagramm wird die Kontinuität, Entwicklung und den Mechanismus dieser zeitbindenden Energie besser erklären.

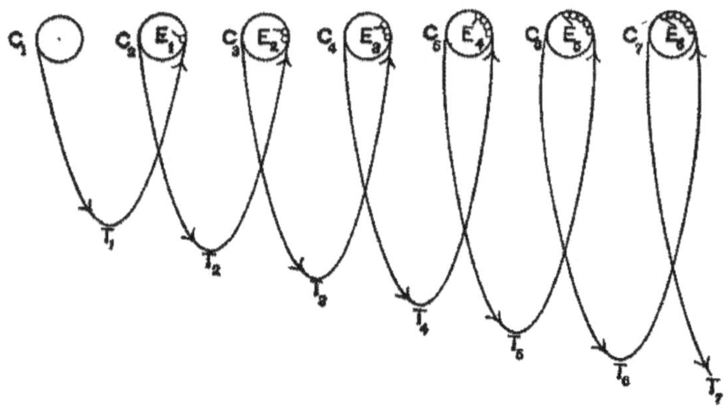

Biologie und Zeitbindung.

C_1 ist die physikalisch -chemische Basis (der Einfachheit halber stelle ich den gesamten Komplex als eine Base dar) der menschlichen zeitbindenden Energie. T_1 ist der Gedanke, der durch einen physikalisch -chemischen Prozess erzeugt wird (der, nur zur Veranschaulichung, der von einer galvanischen Batterie erzeugten Elektrizität entspricht). Der Gedanke T_1 erzeugt wiederum eine physikalisch -chemische Wirkung E_1 auf die Basis C_1 (entsprechend aus dem gleichen Grund der Elektrolyse und dem Elektrolyten in der Elektrizität). C_1 und E_1 kombiniert, oder C_2 erzeugt T_2 , das wiederum auf die Base einwirkt und einen physikalisch -chemischen Effekt E_2 *erzeugt*, diese neue Kombination erzeugt die Energie T_3 und so weiter ... theoretisch ohne Grenzen, wie solange es *irgendeine Energiequelle gibt* , aus der diese besondere Energie schöpfen kann. Diese Theorie, die ich „Spiraltheorie" nenne, stellt einen suggestiven Wirkmechanismus der zeitbindenden Energie dar und steht im Einklang mit den neuesten wissenschaftlichen Erkenntnissen. Es erklärt die Prozesse aller mentalen und sogenannten spirituellen Energien, die für die Menschheit ein großes Rätsel darstellen, und es erklärt auch andere Phänomene, für die es bisher keinerlei wissenschaftliche Erklärung gab.

Die Tiere sind *nicht* zeitgebunden, sie haben *nicht* die Fähigkeit der „Spirale" ; Daher haben sie keinen autonomen Fortschritt. Gleichzeitig wird es offensichtlich sein, dass wir, wenn wir den Menschen falsche Vorstellungen beibringen, ihre zeitbindenden Fähigkeiten und Energien sehr stark beeinträchtigen, indem wir die physikalisch-chemischen Grundlagen in falscher Weise beeinflussen. Diese Energie ist so eigenartig, dass sie, wenn ich den alten Ausdruck verwenden darf, die höchsten Ideale (wenn die zeitbindende Energie ungehindert ist und normal arbeiten darf) und auch die verbrecherischsten Ideen (wenn die zeitbindende Energie ... wird durch falsche Lehren behindert und funktioniert infolgedessen abnormal). Wir können Tiere nicht moralisch oder unmoralisch machen, weil sie nicht über die Fähigkeit verfügen, Zeit zu binden. Während der menschliche Fortschritt durch falsche Vorstellungen sehr stark beeinträchtigt werden kann; Mit anderen Worten: Der Biolyt falscher Lehren in der tierischen Dimension muss sich stark vom Biolyt wahrer Ideen in der menschlichen Dimension unterscheiden . Glücklicherweise kann man von der Natur oder ihren Gesetzen nicht völlig abweichen oder sie verletzen – die zeitbindende Energie kann in der zeitbindenden Klasse des Lebens nicht vollständig unterdrückt werden. Die falschen Lehren, dass wir Tiere und im Wesentlichen brutal und egoistisch sind, können die menschliche Natur natürlich nicht nur auf die tierische Ebene herabwürdigen, sondern sogar noch tiefer. Glücklicherweise kann die Wissenschaft nun erklären und beweisen, wie teuflisch grundsätzlich diese Lehren auf das Leben und den Fortschritt der Menschen wirken. Es wird ein Schock für diejenigen sein, die Tiernormen lehren, predigen und praktizieren und sich gleichzeitig selbst widersprechen, wenn sie von „Unsterblichkeit" und „Erlösung " sprechen ; Ein wenig Nachdenken macht völlig klar, dass „tierische Standards" und „Erlösung" oder „Unsterblichkeit" einander einfach ausschließen. Mit der Verwirklichung des Naturgesetzes der Zeitbindung ist der Weg offen, sich wissenschaftlich mit dem Problem der Unsterblichkeit auseinanderzusetzen. Die zeitbindenden Energien sowie das „Leben" folgen derselben Art von Exponentialfunktion. „Die ständige Synthese von spezifischem Material aus einfachen Verbindungen unspezifischen Charakters ist das Hauptmerkmal, durch das sich lebende Materie von nicht lebender Materie unterscheidet ... Dieses Problem der Synthese führt zur Annahme der Unsterblichkeit der lebenden Zelle. denn es gibt *a priori* keinen Grund, warum diese Synthese jemals von selbst zum Stillstand kommen sollte, solange genügend Nahrung zur Verfügung steht und die richtigen äußeren physikalischen Bedingungen gewährleistet sind.... Die Vorstellung, dass die Körperzellen von Natur aus unsterblich sind und sterben Erst wenn man extremen Verletzungen wie längerem Sauerstoffmangel oder zu hoher Temperatur ausgesetzt ist, hilft man, ein Problem verständlicher zu machen. Der Medizinstudent, der zum ersten Mal erkennt, dass das Leben von diesem einen Organ, dem Herzen, abhängt, das in den etwa siebzig Jahren, die dem Menschen zur Verfügung stehen, ununterbrochen seine Pflicht erfüllt, ist erstaunt über die Unsicherheit unserer Existenz. Es scheint in der Tat unheimlich, dass ein so empfindlicher Mechanismus über so viele Jahre hinweg so regelmäßig funktionieren kann. Die mit diesem und anderen Anpassungsphänomenen verbundene Mystik würde verschwinden, wenn wir sicher wären, dass alle Zellen wirklich unsterblich sind und dass die Tatsache, die einer Erklärung bedarf, nicht die fortgesetzte Aktivität, sondern das Aufhören der Aktivität im Tod ist. Wir sehen also , dass die Idee der Unsterblichkeit der Körperzelle, wenn sie verallgemeinert werden kann, dazu bestimmt sein könnte, eine der

Hauptstützen für eine vollständige physikalisch -chemische Analyse von Lebensphänomenen zu werden, da sie die Haltbarkeit von Organismen verständlich macht. „ (*Der Organismus als Ganzes* , von Jacques Loeb.)

Die Aussichten für diejenigen, die egoistische, gierige und „raumbindende Tiernormen" leben und bekennen, sind nicht sehr vielversprechend, wie die „Spirale" offenbart , aber leider können wir ihnen nicht helfen; Nur die Bindung an die Zeit – nur die Erfüllung der Naturgesetze für den Menschen – kann ihnen den vollen Nutzen aus ihren natürlichen Fähigkeiten verschaffen, mit denen sie sich über die Tiere und deren Schicksal erheben können.

Die in wissenschaftlichen biologischen Forschungen erzielten Ergebnisse nehmen sehr schnell zu und jeder Fortschritt in ihrem Wissen beweist, dass diese Theorie wahr ist. Wenn sie sich in einigen Fällen unterscheiden, liegt das nicht daran, dass die Prinzipien dieser Theorie falsch sind, sondern daran, dass sie Dimensionen vermischen und nicht ausreichend definierte Wörter verwenden, was immer zu Verwirrung und einer Behinderung des wissenschaftlichen Fortschritts führt.

Die meisten der in diesem Anhang aus mathematischer Sicht behandelten Probleme basieren auf Laborfakten. Wir müssen sie nur sammeln und es bedarf kaum einer Vorstellungskraft, um ihre allgemeine Bedeutung zu erkennen. Seitdem wir die Tatsache entdeckt haben, dass der Mensch ein Zeitbinder ist (egal wie spät es ist) und den Sinn für Dimensionalität in die Erforschung von Lebensphänomenen im Allgemeinen eingeführt haben, werden viele Tatsachen, die vorher nicht klar waren, jetzt sehr klar.

Ich habe dieses Buch auf einem Bauernhof geschrieben, ohne irgendwelche Bücher zur Hand zu haben, und ich hatte in den fünf Jahren, die ich im Kriegsdienst und im Kriegsdienst verbrachte, keinen Kontakt zum Fortschritt der Wissenschaft. Mein Freund Dr. Grove-Korski, früher an der Universität Berkeley, machte mich besonders auf die Bücher von Dr. Jacques Loeb aufmerksam. Ich fand dort einen Schatz an Laborfakten, die wie nichts Besseres die Richtigkeit meiner Theorie veranschaulichen könnten. Mit großer Befriedigung stellte ich fest, dass die neue „wissenschaftliche Biologie" wissenschaftlich ist, weil sie mathematische Methoden unter besonderer Berücksichtigung der Dimensionalität verwendet hat – sie „melkt kein Auto".

Für den Mathematiker und den Ingenieur ist die von Dr. J. Loeb begründete „Tropismustheorie des Tierverhaltens" von größtem Interesse, da es sich dabei um eine Theorie handelt, die die Funktionen und Reaktionen eines Organismus *als Ganzes analysiert* und daher gibt es keine Chance für eine Verwechslung von Ideen oder eine Vermischung von Dimensionen.

„Physiologen haben es sich seit langem zur Gewohnheit gemacht, nicht die Reaktionen des gesamten Organismus, sondern die Reaktionen einzelner Segmente zu untersuchen; die sogenannten Reflexe. Während es gerechtfertigt erscheinen mag, die Reaktionen des Organismus als Ganzes aus den einzelnen Reflexen zu konstruieren, ist ein solcher Versuch in Wirklichkeit zum Scheitern verurteilt, da nicht damit gerechnet werden kann, dass die Reaktionen, die in einem isolierten Element hervorgerufen werden, auftreten, wenn dasselbe Element ein Teil davon ist des Ganzen aufgrund der gegenseitigen Hemmungen, die die verschiedenen Teile des Organismus in organischer Verbindung aufeinander ausüben; und es ist daher unmöglich, das Verhalten eines ganzen Tieres als die algebraische Summe der Reflexe seiner isolierten Segmente auszudrücken ... Es wäre daher ein Missverständnis, von Tropismus als von Reflexen zu sprechen, da Tropismen Reaktionen sind des Organismus als Ganzes, während Reflexe Reaktionen isolierter Segmente sind. Reflexe und Tropismen stimmen jedoch in einer Hinsicht überein, da beide offensichtlich rein physikalisch -chemischen Charakter haben." *Zwangsbewegungen – Tropismus und Tierverhalten.* Von Jacques Loeb.

Ich werde hier nur sehr wenige Passagen zitieren, aber diese Bücher sind von so großer Bedeutung, dass jeder Mathematiker und Ingenieur sie lesen sollte. Sie sind, wenn ich so sagen darf, eine „mathematische Biologie" – der Überblick über ein lebenslanges Studium von „Tropismen", wie man „erzwungene Bewegungen" in Organismen nennt . Sie liefern die Quintessenz von Laborexperimenten darüber, welche Auswirkungen verschiedene Energien wie Licht (Heliotropismus), Elektrizität (Galvanotropismus), Schwerkraft (Geotropismus) usw. in ihrer Reaktion und ihrem Einfluss auf die Bewegungen und Handlungen lebender Organismen haben. Diese Experimente sind schlüssig und die Schlussfolgerungen können nicht übersehen oder umgangen werden. Die enormen praktischen Ergebnisse solcher wissenschaftlicher Methoden basieren auf zwei Prinzipien: (1) Die Wissenschaftler müssen mathematisch denken, ihre Untersuchungen der Phänomene müssen in „Systemen" als komplexes Ganzes erfolgen und sie dürfen keine Dimensionen vermischen; (2) Sie müssen die Gefahr erkennen und keine Angst vor alten Wörtern mit falscher Bedeutung haben, sondern müssen klares und rigoroses Denken anwenden, um die Vorurteile in der Wissenschaft zu beseitigen – das Gift der metaphysischen Spekulation mit Worten oder des Verbalismus. Diese Bücher liefern reichliche Beweise dafür, wie irreführend und undurchsichtig die verwendeten Wörter sind und wie grundlegend falsch die Schlussfolgerungen sind, zu denen Wissenschaftler gelangen, die weiterhin auf anthropomorphe oder teleologische Analysemethoden zurückgreifen. Wenn ein skeptischer oder zweifelnder Leser daran interessiert ist, einen ausführlichen Beweis dafür zu sehen, wie tödlich die Auswirkungen sind, die eine falsche oder unmathematische Denkweise auf Wissenschaft und Leben hat, kann er auch auf diese Bücher verwiesen werden. Die folgenden Zitate beweisen biologisch, dass der Mensch einer völlig anderen Dimension angehört – ein völlig anderes Wesen als ein Tier. Von Dr. Conklin zitiere ich nur aus seinem Werk *„Heredity and Environment"* und um eine Wiederholung des Buchtitels zu vermeiden, werde ich die Zitate nur mit seinem Namen kennzeichnen. (Alle Kursivschriften sind mit AK gekennzeichnet)

„Es wäre von größter Bedeutung, direkt zu zeigen, dass die *homologen Proteine verschiedener Arten unterschiedlich sind* . " *Dies wurde* für Hämoglobine des Blutes von Reichert und Brown durchgeführt, die durch kristallographische Messungen gezeigt haben, dass die Hämoglobine jeder Art bestimmte Substanzen für diese Art sind ... Die folgenden Sätze von Reichert und Brown scheinen darauf hinzuweisen, dass dies der Fall sein könnte gilt für die Hämoglobinkristalle. „ *Die Hämoglobine jeder Spezies sind für diese Spezies unterschiedliche Substanzen.* " Beim Vergleich der entsprechenden Substanzen Hämoglobine in verschiedenen Arten einer Gattung stellt man jedoch im Allgemeinen fest, dass sie sich mehr oder weniger stark voneinander unterscheiden; Die Unterschiede sind so groß, dass, wenn vollständige kristallographische Daten verfügbar sind, die verschiedenen Arten anhand dieser *Unterschiede in ihren Hämoglobinen unterschieden werden können.* „... Die bisher gemeldeten Fakten deuten darauf hin, dass die Vererbung der Gattung durch die Proteine einer bestimmten Konstitution bestimmt wird." sich von den Proteinen anderer Gattungen unterscheiden. Diese Konstitution der Proteine wäre daher für die Gattungsvererbung verantwortlich. Die verschiedenen Arten einer Gattung haben alle die gleichen Gattungsproteine, aber die Proteine jeder Art derselben Gattung unterscheiden sich offenbar wiederum in ihrer chemischen Konstitution und können daher zu spezifischen biologischen Reaktionen oder Immunreaktionen führen." *Der Organismus als Ganzes* von Jacques Loeb.

„ *Alle Besonderheiten, die für eine Rasse, Art, Gattung, Ordnung, Klasse und Stamm charakteristisch sind, werden natürlich vererbt* , sonst gäbe es keine konstanten Merkmale dieser Gruppen und keine Möglichkeit, Organismen zu klassifizieren." Die Hauptcharaktere jedes Lebewesens sind durch die Vererbung unveränderlich festgelegt. Die Menschen pflücken weder Trauben von Dornen noch Feigen von Disteln. Jedes Lebewesen bringt Nachkommen seiner Art hervor: Menschen, Pferde, Rinder; Vögel, Reptilien, Fische; Insekten, Weichtiere, Würmer; Polypen, Schwämme, Mikroorganismen – alle Millionen bekannten Tier- und Pflanzenarten unterscheiden sich aufgrund vererbter Besonderheiten voneinander, *weil sie aus verschiedenen Arten von Keimzellen hervorgegangen sind* ." Conklin.

„Der gesamte Organismus, bestehend aus Strukturen und Funktionen, Körper und Geist, entwickelt sich aus dem Keim, und die Organisation des

Keims bestimmt alle Entwicklungsmöglichkeiten des Geistes nicht weniger als die des Körpers, obwohl die tatsächliche Verwirklichung jeder Möglichkeit dies tut." auch von Umweltreizen abhängig ." ... Conklin.

„Die Entwicklung des Geistes *entspricht der des Körpers* ; Was auch immer die letztendliche Beziehung zwischen Geist und Körper sein mag, es kann *keinen* vernünftigen *Zweifel daran geben* , dass sich beide aus dem Keim heraus gemeinsam entwickeln. Es ist eine merkwürdige Tatsache, dass viele Menschen, denen die wissenschaftliche Lehre über die Evolution oder die allmähliche Entwicklung der menschlichen Rasse ernsthafte Bedenken bereitet, die universelle Beobachtung der Entwicklung des menschlichen Individuums – des Geistes wie des Körpers – mit Gleichmut akzeptieren . Die tierische Abstammung der Rasse ist für philosophische oder religiöse Überzeugungen sicherlich nicht störender als die Keimabstammung des Individuums, und doch ist letztere eine Tatsache universeller Beobachtung, die nicht in den Bereich der Hypothese oder Theorie verbannt werden kann und dies auch nicht kann erfolgreich verneint werden.... Jetzt wissen wir, dass das Kind aus Keimzellen stammt, die nicht vom Körper der Eltern gebildet werden, sondern durch Teilung der vorangegangenen Keimzelle entstanden sind. Jede Zelle entsteht durch einen Teilungsprozess *aus einer bereits existierenden Zelle , und jede Keimzelle entsteht aus einer bereits existierenden Keimzelle* . Folglich kann man nicht davon ausgehen, dass der Körper Keimzellen hervorbringt und auch nicht, dass die Seele Seelen hervorbringt. Die einzig mögliche wissenschaftliche Position ist, dass sich sowohl der *Geist* bzw. die Seele als auch der Körper aus dem *Keim heraus entwickeln* .

„Keine Tatsache in der menschlichen Erfahrung ist sicherer als die, dass sich der Geist durch allmähliche und natürliche Prozesse aus einem einfachen Zustand heraus entwickelt, der kaum als Geist bezeichnet werden kann; Keine Tatsache in der menschlichen Erfahrung ist von größerer praktischer und philosophischer Bedeutung als diese, und doch wird keine Tatsache allgemeiner ignoriert." Conklin.

„Zweifellos sind die Elemente, aus denen sich *das Bewusstsein* entwickelt, *in den Keimzellen vorhanden* , und zwar im gleichen Sinne, wie die Elemente der anderen psychischen Prozesse oder der Organe des Körpers dort vorhanden sind; nicht als Miniatur des Erwachsenenzustands, sondern eher in Form von Elementen oder Faktoren, die durch lange Reihen von Kombinationen und Transformationen aufgrund von Wechselwirkungen untereinander und mit der Umwelt den voll entwickelten Zustand entstehen lassen. Es ist eine interessante Tatsache, dass beim Menschen und bei mehreren anderen Tieren, von denen man annehmen kann, dass sie ein Identitätsgefühl haben, die Nervenzellen, insbesondere die des Gehirns, schon in jungen Jahren aufhören, sich zu teilen, und dass diese identischen Zellen für den *Rest* des Lebens *bestehen* bleiben des Lebens ." ...

„Die Henne bringt nicht das Ei hervor, sondern das Ei bringt die Henne und auch andere Eier hervor. Einzelne Merkmale werden nicht von der Henne auf das Ei übertragen, sondern sie entwickeln sich aus Keimfaktoren, die von *Zelle zu Zelle und von Generation zu Generation weitergegeben werden* ...“

„Der Keim ist der unentwickelte Organismus, der die Verbindung zwischen aufeinanderfolgenden Generationen herstellt; Der Mensch ist der entwickelte Organismus, der aus dem Keim unter dem Einfluss von Umweltbedingungen entsteht, der Mensch entwickelt sich und stirbt in jeder Generation; Das Keimplasma ist der kontinuierliche Strom lebender Substanz, der alle Generationen verbindet. Der Mensch nährt und schützt den Keim, und in diesem Sinne ist der Mensch lediglich der Träger des Keimplasmas, der *sterbliche Verwalter* einer unsterblichen Substanz.“ Conklin.

Das nenne ich „Zeitverknüpfung“. (Autor.)

„Durch Intelligenz und soziale Zusammenarbeit ist er in der Lage, die Umwelt für bestimmte Zwecke zu kontrollieren, in einer Weise, die bei anderen Organismen völlig unmöglich ist ... Andere Tiere entwickeln sich viel schneller als der Mensch, aber diese Entwicklung endet früher.“ Die Kinder niedrigerer Menschenrassen entwickeln sich schneller als die höheren Rassen, aber in solchen Fällen hören sie auch früher auf, sich zu entwickeln. Die Verlängerung der Kindheits- und Unreifeperiode der Menschheit erhöht die Bedeutung von Umwelt und Ausbildung als *Entwicklungsfaktoren erheblich* .“ Conklin.

Ein weiterer Seitenblick auf die „Spiraltheorie“. (Autor.)

„Auch in der Bildung sind wir seltsamerweise blind gegenüber den richtigen Zielen und Methoden. Jede Bildung ist schlecht, die dazu führt, dass sich Gewohnheiten des Müßiggangs, der Nachlässigkeit und des Versagens entwickeln , statt Gewohnheiten des Fleißes, der Gründlichkeit und des Erfolgs. Jede religiöse oder soziale Institution ist schlecht, die zu Gewohnheiten der frommen Illusion, Unaufrichtigkeit, sklavischer Achtung vor Autoritäten und Missachtung von Beweisen führt, statt zu Gewohnheiten der Aufrichtigkeit, Aufgeschlossenheit und Unabhängigkeit ...“

„Alles, was der Mensch jetzt ist, ist ohne bewusste menschliche Führung entstanden. Wenn die Evolution vom Am[oe] ba zum Menschen ohne menschliches Eingreifen fortgeschritten ist, wenn der große Fortschritt vom affenähnlichen Menschen zu den höchstzivilisierten Rassen ohne bewusste menschliche Kontrolle stattgefunden hat, kann durchaus die Frage gestellt werden: Ist das möglich? die natürliche Methode der Evolution verbessern? Es ist vielleicht nicht möglich, die Methode der Evolution zu verbessern, aber durch intelligentes Handeln kann es doch möglich sein, diese Methode zu erleichtern. *Der Mensch kann kein einziges Naturgesetz ändern, aber er kann sich in*

Dies beweist die große Bedeutung der KENNTNIS DER NATURGESETZE für
die menschliche Lebensklasse und der Bewusstmachung natürlicher
zeitbindender Impulse, denn nur dann wird die Spirale eine logarithmische
Ansammlung der richtigen Art ergeben, andernfalls wird der Biolyt „tierisch"
sein sowohl in der Substanz als auch in der Wirkung. Dabei ist es unerheblich,
wie der erste „Zeitbinder" hergestellt wurde; Die Tatsache, dass er einer
anderen Dimension angehört, ist von größter Bedeutung.

„Vom Sand bis zu den Sternen, von der Unermesslichkeit des Universums
bis zur Winzigkeit des Elektrons – in lebenden Dingen nicht weniger als in
leblosen erkennt die Wissenschaft überall die unvermeidliche Abfolge von
Ursache und Wirkung, die Universalität natürlicher Prozesse, die Herrschaft
des Natürlichen." Gesetz. Auch *der Mensch ist ein Teil der Natur, ein Teil des
großen Mechanismus des* Universums, und alles, was er ist und *tut, ist durch
Naturgesetze begrenzt und vorgeschrieben* . Jeder Mensch entsteht durch einen
Entwicklungsprozess, bei dem jeder Schritt durch vorhergehende Ursachen
bestimmt wird ... Unsere anatomischen, physiologischen und
psychologischen Möglichkeiten wurden in den *Keimzellen* , aus denen wir
stammen, vorbestimmt ..." Conklin.

Dies zeigt, wie wichtig es ist, die Erforschung des Menschen in seiner eigenen
Dimensionalität zu behalten und auch, wie wichtig es ist, das zu finden
UNPERSÖNLICHE NATURGESETZE für die menschliche Lebensklasse. Nun
kann man erkennen, dass alle sogenannten menschlichen Ideale nichts
anderes sind als die ständig wachsende Erfüllung der NATÜRLICHEN
„ZEITBINDENDEN" GESETZE . Dieses Verständnis wird es dem Menschen
ermöglichen, neue „zeitverbindliche" Gesetze für sein Verhalten, seine
Geschäftsbeziehungen, seinen Zustand zu entdecken , die nicht im
Widerspruch zu den realen NATURGESETZEN STEHEN , sondern mit ihnen
im Einklang stehen; dann und nur dann wird der menschliche Fortschritt eine
Chance haben, sich friedlich zu entwickeln.

„Erwachsene Merkmale sind im Keim potenziell und nicht tatsächlich
vorhanden, und ihr tatsächliches Auftreten hängt von vielen komplizierten
Reaktionen der Keimeinheiten untereinander und mit der Umwelt ab. Kurz
gesagt, unsere tatsächliche Persönlichkeit ist nicht in den Keimzellen
vorbestimmt, wohl aber unsere mögliche Persönlichkeit ... Der Einfluss der
Umwelt auf den Geist und die Moral der Menschen ist besonders groß. Zu
einem großen Teil unsere Gewohnheiten, Worte, Gedanken; unsere
Bestrebungen, Ideale, Zufriedenheiten; Unsere Verantwortung, unsere Moral
und unsere Religion sind das Ergebnis der Umwelt und Bildung unserer
frühen Jahre ..."

„Aufgrund dieser weitaus größeren Fähigkeit des Gedächtnisses, der Reflexion und der Hemmung ist der Mensch viel freier als jedes andere Tier. Tiere, die wenig aus Erfahrung lernen, haben wenig Freiheit, und je mehr sie lernen, desto freier werden sie …" Conklin.

An dieser Stelle sei hinzugefügt, dass die „Spiraltheorie" erklärt, wie unsere Reaktionen von uns selbst beschleunigt und ausgearbeitet werden können und wie wir wirklich die Herren unseres Schicksals sind.

Selbstbestimmung finden, sollen wir aufhören, Wissenschaftler zu sein und unsere Augen vor den Beweisen verschließen? Die erste Pflicht der Wissenschaft besteht darin, sich auf Fakten zu berufen und sich später mit Logik und Philosophie zufrieden zu geben …" Conklin.

Mit der neuen Philosophie des „Human Engineering" wird es keine Schwierigkeiten geben, die Sachlage zu klären .

„Die Analyse des Triebes aus rein physiologischer Sicht liefert letztlich die Daten für eine wissenschaftliche Ethik. Das menschliche Glück basiert auf der Möglichkeit einer natürlichen und harmonischen Befriedigung der Instinkte … Es ist ziemlich bemerkenswert , dass wir immer noch unter dem Einfluss einer Ethik stehen, die die menschlichen Instinkte an sich für niedrig und ihre Befriedigung für bösartig hält. Dass eine solche Ethik eine tröstende Wirkung auf die Orientalen gehabt haben muss , deren Instinkte durch die kombinierten Auswirkungen eines entkräftenden Klimas, des Despotismus und der miserablen wirtschaftlichen Bedingungen gehemmt oder verzerrt wurden, ist verständlich und liegt möglicherweise an einer Fortsetzung der unbefriedigenden wirtschaftlichen Bedingungen dass diese Ethik bis zu einem gewissen Grad noch immer vorherrscht. Anwälte, Kriminologen und Philosophen stellen sich häufig vor, dass nur der Mangel den Menschen zur Arbeit bringt. Das ist eine falsche Ansicht. Wir sind instinktiv dazu gezwungen, genauso aktiv zu sein wie Ameisen oder Bienen. Der handwerkliche Instinkt wäre die größte Quelle des Glücks, wenn unsere gegenwärtige soziale und wirtschaftliche Organisation es nicht nur wenigen erlauben würde, diesen Instinkt zu befriedigen. Robert Mayer hat darauf hingewiesen, dass jede gelungene Darbietung oder Freisetzung von Energie für uns eine Quelle der Freude ist. Aus diesem Grund ist die Befriedigung des handwerklichen Instinkts von so großer Bedeutung für die Ökonomie des Lebens, für das Spiel und Lernen des Kindes sowie für die wissenschaftliche oder kommerzielle Arbeit des Mannes … Wir können variieren nach Belieben die Instinkte der Tiere. Eine Reihe von Meerestieren … die sich vom Licht entfernen, können auf zwei Arten dazu gezwungen werden, ans Licht zu gehen, erstens durch Senkung der Temperatur und zweitens durch Erhöhung der Konzentration des Meerwassers, wodurch die Zellen der Tiere Wasser verlieren. Dieser Instinkt kann durch eine Erhöhung der Temperatur oder eine Verringerung der Konzentration des Meerwassers wieder umgekehrt werden. Ich habe wiederholt festgestellt, dass durch dieselben Bedingungen, durch die Wachstums- und Organisationsphänomene kontrolliert werden können, auch die Instinkte kontrolliert werden. Dies weist darauf hin, dass es eine gemeinsame Grundlage für beide Klassen von Lebensphänomenen gibt. Diese gemeinsame Grundlage ist der physikalische und chemische Charakter des Stoffgemisches, das wir Protoplasma nennen. *Das größte Glück im Leben* kann nur erreicht werden, wenn *alle Instinkte* , einschließlich des handwerklichen Instinkts, auf einer bestimmten *optimalen Intensität aufrechterhalten werden können* . Aber während es sicher ist, dass das Individuum durch eine einseitige Entwicklung seiner Instinkte, z. B. Verschwendung, den Wert seines Lebens ruinieren oder mindern kann, ist es gleichzeitig wahr, dass die *wirtschaftlichen und sozialen Bedingungen den Wert des Lebens ruinieren oder mindern können für eine große Anzahl von Einzelpersonen* . Es ist zweifellos wahr, dass unter unseren gegenwärtigen sozialen und wirtschaftlichen Bedingungen mehr als neunzig Prozent der Menschen eine Existenz führen, deren Wert weit unter dem liegt, was er sein sollte. Sie sind gezwungen, eine Reihe von Instinkten zu opfern, insbesondere den wertvollsten unter ihnen, den der handwerklichen Arbeit, um den niedrigsten und zwingendsten, den des Essens, zu retten . Wenn diejenigen, die riesige Vermögen anhäufen, möglicherweise ihr Leben mit ihrem Überfluss bereichern könnten, wäre es vielleicht vernünftig, viele leiden zu lassen, um ein paar Fälle wahren Glücks zu haben. Für eine Steigerung des Glücks nützt aber nur der Geldbetrag, der für die harmonische Entwicklung und Befriedigung angeborener Triebe eingesetzt werden kann. Dafür ist vergleichsweise wenig nötig. Der Rest nützt einem Menschen nicht mehr als der Sauerstoffüberschuss in der Atmosphäre. Tatsächlich ist die einzig wahre Befriedigung, die ein Multimillionär durch die Vermehrung seines Vermögens erlangen kann, die Befriedigung seines handwerklichen Instinkts oder die Freude, die mit einer erfolgreichen Demonstration seiner Energie verbunden ist. Der Wissenschaftler erhält diese Befriedigung, ohne den Wert des Lebens seiner Mitmenschen zu mindern, und das Gleiche sollte auch für den Geschäftsmann gelten ... Obwohl wir keinen metaphysischen freien Willen anerkennen, leugnen wir persönliche Verantwortung nicht. Wir können das Gedächtnis der jungen Generation mit solchen Assoziationen füllen, die Fehlverhalten oder Ausschweifungen verhindern ... Grausamkeit im Strafgesetzbuch und die Tendenz zur Strafübertreibung sind sichere Anzeichen einer niedrigen Zivilisation und eines unvollkommenen Bildungssystems ... . Mir scheint, dass wir genauso wenig erwarten können, den Mechanismus des assoziativen Gedächtnisses mit histologischen oder morphologischen Methoden zu entschlüsseln, wie wir erwarten können, die Dynamik elektrischer Phänomene durch mikroskopische Untersuchung von Querschnitten durch einen Telegrafendraht oder durch Zählen und Lokalisieren zu entschlüsseln die Telefonanschlüsse in einer Großstadt. Wenn wir bestrebt sind, eine Dynamik der verschiedenen Lebensphänomene zu entwickeln, müssen wir bedenken, dass die kolloidalen Substanzen die Maschinen sind, die die Lebensphänomene erzeugen, aber die Physik dieser Substanzen ist immer noch eine Wissenschaft der Zukunft ... Die Physiologie gibt Auf letztere Frage haben wir keine Antwort. Die Idee der spezifischen Energie wurde immer als Ausgangspunkt für die Untersuchung der Sinnesorgane angesehen. Mach vertrat die Meinung, dass der Empfindung im Allgemeinen chemische Bedingungen zugrunde liegen ...“ *Vergleichende Physiologie des Gehirns* , von Jacques Loeb.

Hier kann hinzugefügt werden, dass der „Instinkt der Handwerkskunst“ in der Tierklasse in der zeitbindenden Klasse des Lebens zum Schöpfungsinstinkt wird *und* nichts anderes als der Ausdruck des natürlichen Impulses der „zeitbindenden“ Energie ist . Im gegenwärtigen Gesellschafts- und Wirtschaftssystem haben nur sehr wenige die Möglichkeit, diesen Instinkt zu befriedigen; Wissenschaftliches Management befriedigt oder befriedigt möglicherweise den tierischen Instinkt der handwerklichen Arbeit, aber es befriedigt nicht den Instinkt der Schöpfung. „Zeitbindend“ ist in seiner letzten Analyse die Schöpfung, und nur ein solches soziales und wirtschaftliches System, das dieses Bedürfnis – diesen natürlichen Impuls – befriedigt, wird die Menschen – die „ Zeitbinder“ – befriedigen und ihr volles Wachstum in Arbeit und Arbeit bewirken Glück.

„ WACHSTUMSGESETZE “ (aus *Unified Mathematics* , von Louis C. Karpinski, Ph.D.). „ *Zinseszinsfunktion* . – Die Funktion $S = P (1 + i) n$ ist in anderen Bereichen als im Finanzwesen von grundlegender Bedeutung. Somit kann das Holzwachstum eines großen Waldgebiets als eine Funktion dieser Art ausgedrückt werden, wobei davon ausgegangen wird, dass in einem großen Waldgebiet die Wachstumsrate von Jahr zu Jahr als gleichmäßig angenommen werden kann. Bei Bakterien, die unter idealen Bedingungen in einer Kultur wachsen, *also* bei unbegrenzter Nahrungszufuhr, ist die Zunahme der Bakterienzahl pro Sekunde proportional zur Zahl der zu Beginn dieser Sekunde vorhandenen Bakterien. Jede Funktion, bei der die Änderungs- oder Wachstumsrate zu jedem Zeitpunkt t direkt proportional zum Wert der Funktion zum Zeitpunkt t *ist* , gehorcht dem, was als „Gesetz des organischen Wachstums“ bezeichnet wird, und kann durch die Gleichung ausgedrückt werden:

$$y = ce^{kt},$$

wobei c und k Konstanten sind, die durch die beteiligten physikalischen Fakten bestimmt werden, und e eine zu π analoge Naturkonstante ist. Die

Konstante k ist die Proportionalitätskonstante und ist negativ, wenn die betreffende Größe abnimmt; c ist üblicherweise positiv;

$e = 2,178....$

„*Die Werte der Funktion von x, ce ^{kx}, nehmen gemäß den Bedingungen einer geometrischen Folge zu, wenn die Variable x in der arithmetischen Folge zunimmt ...*

„Die unmittelbarste Anwendung einer Funktion, bei der das Wachstum proportional zur Funktion selbst ist, ist die Luft. Die Abnahme des Luftdrucks im Abstand h über der Erdoberfläche ist proportional zu h.

„Der Ausdruck $P = 760\ e^{-h/7990}$ gibt den numerischen Wert des Drucks in Millimetern Quecksilbersäule für h, gemessen in Metern, an. Der negative Exponent gibt an, dass der Druck mit zunehmendem h *abnimmt*. In Zoll als Längeneinheiten der Quecksilbersäule, h in Fuß,

$P = 29,92e^{-h/26200}$

Dies ist als Halleysches Gesetz bekannt.

„Das Wachstum von Bohnenpflanzen innerhalb begrenzter Zeiträume und das Wachstum von Kindern, wiederum innerhalb recht begrenzter Grenzen, folgt ungefähr dem Gesetz des organischen Wachstums. Die Zersetzung von Radium folgt dem gleichen Gesetz; Die Abnahmerate ist zu jedem Zeitpunkt proportional zur Menge. Bei schwingenden Körpern wie einem Pendel folgt die Abnahmegeschwindigkeit der Amplitude diesem Gesetz; In ähnlicher Weise ist im Fall des Abklingens eines Rauschens und bei bestimmten elektrischen Phänomenen die Geschwindigkeit der Abnahme zu jedem Zeitpunkt proportional zum Wert der Funktion zu diesem Zeitpunkt....

„ *Die Heilungskurve einer Wunde.* — Eng verbunden mit den Formeln, die das Gesetz des organischen Wachstums, $y = e^{kt}$, und das Gesetz des „organischen Zerfalls", $y = e^{-kt,\ ausdrücken}$, ist ein kürzlich entdecktes Gesetz, das algebraisch durch eine Gleichung und grafisch durch eine Kurve verbunden ist, Die Oberfläche einer Wunde, ausgedrückt in Tagen, gemessen ab dem Zeitpunkt, an dem die Wunde aseptisch oder steril ist. Wenn dieser aseptische Zustand durch kontinuierliches Waschen und Spülen mit antiseptischen Lösungen erreicht ist, ergeben zwei Beobachtungen im Abstand von üblicherweise vier Tagen den „Index des Individuums", und dieser Index und die beiden Messungen der Fläche der Wundoberfläche, ermöglichen es dem Arzt-Wissenschaftler, den normalen Fortschritt der Wundoberfläche, die erwartete Flächenverringerung, für diese Wundoberfläche dieser Person zu bestimmen. Der Wundbereich wird sorgfältig auf transparentem Papier nachgezeichnet und dann mithilfe einer mathematischen Maschine, einem sogenannten Planimeter, berechnet, der die Flächen misst.

„Auf der Ordinate sind die Wundflächen aufgetragen, auf der Abszisse die jeweiligen Beobachtungszeiten in Tagen. Nach jeder Beobachtung und Flächenberechnung wird der so erhaltene Punkt auf den gleichen Achsen wie das Diagramm aufgetragen, das die ideale oder prophetische Heilungskurve darstellt.

„Wenn sich herausstellt, dass die beobachtete Fläche deutlich größer ist als die durch die ideale Kurve bestimmte, ist das ein Anzeichen dafür, dass immer noch eine Infektion in der Wunde vorliegt ... Eine eher überraschende und unerklärliche Situation tritt häufig auf, wenn die Wundoberfläche schneller heilt als die Wunde ideale Kurve würde anzeigen; In diesem Fall entwickeln sich sekundäre Geschwüre, die die Kurve wieder normalisieren....

„Diese Anwendung der Mathematik auf die Medizin ist größtenteils Dr. Alexis Carrel vom Rockefeller Institute of Medical Research zu verdanken. Er stellte fest, dass die Wunde umso schneller heilte, je größer die Wundoberfläche war, und dass die Heilungsgeschwindigkeit proportional zur Fläche zu sein schien. Diese Proportionalitätskonstante ist nicht für alle Werte der Oberfläche gleich, sonst hätten wir eine Gleichung der Form

$$S = S_1 e^{-kt}$$

Dabei ist S der Bereich zu dem Zeitpunkt, an dem die Wunde steril gemacht wird und die aufzuzeichnenden Beobachtungen tatsächlich beginnen....

„Die angegebenen Daten stammen aus dem Journal of Experimental Medicine, Nachdrucke, die freundlicherweise von Major George A. Stewart vom Rockefeller Institute zur Verfügung gestellt wurden. Die Diagramme stammen aus der Ausgabe vom 1. Februar 1918, S. 171 und 172, Artikel von Dr. T. Tuffier und R. Desmarres , Auxiliary Hospital 75, Paris....

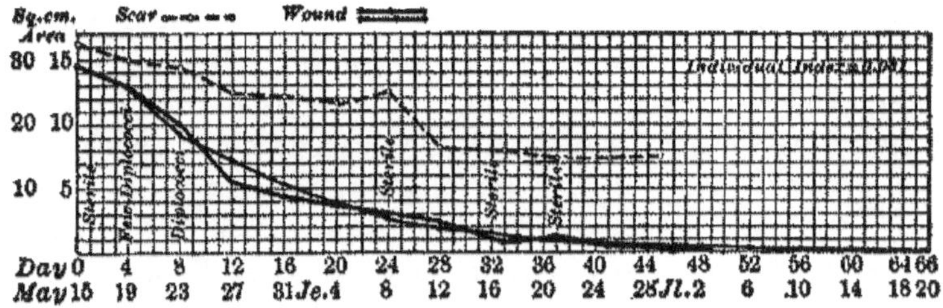

Heilungsfortschritt einer oberflächlichen Wunde am rechten Bein, Alter des Patienten 31 Jahre.

" WELLENBEWEGUNG. Allgemeines: In der Natur gibt es zwei Arten wiederkehrender Bewegungen, die mathematisch einigermaßen eng miteinander verbunden sind und bei denen die Bewegung in regelmäßigen Abständen wiederholt wird.

„Eine Art dieser Bewegung, sozusagen in Zyklen, wiederholt die Bewegung an einer Stelle und ist gewissermaßen stationär. Die Stimmgabel bewegt sich in Bewegung immer wieder durch denselben Raum; Eine ähnliche Bewegung ist die Bewegung einer schwingenden Saite. Zu diesem stationären Typ gehören der Herzschlag, der Puls, die Atmung, die Gezeiten und die Drehung eines Rades um seine Achse.

„Die zweite Art der wiederkehrenden Bewegung überträgt oder trägt den Vibrationsimpuls sowohl über einen Raum als auch über eine Zeitspanne. Die Wellen des Meeres haben diesen Charakter. Schallwellen, elektrische Schwingungen oder Wellen und Strahlungsenergieschwingungen werden durch einen ähnlichen Prozess übertragen wie die Wellen des Meeres.

„Beide Bewegungsarten lassen sich mathematisch durch Gleichungen darstellen, die eine Folge trigonometrischer Funktionen beinhalten. Auf die fundamentale Grundfunktion $y = \sin x$ richten wir unsere Aufmerksamkeit im nächsten Abschnitt und auf einfache Anwendungen in anderen Abschnitten dieses Kapitels....

„Schallwellen. – Wenn eine Stimmgabel für die Note tiefer C auf Schwingung eingestellt wird, erzeugt der freie Stab in einer Sekunde 129 vollständige Hin- und Herschwingungen. Durch das Anbringen einer feinen Spitze am Ende des Stabes und die gleichmäßige Bewegung unter diesem Stab, während er vibriert, wird ein vom Rauch geschwärztes Papier, eine Sinuskurve auf dem Papier gezeichnet. Unsere Kurve wird von einem Stab gezeichnet, der in einer Sekunde 50 Mal vibriert.

Schwingungen der Stimmgabel auf geräuchertem Papier aufgezeichnet.

„Jeder Bewegung des Schwingstabes entspricht eine Luftbewegung. Wenn sich die Stange nach rechts bewegt, komprimiert sie die Luftschicht rechts davon und diese *Kompression* überträgt sich sofort auf die Luftschicht rechts; Wenn sich die Stange nach hinten und nach links bewegt, wird der Druck auf die angrenzende Luft abgelassen und es findet eine *Verdünnung statt*. In 1/50 einer Sekunde wird die Luft neben dem Stab *komprimiert*, wieder normalisiert und *verdünnt*; Während dieser Zeit wird die benachbarte Luft beeinflusst und die Kompression wird über eine Distanz übertragen, die der *Wellenlänge* dieser gegebenen Schallwelle entspricht. In einer Sekunde wird diese Störung 1100 Fuß bei 44° Fahrenheit übertragen. Die Wellenlänge dieser Schallwelle beträgt dann 1100/50 = 22 Fuß.

„Die Wellenlänge wird üblicherweise mit λ bezeichnet. Wenn V die Geschwindigkeit und t die Zeit einer Schwingung ist, ist $\lambda = Vt$.“

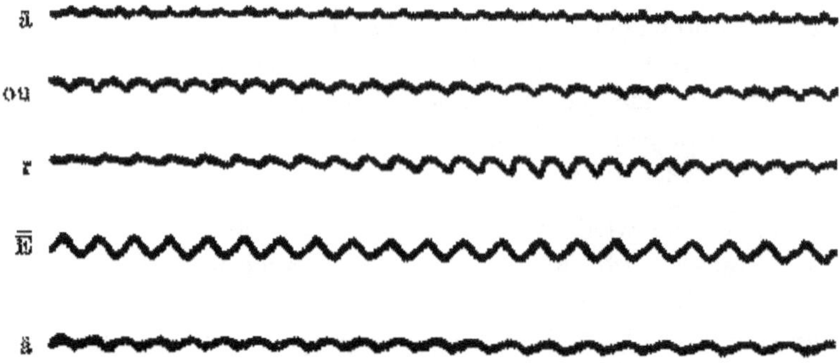

„Von der Stimme erzeugte Vibrationsaufzeichnungen: ‚a' wie in ‚ate'; „ ou " wie in „ungefähr"; 'r' in 'Relais'; 'e' in 'be'; und „a" in „Vater". Die Stimmgabelaufzeichnung, Frequenz 50 pro Sekunde, gibt die Schwingungsfrequenzen an."

Diese letzte Zeichnung kann helfen, die Tatsache zu veranschaulichen, auf welche Weise falsche Äußerungen und unwahre Lehren den wahren Fortschritt der Menschheit behindern. Jedes Wort hat seine Energie und erzeugt im Zeitbindungsapparat einige physikalisch -chemische Wirkungen entsprechend der Idee, die wir mit dem Klang des Wortes assoziieren. Wenn wir Ideen lehren, die unwahr sind, dann sind die erzeugten physikalisch -chemischen Wirkungen nicht richtig – mit anderen Worten: Der menschliche Geist funktioniert nicht RICHTIG , das heißt, er funktioniert nicht *natürlich* oder *normal* oder entspricht nicht der menschlichen Dimension. Es gibt jeden Grund, warum die Standards in unserer Zivilisation so niedrig sind, weil wir unseren Geist im wahrsten Sinne des Wortes mit den physikalisch -chemischen Auswirkungen falscher Ideen „vergiftet" haben. Diese korrekte NATÜRLICHE HERANGEHENSWEISE an die „zeitbindenden" Energien wird deutlich machen, wie unermesslich wichtig die Art und Weise ist, wie wir mit diesem subtilen Mechanismus umgehen, da die Vergiftung durch falsche Ideen oder nachlässige oder falsche Worte in keiner Weise anders ist in den Folgen einer Vergiftung mit einem anderen betäubenden oder falsch stimulierenden Gift.

Monographien zur experimentellen Biologie und Physiologie

LOEB , J.: „Vergleichende Physiologie des Gehirns und vergleichende Psychologie." New York, 1900.

LOEB , J.: „Studien zur Allgemeinen Physiologie." Chicago, 1905.

LOEB , J.: „Die Dynamik lebender Materie." New York, 1906.

LOEB , J.: „Die mechanistische Lebensauffassung." Chicago, 1912.

Auswahl aus Inhalten: I. Die mechanistische Lebensauffassung. II. Die Bedeutung von Tropismen für die Psychologie. III. Einige grundlegende Fakten und Vorstellungen zur vergleichenden Physiologie des Zentralnervensystems . IV. Musteranpassung von Fischen und der Mechanismus des Sehens. V. Über einige Fakten und Prinzipien der physiologischen Morphologie. VI. Über die Natur des Befruchtungsprozesses. VII. Zur Natur der formativen Bestimmung (künstliche Parthenogenese). VIII. Die Verhinderung des Absterbens der Eizelle durch die Befruchtung. IX. Die Rolle von Salzen bei der Erhaltung des Lebens. X. Experimentelle Untersuchung des Einflusses der Umwelt auf Tiere.

LOEB, J.: Der Organismus als Ganzes. GP Putnams Söhne. New York, 1916.

Auswahl aus Inhalten: I. Einleitende Bemerkungen. II. Der spezifische Unterschied zwischen lebender und toter Materie und die Frage nach dem Ursprung des Lebens. III. Die chemische Basis von Gattungen und Arten: 1. Die Inkompatibilität von Arten, die nicht eng miteinander verwandt sind. 2. Die chemischen Grundlagen von Gattung und Art sowie der Artenspezifität. IV. Spezifität bei der Befruchtung. V. Künstliche Parthenogenese. VI. Determinismus bei der Bildung eines Organismus aus einer Eizelle. VII. Regeneration. VIII. Bestimmung des Geschlechts, sekundärer Geschlechtsmerkmale und Sexualtriebe: 1. Die zytologische Grundlage der Geschlechtsbestimmung. 2. Die physiologische Grundlage der Geschlechtsbestimmung. IX. Mendelsche Vererbung und ihr Mechanismus. X. Tierische Instinkte und Tropismen. XI. Der Einfluss der Umwelt. XII. Anpassung an die Umwelt. XIII. Evolution. XIV. Tod und Auflösung des Organismus.

LOEB, J .: „Zwangsbewegungen, Tropismen und Tierverhalten." JB Lippincott, Philadelphia, 1918.

Auswahl aus Inhalten: I. Einleitung. II. Die Symmetriebeziehungen des Tierkörpers als Ausgangspunkt für die Theorie des Tierverhaltens. III. Zwangsbewegungen. IV. Galvanitropismus . V. Heliotropismus. Der Einfluss einer Lichtquelle. 1. Allgemeine Fakten. 2. Direkter Beweis der Muskelspannungstheorie des Heliotropismus bei beweglichen Tieren. 3. Heliotropismus einzelliger Organismen. 4. Heliotropismus sessiler Tiere. VI. Eine künstliche heliotrope Maschine. VII. Asymmetrische Tiere. VIII. Zwei Lichtquellen unterschiedlicher Intensität. IX. Die Gültigkeit des Bunsen-Roscoe-Gesetzes für die heliotropen Reaktionen von Tieren und Pflanzen. X. Die Wirkung schneller Änderungen der Lichtintensität. XI. Die relative heliotrope Effizienz von Licht unterschiedlicher Wellenlänge. XII. Sinneswandel des Heliotropismus. XIII. Geotropismus. XIV. Erzwungene Bewegungen durch bewegte Netzhautbilder: Rheotropismus:

Anemotropismus. XV. Stereotropismus. XVI. Chemotropismus. XVII. Thermotropismus. XVIII. Instinkte. XIX. Erinnerungsbilder und Tropismen.

Eine Liste von *554 Büchern zu diesem Thema* , in der jeder interessierte Leser in dieser Zeile einen riesigen Fundus an exaktem Wissen findet. Autor.

CONKLIN, EDWIN GRANT: „Vererbung und Umwelt in der Entwicklung des Menschen." Princeton University Press, 1915.

Auswahl aus Inhalten: I. Fakten und Faktoren der Entwicklung. Einführung. A. Phänomene der Entwicklung. B. Entwicklungsfaktoren. II. Zelluläre Grundlagen der Vererbung und Entwicklung. A. Einführung. B. Die Keimzellen. C. Der Mechanismus der Vererbung. D. Der Mechanismus der Entwicklung. III. Phänomene der Vererbung. A. Beobachtungen zur Vererbung. B. Statistische Untersuchung der Vererbung. C. Experimentelle Untersuchung der Vererbung. IV. Einfluss der Umwelt. A. Relative Bedeutung von Vererbung und Umwelt. B. Experimentelle Modifikationen der Entwicklung. C. Funktionelle Aktivität als Entwicklungsfaktor. D. Vererbung oder Nichtvererbung erworbener Charaktere. E. Anwendungen für die menschliche Entwicklung: Euthenik. V. Kontrolle der Vererbung: Eugenik. A. Domestizierte Tiere und Kulturpflanzen. B. Kontrolle der menschlichen Vererbung. VI. Genetik und Ethik.

Glossar von Büchern zu diesem Thema; für diejenigen, die sich tiefer mit den Themen Vererbung und Entwicklung vertraut machen möchten. Autor.

MORGAN, TH , „Physikalische Grundlagen der Vererbung."

EAST, EM und JONES, DF , „Inzucht und Outbreeding" usw.

PARKER, GH , „Das elementare Nervensystem."

HARVEY, EN , „Die Natur des tierischen Lichts."

Anhang III.
Technik und Zeitbindung

Die Künste des Ingenieurwesens sind ihrem Wesen nach aus der Arbeit toter Menschen hervorgegangen und dazu bestimmt, nicht nur der Gegenwart, sondern auch der Zukunft zu dienen. Sie sind freier als jede andere menschliche Aktivität von den Fehlern der Vermischung von Dimensionen und vom Trugschluss des Glaubens an individualistische Leistung und Stolz. Die einfache Stahlkonstruktion einer Brücke, die wir aus dem Alltag kennen , erinnert uns alle an die Künste des Hephaestus und an das gebündelte Wissen unzähliger Generationen von Schmieden und Mechanikern, Metallurgen und Chemikern, Mathematikern und Baumeistern. Lehrer und Ingenieure, die viele tausend Jahre lang daran gearbeitet haben, die genieteten Stahlträger zu ermöglichen, die die Elemente moderner Bauwerke sind. Diese Strukturen stürzen nicht ein, es sei denn, die Naturgesetze für ihren Aufbau werden verletzt; was selten vorkommt – denn niemand wird mit der Arbeit betraut, es sei denn, er hat in seinem Wissen die gesammelten Erfahrungen der Vergangenheit gebunden; Dennoch werden die Übertreter dieser Naturgesetze mit der ganzen Härte des Gewohnheitsrechts bestraft. Wenn eine Brücke geöffnet und getestet wird, verlangen die geschriebenen Gesetze in einigen Ländern und die ungeschriebenen in anderen sowie der Stolz und das Verantwortungsbewusstsein des Designers und Erbauers der Brücke, dass er, der Schöpfer der Brücke, der Erste ist, der dies tut betritt es und verlasse es als letzter; und sollte die Brücke einstürzen, muss er die unmittelbaren Konsequenzen seiner Missachtung der zeitbindenden Gesetze tragen.

Selten werden technische Angelegenheiten mit dem rein egoistischen Motiv erledigt, lediglich einen unmittelbaren egoistischen Gewinn zu erzielen, denn selbst wenn dies nachvollzogen werden könnte, verschwindet dieser unwürdige Gedanke im Glanz der Herrlichkeit der Leistung. Herr Eiffel hat seinen Turm nicht errichtet, um Paris mit dem Anblick eines Stahlskeletts heimzusuchen, das über der Stadt der kühnen Gedanken thront. Sein Turm gilt heute als mechanischer Beweis für mathematische Formeln, die die Möglichkeit belegen, hohe, selbsttragende Strukturen zu errichten und so der zukünftigen Menschheit zu dienen. Die Fähigkeit des Menschen, Zeit zu binden, schafft und formuliert neue Werte im Dienste der Menschheit. Noch einmal: Kein Student der Ingenieurswissenschaften könnte sich selbst jemals so weit vergessen, dass er seine Leistungen, egal wie großartig sie auch sein mögen, ganz für sich beansprucht. Keine wundersame Entdeckung der modernen Elektrizität, nicht einmal das Sprechen von einer Hemisphäre zur anderen, ist zu Recht die Leistung eines einzelnen Mannes, denn der Ursprung der Entdeckung lässt sich mindestens bis in die Tage dieses barfüßigen Hirtenjungen Magnus zurückverfolgen. der als erster die Phänomene des Magnetismus beobachtete.

Bei dem Versuch, die zeitbindenden Fähigkeiten, die sich in den Künsten des Ingenieurwesens manifestieren, aufzuspüren und zu bewerten, ist man gleichzeitig erstaunt und verwirrt über die Verwirrung und Widersprüche, die in der Masse der Beweise nicht realisiert werden, und darüber, wie erbärmlich und beklagenswert der Anblick Hunderter ist von Tausenden von Arbeitern auf dem Gebiet der technischen Arbeit und Schöpfung, die sich unbewusst der Erniedrigung unterwerfen, in stiller Zustimmung, ihre wunderbaren kollektiven Errungenschaften an raumgreifende Ziele gekettet zu sehen.

Buch fertiggestellt hatte, war ich erstaunt, dass es so wenige Ingenieure gibt, die ein intuitives Gefühl für die Größe der ihnen zur Verfügung stehenden Vermögenswerte und für die Schwere ihrer Verpflichtungen in Bezug auf menschliche Angelegenheiten haben. Ich wollte unbedingt, dass mein Buch von einigen führenden Ingenieuren gelesen und analysiert wird. Da der verstorbene HL Gantt nicht mehr bei uns war, wandte ich mich an Walter N. Polakov , Doktor der Ingenieurwissenschaften; Industrieberater; Vorsitzender des Ausschusses für Service und Information, Kraftstoffabteilung, ASME , und Robert B. Wolf, Vizepräsident von ASME. Ich fand in ihnen ein sehr mitfühlendes Verständnis und meine Wertschätzung wuchs, je näher ich mit der Figur vertraut wurde über ihre Arbeit und ihre Leistungen. Beide haben auf ihrem jeweiligen Gebiet eine höchst bemerkenswerte Arbeit geleistet. Es ist keine Übertreibung zu sagen, dass ihre Arbeit zusammen mit der Arbeit des verstorbenen HL Gantt und Charles P. Steinmetz meines Wissens als die ersten Eckpfeiler der Wissenschaft und Kunst des Human Engineering angesehen werden kann. und bilden die ersten Bände und Schriften für die New Library of the Manhood of Humanity. Diese Bücher und Broschüren basieren auf wissenschaftlich analysierten Fakten und markieren den Abschied des technischen Denkens von der früheren Unterwerfung unter spekulativen Fetischen.

richtigen Einblick in das menschliche Problem hatte . Die Aufgabe der Ingenieure bestand darin, Wissen – Kopfarbeit – „ gebundene Zeit" – durch Zeit- und Arbeitseinsparung in tägliches Brot umzuwandeln. Dieses Konzept ist nichts anderes als die Ausarbeitung der unvollständigen Formulierung des zeitbindenden Prinzips. Es war daher unvermeidlich, dass einige Ingenieure bereits den richtigen Weg eingeschlagen hatten. Wie direkt und wie weit dieser Sinn für Dimensionalität einige von ihnen in ihrer praktischen Arbeit geführt hat, lässt sich aus der Arbeit von Walter N. Polakov in seinem Buch „*Mastering Power Production*", Engineering Magazine, NY, 1921, ersehen .

„Es war nicht meine Absicht, ein Lehrbuch über Energietechnik zu verfassen; Es war mir vielmehr ein Anliegen, die Behandlung technischer Themen zu vermeiden, die an anderer Stelle in der Ingenieurliteratur zu finden waren. aber ich konnte nicht umhin, in die angrenzenden Bereiche der Psychologie und der Wirtschaftswissenschaften einzudringen, denn ohne Vertrautheit mit diesen Wissenschaften ist die Beherrschung der Energieerzeugung ein vergeblicher Versuch.

„Ich bin nicht der Meinung, dass die Prinzipien, auf denen die Methode basiert, der Wahl oder Meinung unterliegen, denn sie basieren auf Fakten . Dennoch kann ein Werk dieser Art nicht vollständig sein, oder Beispiele werden falsch ausgewählt, da es sich um lebendige und sich ständig neu gestaltende Beziehungen handelt und sich auf Dinge bezieht, die sich im Prozess der Entwicklung befinden.

„Wenn diese Arbeit und die ihr zugrunde liegende Idee die Lösung einiger der Probleme erleichtern werden, die sich jetzt im Zuge der raschen Entwicklung unserer Arbeitsbeziehungen ergeben, werde ich das Gefühl haben, dass meine eigene Zeit und die meiner Leser nicht völlig verloren gegangen ist.“

Tatsächlich wird die Zeit der Leser nicht verloren gehen. Dieses Buch liefert eine ingenieurwissenschaftliche – inzwischen praktische – Analyse aller menschlichen Probleme. Es ist eine tiefgreifende und praktische Abhandlung über alle großen Fragen des modernen Industrialismus und sogenannter Wirtschaftsprobleme und bildet die Grundlage für eine neue wissenschaftliche Industriephilosophie. Einen weiteren sehr klaren Überblick über die *Prinzipien der Industriephilosophie* gab Herr Polakov in seinem Vortrag auf der Jahrestagung der American Society of Mechanical Engineers vom 7. bis 10. Dezember 1920. Jeder, der irgendetwas mit industriellen oder wirtschaftlichen Problemen zu tun hat Ich kann es mir nicht leisten, die wichtige und grundlegende Arbeit in diesem Buch zu übersehen.

Es liegt auf der Hand, dass die wissenschaftliche Kenntnis der Fakten für jeden, der ein Problem ernsthaft angehen möchte, von größter Bedeutung ist. Aktualität der Statistiken ist daher von größter Bedeutung. Ich hatte das Privileg, das Manuskript von *Quo Vadis America* zu lesen , das demnächst erscheinende Buch von Herrn Polakov , in dem ein äußerst wertvolles statistisches Bild der Fakten im modernen Amerika und die erstaunlichen Schlussfolgerungen, die sich daraus ziehen lass, gegeben werden. Ich kann nur bedauern, dass wir in Europa nicht über ein solches niedergeschriebenes Wissen über die europäischen Verhältnisse verfügen. Wenn mehr solcher Bücher geschrieben und von der Öffentlichkeit *gelesen worden wären* , wären viele Krisen und Katastrophen vermieden worden.

Der herausragende Beitrag von Herrn Robert B. Wolf zum Ingenieurwesen wurde durch sein Studium der Physiologie, Biologie, Psychologie und Philosophie in Anwendung auf das Ingenieurwesen geleistet.

„Wer nach den Kräften forschen möchte, die zur individuellen Entwicklung der Menschheit geführt haben, wird sich sofort in das Reich der Psychologie und Geistesphilosophie stürzen. Ich kann einen solchen Kurs wärmstens empfehlen, da er äußerst gewinnbringend und praktisch ist.

„Die fünf wichtigen Fakten, die mit dem vorliegenden Thema zu tun haben, sind jedoch:

" *1.* Dass der menschliche Körper eine so wunderbare Organisation ist, weil er das Produkt der Schöpfungskräfte ist, die über Millionen von Jahren der Evolution wirken.

„ *2.* Dass seine Fähigkeit zum Fortschritt von der Aufrechterhaltung der aus dieser kreativen Entwicklung resultierenden Einheit und von einer bewussten Anerkennung dieser Einheit abhängt.

„ *3d.* Dass diese Einheit ohne die Entwicklung des Nervensystems nicht möglich gewesen wäre.

„ *4.* Dass der bewusste intelligente Fortschritt der Menschheit nicht sein heutiges Niveau erreichen konnte, bis im Laufe der Evolution ein Mechanismus im Nervensystem selbst aufgebaut wurde, der in der Lage war, die verschiedenen Eindrücke aufzuzeichnen, die die Sinne ständig empfangen.

„ *5.* Dass die Aufzeichnung vergangener Ereignisse mit der Fähigkeit, sie bewusst in Erinnerung zu rufen, um unmittelbar damit konfrontierte Probleme zu lösen, für seine Entwicklung absolut wesentlich ist.

„Was ich nun hervorheben möchte, ist, dass wir insofern der Fortschritt des Menschen von der perfekten Koordination seiner Kräfte abhängt, um eine einheitliche Aktion zu erreichen, wir kein Recht haben, von einer Industrieorganisation zu erwarten, dass sie Fortschritte macht, die sie als Einheit machen muss." ohne die Etablierung eines bewussten Koordinationsmechanismus ähnlich dem Nervensystem im menschlichen Körper." *Individualität in der Industrie.* Von Robert B. Wolf.

Doktor Charles P. Steinmetz hat in seinem Werk „ *America and the New Epoch*" ein höchst korrektes technisches Bild der politischen Situation in der Welt gegeben, mit einer feinen Charakterisierung der psychologischen Besonderheiten der verschiedenen Rassen. Obwohl dieses Buch im Jahr 1916, also vor dem Ende des Weltkrieges, geschrieben wurde, wird es von bleibendem Wert sein; aufgrund seiner tiefgreifenden psychologischen Analyse der Völker und ihrer Institutionen, die letztendlich die Entwicklung einer Nation prägen und die sich weder durch Sieg noch durch Niederlage ändern.

„Mein Tribut an Gantt wird nicht nur die Hommage an einen Freund und Bewunderer sein, sondern auch der Beweis dafür, dass seine Philosophie wissenschaftlich wahr ist . Ein strenger Beweis ist erforderlich, da das Wort „Dienst" zu der Kategorie von Wörtern gehört, deren Bedeutung durch das Verb „geben" oder „nehmen" vollständig umgekehrt werden kann. Gantt betrachtete „Dienstleistung" als Axiom; Meine Beobachtung, die ich mit vielen anderen teile, ist, dass unsere Zivilisation ein ganz anderes Axiom hatte: „Wir predigen Geben, wir praktizieren Nehmen." Das Problem, das mich interessierte, war, einen Ausweg aus diesem Widerspruch zu finden, der unwiderlegbar wäre. Wenn eines davon wahres und natürliches Gesetz für den Menschen ist, dann ist es das andere nicht; Wenn unsere Worte wahr sind, dann sind unsere Taten nicht wahr, oder wenn unsere Taten wahr sind, dann sind die Worte Tarnung. Ich habe die Lösung gefunden, indem ich mathematisch rigoroses Denken anwendete. Die Mathematik mit ihrem exakten Dimensionsbegriff gab mir die Methode. Die Methode, die wir bei der Untersuchung von Phänomenen verwenden, ist die Analyse oder, mathematisch gesprochen, die Differenzierung. Ich stellte bald fest, dass die Methoden der Differenzierung größtenteils korrekt sind, unsere Synthese oder unser Integrationsprozess, der durch den Einsatz der Metaphysik zustande kam, jedoch fehlerhaft war. Durch die Differenzierung wurden zwar korrekt die Dimensionen verkleinert, durch unsere fehlerhafte Integration wurden die ursprünglichen Dimensionen jedoch nicht wiederhergestellt. Die Untersuchung musste von Anfang an durchgeführt werden, indem die Phänomene des Lebens auf eine bestimmte Weise definiert wurden, die keine Dimensionsfehler zuließ.

„Ich habe die Lebensklassen definiert, indem ich ihre unbestreitbaren, dimensionalen Eigenschaften betont habe: Pflanzen sind ‚Chemie-bindende‘, Tiere sind ‚raumbindende‘, Menschen sind ‚zeitbindende‘ Lebensklassen."

„Diese Definitionen haben die Besonderheit, dass sie deutlich machen, dass: 1. Die Klassen des Lebens unterschiedliche Dimensionen haben und dass die Vermischung von Dimensionen, wie in der Mathematik, eine korrekte Lösung unmöglich macht, so dass im Leben die Ergebnisse solcher elementarer sind Fehler haben tragische Folgen.

„2. Die alte Formel, auf der unsere Zivilisation aufbaut, MENSCH gleich TIER plus oder multipliziert mit DEM FUNKEN DER GÖTTLICHKEIT , ist grundsätzlich und elementar falsch und mathematischer Unsinn, der mit einer solchen Absurdität identisch ist wie x Quadratzoll gleich y lineare Zoll plus oder multipliziert mit z Kubikzoll.

"3. Eine im Grunde falsche Formel, auf der unsere Zivilisation beruht, ist die Ursache aller periodischen Zusammenbrüche, Kriege und Revolutionen.

„4. Das alte System basierte auf tierischen „raumbindenden" Maßstäben, und menschliche „zeitbindende" Impulse befanden sich ständig in Aufruhr.

„5. So wie die Gravitationstheorie und die Infinitesimalrechnung Ingenieure und Mathematiker zu Meistern der unbelebten Natur machten, so geben ihnen diese greifbaren und unbestreitbaren Definitionen eine positive Grundlage, die es ihnen ermöglichen wird, sich menschlichen Lebensproblemen zu nähern und sie zu lösen, indem sie die mathematische Tatsache begründen, dass der Mensch Mensch ist. kein Tier.

„6. Alle, die von Traditionen geblendet sind und sich weigern, diese mathematischen Wahrheiten zu untersuchen oder zu kennen, stellen eine Gefahr für die Menschheit dar, da sie direkt dazu beitragen, Probleme zu verschleiern und dazu beizutragen, die fehlerhafte Struktur aufrechtzuerhalten, die, wie in der Vergangenheit, dazu führt in Zukunft immer wieder zusammenbrechen.

„7. Die Pflicht mathematisch denkender Menschen besteht darin, dieses Problem so zu beleuchten, dass die Dummen oder vorsätzlich Destruktiven aufgehalten werden und gezeigt wird, ob sie für oder gegen die Menschheit arbeiten.

„8. Für die „zeitgebundene" Klasse des Lebens ist es offensichtlich, dass in dieser Dimension „zeitgebunden" das Naturgesetz ist und, wenn es verstanden und analysiert wird , das höchste menschliche Ziel.

„9. Solche „Naturgesetze" wie das „Überleben des Stärksten" bei Tieren, also das „Überleben des Stärksten im Weltraum", führen zu Kampf oder dem Überleben des Stärksten; in der Erwägung, dass ein solches Gesetz, um ein NATURGESETZ FÜR DEN MENSCHEN ZU SEIN , in der menschlichen Dimension gelten muss, was offensichtlich das „Überleben des Stärksten in der ZEIT " wäre, was zum Überleben des Besten führen würde.

„10. Alle bekannten Fakten müssen von Mathematikern und Ingenieuren unter strengster Beachtung der Dimensionalität ans Licht gebracht, zusammengefasst und korreliert werden.

„11. Alle unsere Ideen müssen überarbeitet werden; Die tierischen „raumbindenden" Maßstäbe müssen als gefährlich und zerstörerisch zurückgewiesen und durch „zeitbindende" Maßstäbe ersetzt werden, die den natürlichen Impulsen und Naturgesetzen des MENSCHEN entsprechen.

„12. Der Verstand von Mathematikern und Ingenieuren ist aufgrund seiner Bildung der Erste, der die weitreichende Bedeutung der durch diese Definitionen offengelegten Fakten erkennt, und gerade diese Erkenntnis wird die Neuausrichtung der Werte im Leben auf eine menschliche Dimension bewirken, in der Revolutionen und Kriege bevorstehen könnten verwandelte sich in Evolution, Zerstörung in Aufbau, Zwietracht in Übereinstimmung mit einem gemeinsamen Ziel.

„Wir sind die Herren unseres eigenen Schicksals, es liegt in unserer Verantwortung, die Fehler unserer Vorfahren zu korrigieren und eine wissenschaftliche Philosophie, wissenschaftlich wahre Gesetze, wissenschaftlich wahre Ethik und eine wissenschaftliche Soziologie zu etablieren, die eine einheitliche Wissenschaft vom Menschen bilden werden." seine Funktion im Universum, eine Wissenschaft, die ich „Human Engineering" nennen möchte. Die Gantt-Methoden wären die erste praktische Anwendung zu diesem Zweck.

„Gantts Konzept der Dienstleistungserbringung ist wissenschaftlich wahr, weil es ‚zeitverbindlich' ist und daher für die menschliche Klasse des Lebens und in der menschlichen Dimension gilt. Aus diesem Grund haben die Gantt-Konzepte so viel bedeutet und werden AUCH IM LAUFE DER ZEIT überleben . '" Diskussion von Alfred Korzybski über Herrn WN Polakovs Aufsatz „Prinzipien der Industriephilosophie", vorgestellt auf der Jahrestagung der American Society of Mechanical Engineers, New York, 7.-10. Dezember 1920.

LITERATUR

GANTT, HL:

„Arbeit, Lohn und Gewinn." The Engineering Magazine Co., 1913. NY

„Industrielle Führung." Yale University Press. 1916.

„Organisieren für die Arbeit." Harcourt, Brace & Howe, 1919. NY

Auswahl aus dem Inhalt: Der Ingenieur als Industrieführer. Wirtschaft und Demokratie. Demokratie in der Produktion. Demokratie im Laden. Demokratie im Management. „Die Religion der Demokratie."

POLAKOV , WALTER N .:

„Die Stromerzeugung beherrschen." The Engineering Magazine Co. 1921. NY

Auswahl aus dem Inhalt: Die Abstammung des Prinzips der Produktion zum Gebrauch. Die Energiewirtschaft als Wirtschaftsfaktor. Arbeitsprobleme meistern. (Bedingungen) Autonome Zusammenarbeit. Ziele der Arbeit. Recht auf Faulheit und das Recht auf einen Job. Qualifikation von Männern. Der Arbeitstag. Ermüdung. UNIVERSELLE ARBEIT (*Entspricht genau der Zeitbindung – Autor*). Die Position eines Ingenieurs. Arbeitsprobleme meistern. Entschädigung. Der soziale Aspekt. Der wirtschaftliche Aspekt. Die Lohnbasis. Anreizzahlungen. Gewinnbeteiligung. Premium-Plätze. Individuelle Anstrengungen belohnen. Zweitariflöhne. Energie als Ware.

„Grundsätze der Industriephilosophie." Präsentiert auf der Jahrestagung der AS of ME im Dezember 1920.

„Geräte und Maschinen." YMCA Association Press. 1921. NY

"Organisation und Verwaltung." YMCA Association Press. 1921. NY

„Quo vadis Amerika?" In Vorbereitung.

STEINMETZ, CHARLES P. :

„Amerika und die neue Epoche." Harper & Brothers. 1916. NY

Auswahl aus dem Inhalt: Das individualistische Zeitalter: Vom Wettbewerb zur Kooperation. England im Zeitalter des Individualismus. Deutschland im Zeitalter des Individualismus. Die anderen europäischen Nationen im Zeitalter des Individualismus. Amerika im Zeitalter des Individualismus. Entwicklung: Industrieregierung.

„Anreiz und Initiative." YMCA Association Press. 1921. NY

WOLF, ROBERT B.: Broschüren.

„Individualität in der Industrie." Bulletin der Gesellschaft zur Förderung der Managementwissenschaft. Bd. I. Nr. 4. August 1915.

„Der kreative Arbeiter." Technischer Verband der Zellstoff- und Papierindustrie. 1918. NY

„Nichtfinanzielle Anreize." Präsentiert auf der Jahrestagung der AS of ME im Dezember 1918. NY

„Moderne Industrie und das Individuum." AW Shaw & Co. 1919. NY

„Die Initiative des Arbeiters sichern." Amerikanische Wirtschaftsvereinigung. 1919. NY

„Kreativer Geist in der Industrie." YMCA Association Press. 1921. NY

VERSCHIEDENES BÜCHERVERZEICHNIS

VON BERNHARDI , General F.: „Deutschland und der nächste Krieg." E. Arnold, London. 1912.

BRANDEIS, LOUIS : „Das Geld anderer Leute und wie die Banker es verwenden." FA Stokes, NY 1914.

THOMAS FARROW und WALTER CROTCH : „Der kommende Handelskrieg." Chapman & Hall, London. 1916.

HUEFFER , FORD MADDOX : „Wenn Blut ihr Argument ist." Hodder & Stoughton. 1915. NY

HAUSER, HENRY : „Deutschlands kommerzieller Einfluss auf die Welt, ihre Geschäftsmethoden erklärt." E. Nash Co., London. 1917.

LAUGHLIN, JL : „Kredit der Nationen." Scribner's Sons, NY 1918.

MAETZU , RAMIRO DE : „Autorität, Freiheit und Funktion im Licht des Krieges." Geo. Allen und Unwin.

DELAISI , FRANCIS : Französische Meinung, „Der unvermeidliche Krieg." Small, Maynard & Co., Boston. 1915.

NEILSON, FRANCIS : Englische Meinung, „Wie Diplomaten Krieg führen." BW Hübsch. 1916.

VON EINEM DEUTSCHEN (deutsche Meinung). „ J'Accuse !" Hodder & Stoughton, London. 1915.

Fußnoten

<u>1.</u>

Um ein wenig abzuschweifen, könnte es interessant sein hinzuzufügen, dass die Bevölkerung und die Bedürfnisse der Menschen in einem geometrischen Verlauf zunehmen; und auch , dass das Wachstum von Individuen durch die Tatsache begrenzt ist, dass sie ihre Nahrung über Oberflächen aufnehmen müssen, die mit fortschreitendem Wachstum nur als *Quadrate* zunehmen , während die zu ernährenden Körper als Volumina mit zunehmenden *Würfeln an Größe zunehmen* , wie z die Würfel gleicher Grundfläche wachsen schneller als die Quadrate,

$2\,^2 = 4, 2\,^3 = 8, 3\,^2 = 9, 3\,^3 = 27$ und so weiter,

Es ist offensichtlich, dass im Säuglingsalter eines Organismus nur ein Teil der Nahrung für die Erhaltung des Lebens, der größere Teil für das Wachstum verwendet wird. Wenn der Organismus größer wird, wachsen die absorbierenden Oberflächen proportional zum Quadrat, die Nahrung wird verbraucht, um die Masse des Körpervolumens aufzubauen, und wird proportional zum Würfel verbraucht. Angenommen, unser Organismus ist doppelt so groß geworden, seine Aufnahmekapazität ist viermal größer, sein Volumen ist achtmal größer. Bei 3 Malen beträgt die Differenz 9 und 27. Es ist offensichtlich, dass irgendwann die gesamte aufgenommene Nahrung zur Erhaltung des Lebens verwendet wird und nichts mehr für das Wachstum übrig bleibt und dieser letzte Prozess aufhört. Dies ist ein weiteres Beispiel, das erklärt, wie wichtig die Dimensionstheorie im Leben ist und warum es absolut wichtig ist, Dimensionen bei der Untersuchung von Lebensproblemen zu berücksichtigen.

<u>2.</u>

Ein Überblick über die Geschichte des westeuropäischen Geistes von James Harvey Robinson. The New School for Social Research, New York, 1919. Dieser kleine Band gibt komprimierte Darstellungen der historischen Entwicklungen des menschlichen Geistes und enthält eine lange Liste der umfangreichsten modernen Bücher zu historischen Fragen. Alle weiteren historischen Zitate stammen aus diesem außergewöhnlich wertvollen kleinen Buch und sind der Einfachheit halber einfach mit seinen Initialen JHR gekennzeichnet

<u>3.</u>

(JHR) „Spätes Erscheinen einer eindeutigen Fortschrittstheorie. Übermäßiger Konservatismus der Naturvölker. Die Griechen spekulierten über den Ursprung der Dinge, hatten aber keine Vorstellung von der

Möglichkeit eines unbegrenzten Fortschritts ... Der Fortschritt des Menschen von der frühesten Zeit bis zum Beginn des 17. Jahrhunderts war fast völlig unbewusst ... Grundlegende Schwäche des Hellenischen Lernen. Es handelte sich um eine imposante Sammlung von Spekulationen, Meinungen und Vermutungen, die, so brillant und genial sie auch sein mochten, auf einem sehr geringen Bestand an exaktem Wissen beruhten und die grundlegende Notwendigkeit mühsamer wissenschaftlicher Forschung mit Hilfe von Apparaten nicht erkannten. Es gab keine stetige Anhäufung von Wissen, um das wachsende emotionale Misstrauen gegenüber der Vernunft auszugleichen ... Unerfülltes Versprechen der hellenistischen Wissenschaft. Einfluss der Sklaverei auf die Hemmung der Entwicklung der Wissenschaft.... Die Mängel der mittelalterlichen Kultur. Alle Schwächen der hellenischen Argumentation, kombiniert mit denen der christlichen Kirchenväter, lagen einem scheinbar äußerst logisch ausgearbeiteten und endgültigen Denksystem zugrunde. Mängel der Universitätsausbildung... Wenig Geschichte der Naturwissenschaften in unserem Sinne des Wortes, die an den Universitäten gelehrt wird... Kopernikus, „De Revolutionibus Orbium" . Coelestium .' Libri VI, 1543... Kopernikus' eigene Einleitung erkennt seine Schuld gegenüber den antiken Philosophen an. Ich glaube immer noch an eine feste Sternensphäre. Seine Entdeckung hatte kaum unmittelbare Auswirkungen auf die vorherrschenden Vorstellungen. Giordano Bruno (1548-1600) machte es sich zur Hauptaufgabe, die Auswirkungen der Entdeckung des Kopernikus zu überdenken und in lateinischer und italienischer Sprache darzulegen.... Bruno wurde von der Inquisition in Rom verbrannt.... Keppler (1571-1630) und seine Entdeckung der elliptischen Umlaufbahnen der Planeten. Galilei (1564-1642). Sein Teleskop verbesserte sich schnell und erreichte eine Vergrößerung von 32 Durchmessern. Seine Haltung gegenüber der kopernikanischen Theorie, die 1616 von der römischen Inquisition verurteilt wurde ... Galileis wichtigste Entdeckungen lagen in der Physik und Mechanik. Isaac Newton (1642-1727) bewies, dass die Gesetze fallender Körper auch für den Himmel gelten. Dies machte einen tiefen Eindruck und schließlich begannen die neueren Vorstellungen vom Universum populär zu werden ... Lord Bacon (1561-1626), der „Buccinator" der experimentellen und angewandten modernen Wissenschaft ... Seine lebhafte Wertschätzung der bestehenden Hindernisse zum wissenschaftlichen Fortschritt; die Idole des Stammes, der Höhle, des Marktplatzes und des Theaters ... Die Notwendigkeit, den schulischen Methoden zu entkommen, „in unseren Gründen und Einbildungen auf und ab zu stürzen" und die Welt um uns herum zu studieren. Ungeahnte Errungenschaften wären möglich, wenn nur die richtige Forschungsmethode befolgt würde ... das Misstrauen gegenüber antiken Autoritäten ... Descartes (1596-1650) ... schlug vor, die Wahrheit durch Analyse und klare Ideen zu erreichen dass Gott nicht täuschen wird ... Sein grundlegendes Interesse an der Mathematik ... Sein Anspruch auf Originalität und seine Ablehnung jeglicher Autorität ... Hindernisse für den wissenschaftlichen Fortschritt; die noch immer von Aristoteles dominierten Universitäten; die theologischen Fakultäten; die Zensur der Presse durch Kirche und Staat; ...“

<u>4.</u>

(JHR) „Phasen des religiösen Komplexes. „Religiös“, ein vager und umfassender Begriff für: (1) bestimmte Klassen von Emotionen (Ehrfurcht, Abhängigkeit, Selbstmisstrauen, Bestrebungen usw.); (2) Verhalten, das die Form besonderer religiöser Handlungen (Zeremonien, Opfer, Gebete, „gute Werke“) oder die Einhaltung dessen annehmen kann, was in primitiven Verhältnissen als „Tabus“ gilt; (3) Priesterliche oder kirchliche Organisationen; (4) Überzeugungen über übernatürliche Wesen und die Beziehungen des Menschen zu ihnen: Letztere können die Form einer Offenbarung annehmen und auf Glaubensbekenntnisse reduziert werden und Gegenstand ausführlicher theologischer Spekulationen werden.

„Assoziation von Religion mit dem Übernatürlichen; Das Hauptziel der Religion war schon immer die Erlangung einer zufriedenstellenden Anpassung an das Übernatürliche oder eine erfolgreiche Beherrschung des Übernatürlichen Aberglaube. Verbreitung von Symbolik, Mana, Animismus, Magie, Fetischismus, Totemismus; das Tabu (vgl. unsere moderne Vorstellung von „Prinzip“), das Heilige, Reine und Unreine; „Traumlogik“ – spontane Rationalisierung oder „voreilige Schlussfolgerungen “;... Das 16. Buch des Theodosianischen Kodex enthält Edikte in Bezug auf die Kirche, die von den römischen Kaisern im 4. und 5. Jahrhundert erlassen wurden. Sie machen es zu einem Verbrechen, mit der Kirche nicht übereinzustimmen; Sie sehen harte Strafen für ketzerisches Lehren und Schreiben vor und gewähren dem orthodoxen Klerus Privilegien (Befreiung von regulären Steuern und Vorteile des Klerus) ... . Das Christentum wird zu einem vom Staat verteidigten Monopol.... Psychische Kraft und Anziehungskraft in der ausgefeilten Symbolik und dem Ritual der Kirche.... Die Allegorie setzte jeder Literaturkritik ein Ende.... Das Aufblühen des Wunderbaren; jedes ungewöhnliche oder überraschende Ereignis, das dem Eingreifen Gottes oder des Teufels zugeschrieben wird.... Ältere Vorstellungen von Krankheiten, die vom Teufel verursacht werden... Unser juristischer Ausdruck „höhere Gewalt“ beschränkt sich auf unvorhersehbare Naturkatastrophen . Wie mit einer wachsenden Wertschätzung für das Naturrecht und einem verhaltenen Geschmack an Wundern Wunder dazu tendierten, zu einer Quelle intellektueller Not und Verwirrung zu werden ... Protestanten teilten mit Katholiken den Schrecken von „Rationalisten“ und „Freidenkern“. Die Führer beider Parteien stimmten darin überein, wissenschaftliche Entdeckungen zu behindern und anzuprangern.... .. Prozess gegen diejenigen, die der Zauberei verdächtigt werden. Folterungen zur Erzwingung von Geständnissen. Das Zeichen der Hexen. Strafen, lebendiges Verbrennen, Erwürgen, Erhängen. Zehntausende unschuldiger Menschen kamen ums Leben ... Diejenigen, die versuchten, Hexerei zu diskreditieren, wurden als „Sadduzäer" und Atheisten angeprangert ... Die Psychologie der Intoleranz. Angst, Eigeninteressen, die Bequemlichkeit des Traditionellen und Gewohnten. Die schmerzhafte Aneignung neuer Ideen ... Die Intoleranz der katholischen Kirche: eine natürliche Folge ihrer staatsähnlichen Organisation und Ansprüche ... Ihre Doktrin der ausschließlichen Erlösung und ihre Auffassung von Häresie, beide vom Staat sanktioniert. Zweifel und Irrtum gelten als Sünde... Anfänge der Zensur der Presse nach der Erfindung des Buchdrucks, Lizenzierung kirchlicher und ziviler Behörden... Protestanten des 16. Jahrhunderts akzeptieren die Theorie der Intoleranz."

5.

(JHR) „Die sozialpsychologischen Grundlagen des Konservatismus: Ursprüngliche natürliche Ehrfurcht vor dem Vertrauten und Gewohnten, stark verstärkt durch Religion und Gesetz." Natürlicher Konservatismus aller Berufe. Diejenigen, die am meisten unter den bestehenden Institutionen leiden, akzeptieren die Situation häufig hilflos als unvermeidlich. Position des Konservativen; er betont die Unmöglichkeit, die „menschliche Natur" zu verändern, und warnt vor den Katastrophen der Revolution. Konservatismus im Lichte der Geschichte: Angesichts der Errungenschaften der Menschheit in der jüngeren Vergangenheit und der Möglichkeiten, die sich uns eröffneten, scheint die Geschichte den Konservatismus als Arbeitsprinzip völlig zu diskreditieren ... Die Sinnlosigkeit der Anziehungskraft des Konservativen auf den Menschen Die Natur als Hindernis für den Fortschritt... Kultur kann nicht vererbt werden, sondern kann durch Bildung angesammelt und auf unbestimmte Zeit verändert werden."

6.

(JHR) „Formulierung und Etablierung der Evolutionshypothese. Entdeckung des großen Zeitalters der Erde; ... schrittweise Entwicklung der Evolutionstheorie.... Darwins „Ursprung der Arten", 1859. Herbert Spencer (1820-1903)... . Haeckel (1834-1919) und andere klären, verteidigen und verbreiten die neue Lehre. Nachfolgende Entwicklung der Evolutionslehre durch Mendel, Weisman, DeVries und andere. Abschwächung der besonderen Schöpfungstheorie durch andere Belege wie Archäologie und Bibelkritik. Die Bedeutung der Lehre für die Geistesgeschichte. Charakter der Opposition zur Evolutionstheorie. Populäre Verwechslung von „Darwinismus" und „Evolution". Revolutionäre Wirkungen des neuen Standpunktes. Beseitigt die Vorstellung von festen Arten (platonische Ideen), die zuvor die Spekulation dominiert hatten. Die genetische Methode, die in allen organischen Wissenschaften, einschließlich der neueren Sozialwissenschaften, übernommen wurde. Problem der Anpassung der Geschichte an die Entdeckungen der letzten 50 Jahre. Bedeutung der Evolution für die Fortschrittstheorie. Organische Evolution und soziale Evolution."

7.

(JHR) „Die Deisten und Philosophen zerstören die ältere theologische Anthropologie und behaupten erneut die Würde des Menschen; die Zunahme von Kritik und Liberalismus hat die Analyse sozialer Institutionen etwas weniger gefährlich gemacht; das allgemeine Wachstum des Wissens hat auf die Wissenschaften der Gesellschaft in anregender Weise zurückgewirkt; Die starke Zunahme der Zahl, Komplexität und Intensität sozialer Probleme hat sich als starker Anreiz für die Sozialwissenschaften erwiesen. Die darwinistische Hypothese hat jede Vorstellung eines völlig statischen Gesellschaftssystems absurd gemacht. Allerdings stoßen die modernen Sozialwissenschaften in unserer kapitalistischen Ordnung auf den gleichen Widerstand seitens der „eigenen Interessen", auf den der theologische Radikalismus im Mittelalter stieß, und die Sozialwissenschaft hat in keiner Weise die Objektivität und Fortschrittlichkeit der heutigen Naturwissenschaften erreicht ... . Schwerwiegende Auswirkungen erworbener Rechte, die Experimente und Neuanpassungen behindern.... Hindernisse für die Neuanpassung, die durch geweihte Traditionen entstehen.... Einfluss des modernen Kommerzials auf die übermäßige Entwicklung von Organisation und Reglementierung in unserem gegenwärtigen Bildungssystem. Psychologische Nachteile unseres herkömmlichen Prüfungssystems. Bisher ist unsere Ausbildung noch nicht in engen Zusammenhang mit den vorherrschenden Bedingungen unseres ständig wachsenden Wissens gebracht worden. ... Ausgezeichnete Ziele und kleine Errungenschaften der Soziologie in praktischen Ergebnissen. (*Aufgrund des absoluten Fehlens jeglicher wissenschaftlicher Grundlage.* Autor.) Allgemeine Natur des Problems der Sozialreform: Psychologische Probleme im Zusammenhang mit Sozialreformbewegungen: Heftiger Widerstand der Gruppe gegen die Kritik an den bestehenden Institutionen, die jeder wirksamen Sozialreform vorausgehen muss ...."

8.

(JHR) „Während der letzten zwei Jahrhunderte hat die Anwendung der wissenschaftlichen Erkenntnisse auf das tägliche Leben unsere Methoden zur Befriedigung unserer wirtschaftlichen Bedürfnisse, unseres sozialen und intellektuellen Lebens und der gesamten Bandbreite der Beziehungen der Menschheit revolutioniert. Der Impuls der Erfindung, Eisen, Kohle und Dampf, die für die Entwicklung von Maschinen im großen Maßstab unerlässlich sind; Die Maschinerie wiederum hat die moderne Fabrik mit ihrer riesigen organisierten Arbeiterschaft, die moderne Stadt und schließlich unser nahezu perfektes Mittel zur schnellen menschlichen Kommunikation hervorgebracht. Der enorme Anstieg der Wohlstandsproduktion und die wachsende gegenseitige Abhängigkeit der Nationen haben eine Vielzahl von Spekulationen hinsichtlich der Verbesserung der Menschheit bis hin zur Abschaffung oder Verringerung von Armut, Unwissenheit, Krankheit und Krieg eröffnet. Der Mensch schreitet voran ein Werkzeug benutzendes bis hin zu einem maschinenkontrollierenden Tier. Der Aufstieg des Fabriksystems; die Konzentration und Lokalisierung der Industrie; zunehmende Arbeitsteilung und Spezialisierung industrieller Prozesse. Die starke Zunahme des Kapitalvolumens und des Umfangs der Investitionen; die Trennung von Kapital und Arbeit und das Wachstum unpersönlicher wirtschaftlicher Beziehungen. Probleme von Kapital und Arbeit; Arbeitslosigkeit und die Arbeit von Frauen und Kindern; Arbeitsorganisationen. Steigerung der Produktivität und Ausweitung des Handels. Industrielle Prozesse werden dynamisch und verändern sich ständig – eine völlige Umkehrung der alten Stabilität, Wiederholung und Isolation."

2.

Einige mögen behaupten, dass Tiere „Fortschritte" gemacht haben , andere mögen sagen, dass Tiere auch „Zeit für die Bindung" haben. Dieser Gebrauch von Wörtern würde wiederum zu bloßem Verbalismus werden, zu einem bloßen Reden über Wörter – zu bloßen Spekulationen, die nichts mit *Fakten oder richtigem Denken* zu tun haben und bei denen es keine Vermischung von Dimensionen gibt. Die besondere Fähigkeit, die ausschließlich dem Menschen zukommt und die ich als „Zeitbindung" bezeichne, habe ich im folgenden Kapitel klar als *exponentielle Funktion* der *Zeit definiert*. Wenn Menschen gerne über den „Fortschritt" der Tiere sprechen, werden sie kaum übersehen können, dass dieser sich sowohl in seiner Funktion als auch in seiner Art oder Dimension von dem unterscheidet, was zu Recht unter menschlichem Fortschritt verstanden wird; Die Zeitbindungsfähigkeit des Menschen liegt in einer ganz anderen Dimension als die der Tiere. Wenn jemand also von tierischem „Fortschritt" oder tierischer „Zeitbindung" sprechen möchte, sollte er sich ein passendes Wort dafür ausdenken, um ihm den Fehler zu ersparen, Begriffe zu verwechseln oder Dimensionen zu vermischen.

Diese mathematische Unterscheidung zwischen Klassen, Typen und Dimensionen ist in den Naturwissenschaften aufgrund der Transmutation von Arten von größter Bedeutung. Die Anpassung der Darwin-Theorie an die Dimensionalität ist ein etwas schwierigeres Problem; es beinhaltet das Konzept des „Kontinuums" ; aber mit der modernen Theorie von de Vries sind diese Dinge selbstverständlich . Wenn Tiere wirklich Fortschritte machen, was zweifelhaft ist, weil sie eine ältere Lebensform als Menschen sind und sie keine nennenswerten Fortschritte beim Wissen des Menschen gemacht haben, dann sind ihre Fortschritte im Vergleich zu denen des Menschen so gering, dass man mathematisch sagen kann , als Infinitesimal höherer Ordnung *vernachlässigbar* zu sein .

<u>10.</u>

Es muss hier daran erinnert werden, dass unsere Welt in erster Linie ein dynamisches Konglomerat von Materie und Energie ist, das sowohl heute als auch in der ersten Periode des primitiven organischen Lebens verschiedene bekannte und unbekannte Formen annahm und annimmt. Eine dieser Energieformen ist die chemische Energie mit ihrer Tendenz zur Kombination und zum Austausch. Verschiedene Elemente wirken auf unterschiedliche Weise. Die Geschichte der Erde und ihres Lebens ist einfach die Geschichte verschiedener chemischer Perioden mit unterschiedlichen Energieumwandlungen. Eine seltsame Tatsache ist in Bezug auf Stickstoff zu beobachten. Chemisch gesehen ist Stickstoff gegenüber den meisten anderen Stoffen außergewöhnlich träge, aber sobald er Bestandteil einer Substanz ist, sind fast alle dieser Kombinationen eine sehr starke Energiequelle und haben alle einen sehr starken Einfluss auf das organische Leben. Salpetersäure wirkt durch Oxidation, die Stoffe werden durch den aus der Säure freigesetzten Sauerstoff verbrannt. Salpetersäure kommt in der Natur in einer Kombination vor, die als Nitrate bezeichnet wird. Aus dem Boden gelangen die Nitrate in die Pflanze. Amylnitrit wirkt auf unsere Organe äußerst heftig und krampfartig. Lachgas ist das sogenannte Lachgas.

Alkaloide sind Verbindungen pflanzlichen Ursprungs, die im Allgemeinen eine komplexe Zusammensetzung haben und deutliche Auswirkungen auf Tiere haben können. Sie alle enthalten Stickstoff. Sprengstoffe, ein chemisches Mittel zur Speicherung enormer Energiemengen, bestehen meist aus stickstoffhaltigen Verbindungen. Albumin ist eine organische Verbindung von großer Bedeutung für das Leben, die nicht nur der charakteristische Bestandteil des Eiweißes ist, sondern auch im Blutserum reichlich vorhanden ist und einen wichtigen Teil der Muskeln und des Gehirns bildet. Albuminoide spielen die wichtigste Rolle im Pflanzenleben und sind eine umfangreiche Klasse organischer Körper, die in Pflanzen und Tieren vorkommen, da sie die Hauptbestandteile von Blut und Nerven bilden. Alle bei Tieren vorkommenden Albuminoide werden durch die in Pflanzen ablaufenden Prozesse produziert. Ihre genaue Konstitution ist nicht bekannt; Die Analyse zeigt, dass sie ungefähr Folgendes enthalten: Kohlenstoff 50–55 %, Wasserstoff 6,9–7,5 %, Stickstoff 15–19 %, Sauerstoff 20–24 %, Schwefel 0,3–2,0 %. Venöses Blut enthält in 100 Volumina:

Stickstoff, 13; Kohlensäure, 71,6; Sauerstoff, 15.3. Arterielles Blut: Stickstoff, 14,5; Kohlensäure, 62,3; Sauerstoff, 23.2.

„Stickstoffverbindungen sind im Allgemeinen äußerst anfällig für Zersetzung; Ihre Zersetzung ist oft mit einer plötzlichen und großen Kraftentwicklung verbunden. Wir sehen, dass als Fermente klassifizierte Substanzen ... alle stickstoffhaltig sind ... und wir sehen, dass selbst in Organismen und Teilen von Organismen, in denen die Aktivitäten am geringsten sind, solche Veränderungen, die stattfinden, durch eine stickstoffhaltige Substanz ausgelöst werden ... Wir sehen, dass organisches Material so beschaffen ist, dass kleine zufällige Einwirkungen große Reaktionen auslösen und große Mengen an Kraft freisetzen können. Der Samen einer Pflanze enthält stickstoffhaltige Substanzen in einem weitaus höheren Verhältnis als der Rest der Pflanze. und der Samen unterscheidet sich vom Rest der Pflanze durch seine Fähigkeit, ... umfassende lebenswichtige Veränderungen einzuleiten – die Veränderungen, die die Keimung ausmachen. Ähnlich verhält es sich im Körper von Tieren ... in jeder lebenden Pflanzenzelle gibt es einen bestimmten Teil, der Stickstoff enthält. Dieser Teil initiiert diese Veränderungen, die die Entwicklung der Zelle ausmachen.... Es ist eine merkwürdige und bedeutsame Tatsache, dass wir in der Technologie nicht nur das gleiche Prinzip nutzen, um umfangreiche Veränderungen unter vergleichsweise stabilen Verbindungen mithilfe von Verbindungen zu initiieren, viel weniger stabil, aber wir verwenden zu diesem Zweck Verbindungen derselben allgemeinen Klasse. Unsere moderne Methode, eine Waffe abzufeuern, besteht darin, in unmittelbarer Nähe des Schießpulvers, das wir zersetzen oder explodieren lassen wollen, eine kleine Portion Knallpulver zu platzieren, das mit äußerster Leichtigkeit zersetzt oder explodiert und bei der Zersetzung die daraus resultierenden molekularen Störungen mitteilt zum weniger leicht zersetzbaren Schießpulver. Wenn wir fragen, woraus dieses Knallpulver besteht, stellen wir fest, dass es sich um ein stickstoffhaltiges Salz handelt.“ – Spencer.

<u>11.</u>

Natürlich stellt der geometrische Fortschritt nicht *genau* das Gesetz des menschlichen Fortschritts dar; Es wird hier verwendet, weil es vertraut ist und vielleicht besser als jedes andere einfache mathematische Mittel dazu dient, *grob zu zeigen* , wie der menschliche Fortschritt voranschreitet. Die wesentlichen Elemente einer Progression sind der erste Term P und das Verhältnis R sowie die Anzahl der Terme T ; im menschlichen Fortschritt PR^1 , PR^2 , PR^3 , ... PR^T , P ist der Ausgangszustand der ersten Generation, R ist die besondere Fähigkeit des Menschen, Zeit zu binden und ist ein *kostenloses Geschenk* und *Naturgesetz* , das Es wäre töricht, T als Zeit oder Anzahl der Generationen nicht anzuerkennen und zu akzeptieren . Es ist offensichtlich, dass die Größe PR^{T} *vollständig von den Größen* PR und T abhängt . Die Existenz von R und T ist unabhängig vom Menschen, wobei R ein Naturgesetz, T ein Geschenk der Natur und P der Ausgangszustand der ersten Generation ist. Mit $P = 0$ oder $R = 0$ es würde überhaupt KEINEN FORTSCHRITT ODER FORTSCHRITT GEBEN ; Im Falle des menschlichen Fortschritts hängt jeder Zeitraum hauptsächlich von der Zeit und der von den Toten geleisteten Arbeit ab. Die Existenz von R und T liegt völlig außerhalb der menschlichen Kontrolle. Der Mensch kann das AUSMAß dieser Elemente nur durch Bildung kontrollieren . Hier liegt die enorme Verantwortung der Bildung. Man braucht nicht viel Vorstellungskraft, um zu erkennen, dass die Wissenschaft schon vor langer Zeit die für das menschliche Wohlergehen wesentlichen Naturkräfte und Gesetze entdeckt hätte, wenn die Menschheit immer richtig erzogen worden wäre, und dass das menschliche Elend heute relativ gering wäre.

<u>12.</u>

Siehe <u>Anhang III</u> .